les**clés**du**bac**

Tout pour réussir l'année

2e
NOUVEAU PROGRAMME

Histoire Géographie

Nathalie Martine
Professeure d'Histoire-Géographie
au lycée Maurice Genevoix de Bressuire,
Deux-Sèvres

8, rue Férou 75278 Paris cedex 06
www.editions-belin.com
Belin

Optimisez vos révisions avec des compléments numériques

- Le site www.clesdubac.com vous propose des compléments numériques pour optimiser vos révisions :
  - ✔ des **quiz** pour vérifier vos acquis
  - ✔ des **cours audio mp3** accessibles par le site ou par les QR-codes qui figurent dans le sommaire. Les QR-codes permettent d'écouter les cours audio directement. Pour les conserver, il suffit de les télécharger sur le site www.clesdubac.com
- **Gratuit**, quelle que soit la matière : l'accès aux quiz.
- En plus, avec l'achat de cet ouvrage, **gratuit** : les cours audio.

ISBN 978-2-7011-9462-2

Mode d'emploi

COURS

- **L'essentiel à retenir** dans des cours synthétiques et complets.
- Des aides placées au bon endroit : **Rappel**, **Définitions, Pièges à éviter**.

MÉTHODE

- Des méthodes concrètes pour **acquérir les savoir-faire** nécessaires.
- Des rubriques **Conseils** et des **Points Méthode** pour suivre la bonne démarche.
- Un corrigé commenté et guidé.

EXERCICES

- Des quiz « **Testez vos connaissances** » pour vérifier rapidement les connaissances acquises.
- De nombreux exercices « **Entraînez-vous** » pour travailler sur tous les types de sujets.

CORRIGÉS

- Tous les exercices **intégralement corrigés**.
- Des **Conseils** et des **Astuces** pour progresser.

Sommaire

Histoire

GÉOGRAPHIE

Les Européens dans le peuplement de la Terre (de l'Antiquité à 1914)

POUR DÉMARRER

- L'étude du peuplement de la terre par les Européens couvre les **quatre grandes périodes historiques** : l'Antiquité, le Moyen Âge, l'époque moderne et l'époque contemporaine.
- C'est la **comparaison de ces époques** qui permet de constater le poids démographique qu'a longtemps eu l'Europe à l'échelle mondiale et de voir comment les migrations européennes, à partir du XVe siècle puis au XIXe siècle, ont entraîné la **diffusion des langues, des religions et des cultures européennes** vers d'autres continents.

1 L'Europe, un foyer de peuplement ancien

• Entre l'Antiquité et la fin du XIXe siècle, l'Europe a toujours fait partie des trois **premiers foyers de peuplement mondiaux** avec l'Inde et la Chine. En 1900, elle est même le premier foyer mondial avec 422 millions d'habitants.

• La croissance de la population européenne n'a pas toujours été linéaire. Elle est relativement lente jusqu'au XVIIIe siècle. On assiste toutefois à une accélération de l'augmentation de la population entre 1000 et 1300 due à d'importants **progrès agricoles** comme l'assolement triennal et la diffusion de la charrue ou encore grâce aux **défrichements** qui améliorent les rations alimentaires par individu qui acquièrent ainsi une meilleure résistance aux maladies et voient leur durée de vie croître.

DÉFINITION

Crise démographique : période marquée par une baisse de la population suite à une épidémie, une famine, des conflits, etc.

• Mais cette période connaît aussi des phases de recul dont la plus marquante est la crise démographique du XIVe siècle causée par l'épidémie

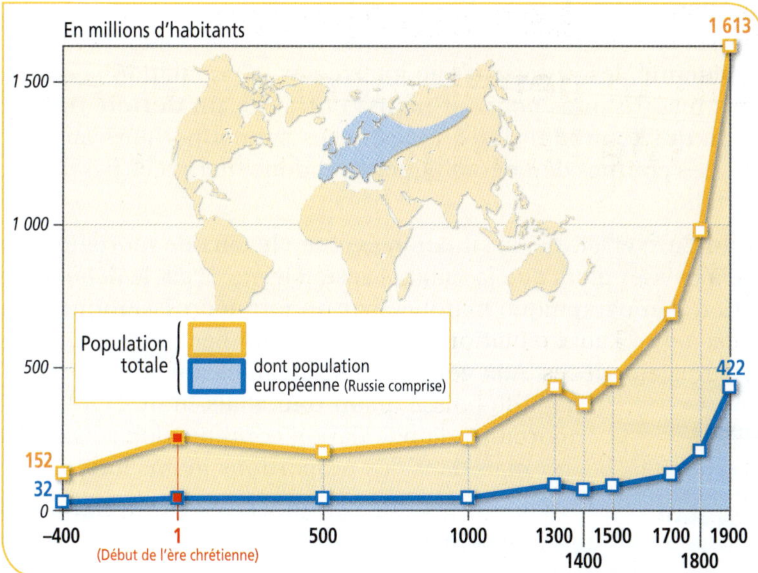

Part de la croissance démographique européenne dans l'évolution de la population mondiale

de la **Peste noire** (1348-1352). Arrivée de la mer Noire par les routes maritimes commerciales, elle aurait causé la disparition d'un quart voire de la moitié de la population européenne selon les estimations des historiens.

• À partir de la fin du XVIIIe siècle, l'Europe connaît une nouvelle forte accélération du nombre de ses habitants liée au phénomène de la **transition démographique**.

2 La transition démographique

A. D'un régime démographique à l'autre

• Au Moyen Âge et à l'époque moderne, la population européenne vit sous un **régime démographique dit traditionnel** caractérisé notamment par un fort taux de mortalité infantile (enfants de moins d'un an) et par une forte natalité destinée à pallier le nombre des décès. Une épidémie, les ravages d'une guerre sur la population civile, des récoltes insuffisantes peuvent même entraîner un **déficit naturel**, situation qui se produit lorsque les décès sont supérieurs aux naissances. Les courbes démographiques sont donc marquées par des pics de mortalité.

• À la fin du XVIIIe siècle, la situation évolue : le taux de mortalité commence à baisser alors que la natalité reste élevée. C'est le début d'une transition démographique marquée par un fort **accroissement naturel**, c'est-à-dire l'augmentation de la population liée à des naissances supérieures aux décès. Aux générations suivantes, on constate que la natalité baisse à son tour mais moins vite que la mortalité : la population continue donc d'augmenter mais dans des proportions moins fortes.

• Quand les taux de mortalité et de natalité se stabilisent au XXe siècle, l'Europe termine alors sa transition démographique et entre dans ce que les démographes appellent le **régime démographique moderne**, situation qu'elle connaît encore aujourd'hui.

CONSEIL

Les termes de « croissance » et « d'évolution » renvoient à des réalités distinctes et ne sont pas à confondre. Le terme d'évolution indique en effet une idée de changement, quel qu'il soit, alors que celui de croissance suppose forcément une augmentation.

B. Les causes de la transition démographique

• Plusieurs facteurs expliquent la **baisse de la mortalité**. Les nouveaux progrès agricoles (engrais, mécanisation...) à partir de la fin du XVIIIe siècle permettent la disparition progressive des famines grâce à la hausse des rendements. La **médecine** fait également de grands progrès. La vaccination contre la variole voit le jour en 1796 grâce aux recherches d'un médecin anglais, Jenner. L'**hygiène privée** progresse : les populations deviennent plus soucieuses des soins corporels. Les autorités commencent à interdire les cimetières au cœur des villes.

• Quant à la **baisse de la natalité**, elle reflète aussi une évolution des pratiques familiales. Les familles, se rendant compte que plus d'enfants survivent, ressentent moins le besoin d'en faire. On voit aussi progresser l'idée de familles moins nombreuses pour éviter le partage du patrimoine entre les héritiers ou pour mieux éduquer les enfants.

- Les causes de la chute continue de la mortalité dans la seconde phase de la transition sont encore à chercher dans les **progrès médicaux** : **Pasteur** découvre le vaccin contre la rage et l'existence des microbes. Il convainc les médecins des bienfaits de l'**asepsie** pour éviter les infections des plaies.

- Cette période voit aussi progresser l'**hygiène publique**. Au XIXe siècle, l'espace urbain est encore un lieu d'épidémies comme le choléra. Pour y mettre fin, les villes se modernisent. Ainsi, entre les travaux du baron Haussmann et le début du XXe siècle, Paris se dote d'un réseau de distribution d'eau potable dans les immeubles, d'un réseau complet d'évacuation des eaux usées et le préfet Poubelle demande aux Parisiens de déposer leurs ordures dans des boîtes pour qu'elles soient collectées régulièrement ! Ces progrès s'inscrivent dans le **mouvement hygiéniste** qui se développe dans la seconde moitié du XIXe siècle et pousse les sociétés à une meilleure gestion de la santé. La hausse du niveau de vie permet aussi une meilleure alimentation.

3 Des migrations européennes importantes au XIXe siècle

A. Un contexte favorable

- La transition démographique joue un rôle central. En effet, elle entraîne un trop plein des campagnes, déclenchant un manque de terres à exploiter, un accroissement de la misère et un premier exode rural à destination des villes. Les deux premières **révolutions industrielles**, marquées par la forte industrialisation de la fabrication du textile et de l'acier, par l'essor minier et l'extraction pétrolière, ou encore par la création d'une industrie chimique et automobile n'absorbent cependant pas la totalité de cette main-d'œuvre disponible. L'émigration devient alors une autre solution à la misère.

DÉFINITION

Exode rural : départ des populations à la recherche de travail des campagnes vers les centres urbains.

• Par ailleurs, la **révolution des transports** facilite les déplacements à l'intérieur de l'Europe avec le développement des chemins de fer, et vers les autres continents avec la modernisation de navires plus rapides et à plus gros tonnage diminuant ainsi le coût et le temps de trajet. Les liaisons transatlantiques se développent : entre 1850 et 1880 le temps de trajet entre la France et les États-Unis passe de 30 à 10 jours.

B. Une certaine diversité de migrations

• On observe des **migrations internes au continent européen**, et plus particulièrement vers la France et ses zones frontalières, qui connaissent un faible dynamisme démographique dès la seconde moitié du XIXe siècle. En effet, la France a réalisé rapidement sa transition démographique et manque alors de main-d'œuvre. On voit donc par exemple des populations italiennes s'installer dans le Sud de la France, de même que des Belges travailler dans le bassin minier du Nord.

• Mais le phénomène le plus marquant concerne les **migrations extra-européennes** : entre 1820 et 1940, plus de 60 millions d'Européens ont quitté le continent essentiellement pour **chercher une vie meilleure**. Mais les motivations ont été diverses : libertés politiques ou religieuses, fuite face à la grande famine irlandaise (exil de 3 millions d'Irlandais) ou devant les pogroms, ces massacres des populations juives de l'Europe de l'Est.

• Certains États neufs à la recherche de main-d'œuvre cherchent également à **attirer les migrants**, à grand renfort de publicités ou d'offres d'avantages. Ainsi, le Canada propose des terres à tout agriculteur capable de les cultiver. Au contraire, certains pays **poussent au départ** certains membres de leur population. Ainsi, la Grande-Bretagne crée des bagnes en Australie et y envoie ses prisonniers pour qu'ensuite ceux-ci peuplent le territoire.

NE PAS CONFONDRE

Émigration : départ d'une population de son pays d'origine pour aller s'installer et travailler dans un autre pays.

Immigration : arrivée d'une population dans un nouveau pays.

• La **destination privilégiée** de ces grandes migrations a été le continent américain avec, en tête, les **États-Unis** au nom de l'*american dream*, c'est-à-dire l'idée selon laquelle la réussite individuelle y est plus facilement possible. À la fin du XIXe siècle, tous les candidats à l'immigration américaine arrivant par l'Est passent ainsi par Ellis Island, une île en face de New York, et doivent se plier à des contrôles sanitaires et administratifs rigoureux. Très peu sont refoulés (2 %). Mais des pays comme l'Argentine, l'Afrique du Sud (1 million), l'Australie (3,5 millions) ont vu aussi affluer des Européens, qui diffusèrent ainsi leur culture à travers le monde. Ce phénomène migratoire se fait parfois dans un **contexte colonial**. Ainsi, la France favorise une émigration vers l'Algérie considérée comme une colonie de peuplement.

C. Les limites du rêve de la réussite

- Si certains ont réussi à s'enrichir de manière spectaculaire, à l'image du Britannique Andrew Carnegie qui fait fortune dans l'acier, tous les immigrants n'ont pas réussi à améliorer leurs conditions matérielles. Par exemple beaucoup d'entre eux habitent dans des taudis, comme ceux de New York, ou éprouvent des **difficultés d'intégration** : barrière de la langue, illettrisme, religion minoritaire, etc.

- Ils se heurtent aussi parfois à des **réactions xénophobes** comme c'est notamment le cas lors des vagues migratoires de la seconde moitié du XIXe siècle (Italiens, populations d'Europe de l'Est) qui arrivent aux États-Unis et qui ont des habitudes culturelles différentes de celles des Anglo-Saxons. On leur reproche aussi de faire baisser les salaires en acceptant de travailler à des prix très bas. Ces nouveaux arrivants ont tendance à se regrouper dans un même quartier créant ainsi des **ghettos** comme celui de *Little Italy* à New York. Certains font même le voyage de retour.

- Pour autant, l'intégration réussit à se faire au cours des générations suivantes : en 1880, New York élit même son premier maire d'origine irlandaise !

PIÈGE À ÉVITER

- Ce n'est pas parce que la natalité baisse dans la seconde phase de la transition démographique que le nombre de population baisse aussi ! Tant que la baisse de la mortalité est plus forte que celle de la natalité, la population augmente !

Présenter un document

CONSEILS

- Présenter un document est un exercice qui peut vous être demandé **en début d'analyse** pour déterminer votre niveau de compréhension du document.
- Les documents possibles sont très divers, il faut donc en préciser la **nature exacte.** Ainsi, on ne se contentera pas d'indiquer qu'il s'agit d'un texte ou d'une image : il faudra préciser s'il est extrait d'un manuel, d'un article, d'un discours, etc.
- Si l'auteur ou la source sont connus, n'hésitez pas à **les présenter rapidement** et à préciser leur point de vue, de même que **leur cible ou leur public** : une affiche de propagande n'aura en effet pas le même objectif qu'une courbe démographique.

Destination des migrants irlandais (1835-1925)

➜ Le titre donné au document peut vous aider pour en dégager le thème !

➜ Trois éléments sont toujours indispensables à préciser : la nature, le thème et le contexte.

➜ Ne vous trompez pas de contexte : celui qui est intéressant ici correspond à la période 1835-1925 et pas à celle de 1989 indiquée dans la source !

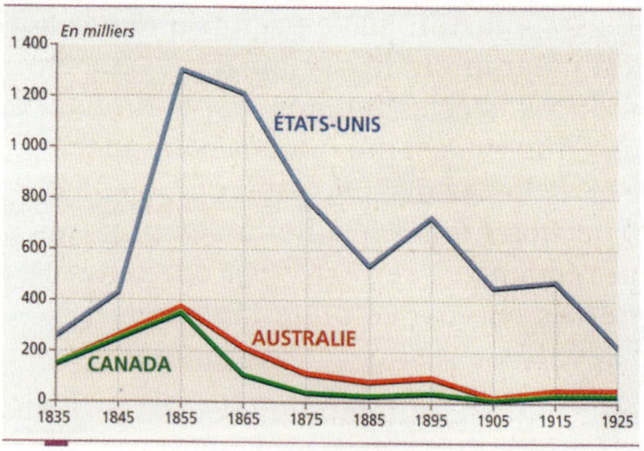

Source : C. O'Grada, *La Grande famine irlandaise*, Cambridge University Presse, 1989.

Question

Présentez le document.

POINT MÉTHODE

✓ *Commencer au brouillon par rechercher les éléments comme l'auteur, le thème (de quoi parle le document), le contexte (l'époque du document), la nature (tableau statistique, graphique, peinture, photographie, article, texte juridique, traité, etc..), la source (d'où provient le document), le titre, la date, l'éditeur…*

✓ *Tous ces éléments ne seront peut-être pas toujours mis à disposition mais vous devez savoir les repérer.*

✓ *Ensuite, décidez de ce qu'il est intéressant de garder pour rédiger la présentation.*

Comment répondre ?

Nature	Courbe graphique
Thème	Les destinations des émigrants irlandais entre 1835 et 1925 et leur nombre
Contexte	Période des grandes migrations européennes au moment de la transition démographique
Auteur	C. O'Grada
Source	*La Grande famine Irlandaise*
Éditeur	Cambridge University Presse
Date	1989

La source et l'éditeur indiquent que ce graphique vient d'un ouvrage universitaire, des informations qui sont donc *a priori* fiables même si elles ne sont pas très récentes (1989). L'auteur n'est pas une personne particulièrement célèbre. Ce qui est le plus intéressant sont les trois premiers éléments de ce tableau, le graphique en courbe permettant de bien saisir les évolutions de cette migration irlandaise.

Proposition de corrigé

Ce graphique, extrait d'un manuel universitaire britannique de 1989, met en évidence l'importance de l'émigration irlandaise entre 1835 et 1925 et ses destinations principales à un moment où, dans le contexte de la transition démographique que connaît le continent, les migrations européennes ont été très importantes. Il met aussi en évidence l'effet sur les migrations de la grande famine irlandaise de 1845-1848.

TESTEZ VOS CONNAISSANCES

CORRIGÉ p. 19

1. **L'Europe a toujours été un foyer de peuplement majeur jusqu'au début du XXe siècle.**

☐ **a.** Vrai.
☐ **b.** Faux.

2. **Les États-Unis ont été le pays le plus attractif pour les Européens candidats à l'émigration.**

☐ **a.** Vrai.
☐ **b.** Faux.

3. **Le taux de mortalité infantile concerne les enfants jusqu'à 10 ans.**

☐ **a.** Vrai.
☐ **b.** Faux.

4. **La transition démographique est le passage d'un régime démographique à un autre.**

☐ **a.** Vrai.
☐ **b.** Faux.

5. **La vaccination a permis de faire baisser la mortalité.**

☐ **a.** Vrai.
☐ **b.** Faux.

6. **Un pogrom est le massacre d'une catégorie de population.**

☐ **a.** Vrai.
☐ **b.** Faux.

7. **Un ghetto est un lieu de passage.**

☐ **a.** Vrai.
☐ **b.** Faux.

8. **L'accroissement naturel est une augmentation de la population grâce aux naissances et aux migrations.**

☐ **a.** Vrai.
☐ **b.** Faux.

9. **L'hygiénisme fut une doctrine qui a permis de faire progresser l'hygiène.**

☐ **a.** Vrai.
☐ **b.** Faux.

ENTRAÎNEZ-VOUS

CORRIGÉ p. 19

1 Présenter un texte

15 min

« La veille du mois de janvier, trois galères ont abordé au port de Gênes, venues en hâte de l'Orient mais affreusement infectées. Ces navires furent chassés du port à l'aide de flèches enflammées à la fin, l'un des trois navires arriva à Marseille, les habitants furent contaminés et moururent immédiatement.

[L'épidémie gagne toute la Provence.]

En Avignon, la moitié ou plus des habitants sont morts. Il y a à l'intérieur plus de 7 000 maisons vides dont tous les habitants sont morts [...]. On ne soigne pas les siens autrement que des chiens ; on leur jette le boire et le manger auprès de leur lit ; puis l'on s'enfuit de la maison. Pas de parents, pas d'amis qui s'occupent d'eux en quoi que ce soit ; pas de prêtres qui entendent la confession des mourants, mais chacun ne s'occupe que de sa propre santé et de celle des siens. L'on dit qu'en trois mois, on a enterré en Avignon 62 000 morts*. »

Lettre du chanoine Louis **De Boeringen**, écrite en Avignon en 1348.

* Chiffre excessif, la population d'Avignon n'atteignant sans doute pas ce chiffre en 1348.

QUESTION

Présentez ce document.

2 Présenter un texte

15 min

« Depuis quarante ans, un flot continu de Savoyards, de Dauphinois, d'Auvergnats, de Suisses et d'Italiens se porte sur Lyon. Et l'accroissement se poursuit d'une façon régulière. Chaque jour des industries nouvelles se créent, recrutant sans peine des milliers de bras venus de tous les points de l'immense région que parcourent le Rhône, la Saône et la Loire. L'invention du fil aérien et la possibilité d'amener des Alpes la force emmagasinée par la houille blanche [l'électricité] ont donné un élan inouï à la création des lignes de tramway. Les communes de la périphérie se sont accrues. Villeurbanne, qui n'avait que 5 000 habitants avant la guerre de 1870, atteint peut-être 50 000 aujourd'hui. Lyon est une énorme agglomération de près de 600 000 âmes. »

D'après V.-E. **Ardouin-Dumazet**, *Voyage en France*, 1896.

QUESTION

Présentez ce document.

3 *Analyser un texte*

●○○ 30 min

« Cette eau, cette éponge, cette charpie avec laquelle vous lavez et vous recouvrez la plaie y déposent des germes qui, vous le voyez, ont une facilité extrême de propagation dans les tissus, et entraîneraient infailliblement la mort des opérés dans un temps très court si la vie ne s'opposait à la multiplication des germes. Si j'avais l'honneur d'être chirurgien [...], non seulement je ne me servirais que d'instruments d'une propreté parfaite, mais après avoir nettoyé mes mains avec le plus grand soin et les avoir soumises à un flambage rapide [...], je n'emploierais que de la charpie, des bandelettes, des éponges préalablement exposées dans un air porté à une température de 130° à 150°. »

Conférence de **Pasteur** devant l'Académie de médecine, 1878.

CONSEIL

Faites une recherche sur Pasteur et cherchez les mots inconnus dans un dictionnaire.

QUESTIONS

A. Présentez le document.

B. Quel progrès est présenté ici ? Comment Pasteur a-t-il contribué à faire baisser le taux de mortalité ?

Corrigés de *TESTEZ VOS CONNAISSANCES*

1. a. L'Europe figure dans les trois premiers foyers mondiaux jusqu'en 1914.

2. a. Les États-Unis attirent les Européens par leur image de pays neuf dans lequel il est possible de s'enrichir, mais aussi de pays démocratique garant des libertés religieuses.

3. b. Le taux de mortalité infantile concerne le nombre de décès d'enfants de moins d'un an pour 1 000 naissances.

4. a. Entre le XVIIIe siècle et le XXe siècle, la population européenne passe d'un régime démographique traditionnel à un régime démographique moderne. C'est ce qu'on appelle la transition démographique.

5. a. Après le vaccin contre la variole mis au point par Jenner, Pasteur a, à son tour, fait progresser la vaccination avec son vaccin contre la rage en 1885.

6. a. La Russie connaît des pogroms contre la population juive à partir de 1881 qui entraînent des vagues migratoires surtout vers les États-Unis.

7. b. Le ghetto est un quartier qui regroupe une population de même origine géographique ou religieuse. New York possède ainsi des quartiers nommés *Little Italy* ou *Chinatown*.

8. b. L'accroissement naturel n'est lié qu'à une augmentation de population causée par des naissances supérieures aux décès.

9. a. Le lavage quotidien du corps progresse au XIXe siècle ainsi que l'accès à l'eau potable en ville, surtout dans la seconde moitié du XIXe siècle, avec la construction d'égouts ou la mise en place systématique du ramassage des ordures par exemple.

Corrigés de *ENTRAÎNEZ-VOUS*

1 *Présenter un texte*

Il s'agit d'une lettre écrite par un religieux, Louis de Boeringen. Témoin des faits, il rapporte à son correspondant les effets de la Peste noire qui sévit en Avignon en 1348 dans une Europe déjà troublée par la guerre de Cent Ans et qui commence à connaître une des pires crises démographiques de son histoire.

2 *Présenter un texte*

Cet extrait d'un ouvrage d'un auteur du XIXe siècle, intitulé *Voyage en France*, met en avant la modernisation de Lyon et ses alentours, montrant l'expansion démographique de l'espace urbain causée par l'exode rural et l'industrialisation de la ville à l'époque des deux premières révolutions industrielles et énergétiques.

3 *Analyser un texte*

A. Pasteur est un scientifique français du XIXe siècle célèbre pour ses recherches sur la vaccination mais aussi sur les microbes. Dans cet extrait d'une conférence qu'il fait en 1878 devant l'Académie de médecine, il s'adresse particulièrement aux chirurgiens et leur propose de nouvelles techniques d'hygiène.

B. Pasteur expose ici aux chirurgiens ses techniques d'asepsie, c'est-à-dire les mesures qui permettent d'éviter toute souillure de la plaie opératoire par des microbes. Il leur propose ainsi de stériliser le matériel en contact avec la plaie (« charpie, bandelettes... portées à une température de 130 ° à 150 ° »). Il évoque aussi la nécessaire absence de microbes sur les mains du chirurgien (« nettoyé mes mains... flambage rapide »). Ces nouvelles méthodes d'asepsie permettent de limiter les risques d'infection des plaies opératoires et d'éviter le décès du patient par infection généralisée qu'on sait peu soigner à l'époque.

CONSEIL

- *N'hésitez pas à intégrer des connaissances personnelles pour développer votre réponse.*
- *N'oubliez pas non plus de citer le texte !*

Citoyenneté à Athènes et à Rome

POUR DÉMARRER

- Athènes et Rome ont légué à l'Europe un **riche patrimoine** : philosophie, mathématiques, théâtre, architecture, art, histoire, poésie… mais aussi le **concept de citoyen**.
- Ce concept s'est vécu de **deux manières** : une cité-État de l'Attique centrée sur sa démocratie aux ve-ive siècles et un Empire romain qui, du i^er^ au iiie siècle, diffuse son modèle sur toute la Méditerranée.

1 Athènes ou l'invention de la démocratie

A. Un régime politique original

• Du temps de la Grèce antique, la cité désigne un État indépendant, constitué d'une ville principale et de son territoire, et régulé selon des lois communes. Le territoire athénien s'étend, quant à lui, sur toute la région de l'Attique. Son fonctionnement est assuré par diverses institutions. Tous les citoyens peuvent se réunir au sein de l'**ecclesia**, une assemblée dans laquelle ils débattent et votent les **lois**, l'entrée en guerre de la cité, son budget ou encore l'**ostracisme**, c'est-à-dire l'exclusion d'un citoyen jugé dangereux pour la démocratie. La colline de la Pnyx, où siégeait l'ecclesia, pouvait accueillir entre 8 000 et 10 000 citoyens.

DÉFINITION

Attique : c'est le territoire des Athéniens, situé au bord de la mer Égée et vaste de 2 200 km² ; il participe à la richesse d'Athènes avec les ports du Pirée et les mines d'argent du Laurion.

• Chaque citoyen peut aussi être juge à l'**Héliée**, un tribunal populaire, ou membre de la **Boulè** qui prépare et exécute les lois pour l'assemblée. Ces fonctions sont attribuées par tirage au sort : le principe d'**égalité** règne.

• On voit la démocratie s'affirmer au cours du ve siècle ; ainsi, **Périclès** fait établir un **misthos**, une indemnité équivalant à la moitié d'une journée de travail, pour que, même pauvre, chaque citoyen puisse participer à la vie politique de la cité. Athènes est donc une **démocratie directe** dans laquelle l'ecclesia est le lieu privilégié de la vie politique et où le talent d'orateur est indispensable au débat politique.

B. Qui participe à la vie politique ?

BIOGRAPHIE

Périclès (v. 495-429 av. J.-C.) : homme politique athénien (on parle du « siècle de Périclès »), considéré comme le garant de la démocratie athénienne au ve siècle. Il est aussi connu pour ses travaux d'embellissement de l'Acropole et la politique impérialiste qu'il mena envers les cités voisines de la mer Égée.

• Seul le **citoyen**, c'est-à-dire chaque homme libre et dont le père est lui-même citoyen (né de parents athéniens) fait vivre la démocratie athénienne. Cette citoyenneté déjà limitée est encore renforcée depuis la loi de 451 qui impose que la mère de tout citoyen doit elle aussi être fille de citoyen athénien. Cette loi fut votée à l'initiative de Périclès et entraîna une restriction du droit de cité.

• Chaque citoyen doit en plus d'abord avoir fait son **éphébie** (service militaire), car un autre devoir du citoyen, avec celui de participer aux institutions de la cité, est de la protéger. Ce devoir militaire s'exerce en fonction du niveau de richesse car c'est au citoyen de s'équiper : les plus pauvres sont rameurs sur les trières, les autres sont hoplites ou cavaliers. Le citoyen a aussi des devoirs religieux comme celui de rendre des sacrifices aux dieux ou de participer aux fêtes des Panathénées en l'honneur de la déesse protectrice de la cité, Athéna.

• Sont aussi exclus de la citoyenneté les femmes, les **métèques**, c'est-à-dire les hommes libres étrangers à la cité, et les esclaves. Athènes est donc une **démocratie limitée** dont est exclue une large partie de la population de la cité.

C. Une démocratie athénienne qui fait débat

NE PAS CONFONDRE

- *Monarchie : gouvernement exercé par un souverain dont le pouvoir se transmet de manière héréditaire.*
- *Oligarchie : gouvernement collectif des familles les plus riches de la cité.*
- *Tyrannie : gouvernement d'un seul homme imposé par la force.*

• La démocratie athénienne fait figure d'exception en mer Égée comme dans le bassin méditerranéen : c'est le seul État où le ***demos***, terme grec qui désigne l'ensemble des citoyens d'une cité, a autant de pouvoir. Les États voisins connaissent d'autres modes d'organisations politiques comme l'oligarchie, la monarchie, ou la tyrannie. Athènes elle-même n'a d'ailleurs pas toujours vécu sous le régime démocratique aux ve et ive siècles : en 411 puis en 404 avant J.-C., les plus riches réussissent à établir une oligarchie.

• Certains Athéniens eux-mêmes critiquent ce fonctionnement politique, critiques dont certaines pièces de théâtres ont conservé la trace. C'est par exemple le cas de celles d'Aristophane, un auteur comique, célèbre pour des œuvres comme « Les guêpes », qui reproche la démagogie de certains orateurs. Le fait que certaines fonctions importantes soient réservées aux plus riches citoyens (c'est le cas de la fonction de **stratège**, magistrat s'occupant des affaires militaires, poste occupé par Périclès de 443 à 429) ou que des magistratures nécessitent de dépenser de l'argent pour l'exercer, comme celle de **chorège** (il s'agit de financer une pièce de théâtre ; Périclès l'a été en 472) fit également l'objet de débats.

• C'est néanmoins à partir de la fin du ve siècle que la démocratie athénienne est confrontée au plus de difficultés. Ainsi, la guerre du Péloponnèse (431 à 404 avant J.-C.) et la peste affaiblissent la cité des Athéniens. Puis, au ive siècle, la montée en puissance du royaume de Philippe de Macédoine fait perdre définitivement à Athènes son indépendance et sa démocratie en 322 avant J.-C. Battue militairement, elle doit alors renoncer à son régime politique.

2 Rome ou la diffusion de la citoyenneté

A. Citoyenneté et Empire

• À partir de la prise de pouvoir par **Auguste** en 27 avant J.-C., un nouveau système politique se met en place à Rome : **le Principat**. L'***imperator*** (empereur, titre donné à l'origine à un général victorieux) détient tous les pouvoirs ainsi que le décrit Dion Cassius, dans ses *Histoires romaines* : « c'est ainsi qu'ils (les empereurs) sont consuls, qu'ils ont le titre d'*imperator* et de censeur. Grâce à ces titres, ils commandent l'armée, lèvent les impôts, font la guerre et la paix et nomment les sénateurs ». Contrairement aux Athéniens, les Romains sous l'Empire ont peu de droits politiques, excepté à l'échelle locale.

• Le citoyen romain est, comme à Athènes, un homme libre né de parents romains. La citoyenneté fonctionne donc selon le **droit du sang**. En comparaison des autres habitants de l'Empire, il bénéficie d'**avantages fiscaux**, puisqu'il ne paie pas le *tributum*, un impôt sur les terres et les biens, et juridiques, puisqu'il dépend de la **loi romaine** : seul un magistrat romain peut ainsi le juger et il peut faire appel au jugement de l'empereur. L'épouse d'un citoyen est elle aussi citoyenne mais avec moins de droits.

NE PAS CONFONDRE

• *Colonie* : fondation d'une cité de droit romain souvent réalisée pour installer des vétérans de l'armée, comme ce fut le cas à Orange en Gaule Narbonnaise.

• *Municipe* : cité dont l'accès aux magistratures permet d'accéder à la citoyenneté romaine.

• Autre privilège, seul le citoyen romain peut exercer des **magistratures locales** dans sa colonie ou son municipe. Dans la pratique, ces fonctions ne sont accessibles qu'aux plus riches (les *honestiores*) car ces magistrats se doivent de participer au financement de la cité à travers la construction de bâtiments, l'organisation de spectacles pour la population, etc.

B. L'extension progressive de la citoyenneté romaine

• Sous l'Empire, on pouvait devenir citoyen de plusieurs manières : un engagement **militaire** de 26 ans, l'appartenance à une **cohorte de vigiles** (les pompiers de l'époque !) à Rome pendant 6 ans, l'exercice d'une **magistrature locale** ou suite à une **décision personnelle de l'empereur**. Cet octroi de la citoyenneté était valable pour la personne désignée ainsi que pour sa famille et sa descendance. Enfin, un esclave **affranchi** par un citoyen romain devenait citoyen à son tour. L'accession à la citoyenneté est donc plus ouverte qu'à Athènes mais, au début de l'Empire, elle reste essentiellement concentrée à Rome et en Italie.

• Deux empereurs l'ont octroyée de manière plus globale. En 48, l'empereur **Claude** veut accorder la citoyenneté romaine aux élites de la Gaule chevelue, ce qui ne fut pas sans susciter des réticences dans les rangs du Sénat. Le processus d'extension de la citoyenneté aux provinciaux démarre néanmoins. Enfin, en 212 sous **Caracalla**, tous les habitants libres de l'Empire

DÉFINITION

Sénat : ancienne institution de la République romaine qui dirigeait Rome avec les Consuls mais dont Auguste a diminué fortement les pouvoirs.

(**les pérégrins**) deviennent à leur tour citoyens romains. L'extension de la citoyenneté est donc vue comme un moyen de cohésion des peuples au sein de l'Empire romain.

C. Une citoyenneté synonyme de romanisation

• L'acquisition du statut de citoyen est un signe d'ascension sociale et reflète la volonté d'intégrer la civilisation romaine. On constate également dans les provinces de l'Empire l'adoption d'un **cadre de vie urbain** et la diffusion de loisirs romains à travers la construction de colonies, de bâtiments publics comme les théâtres, amphithéâtres, cirques, thermes, temples ou arcs de triomphe. Les élites construisent des maisons ou des villas de type romain décorées de fresques et de mosaïques. Leurs enfants reçoivent une éducation latine. Le succès de cette intégration est visible jusque dans l'**origine provinciale de certains empereurs** comme Hadrien ou Caracalla.

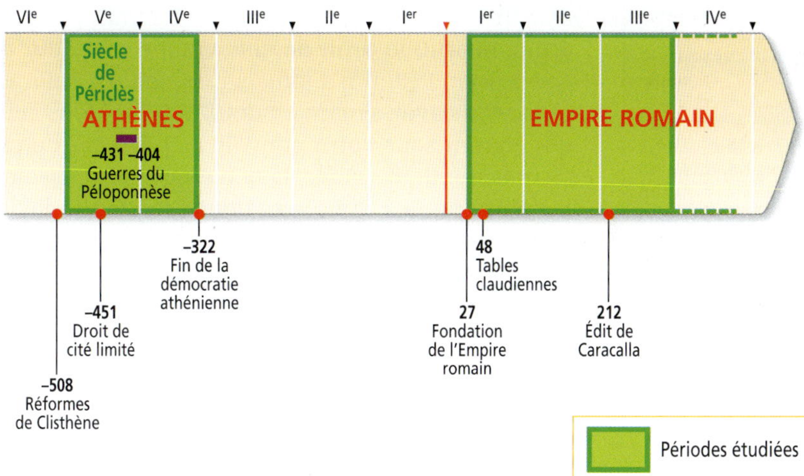

PIÈGE À ÉVITER

▪ Ne réduisez pas la cité des Athéniens à un espace urbain : elle comprend la ville d'Athènes, les ports de Pirée et le territoire de l'Attique qui l'entoure.

Analyser un texte

CONSEILS

- L'épreuve d'analyse au bac d'un ou deux documents se caractérise par une question large. Il faut donc être capable de **dégager les idées principales** du document mis à disposition, et de repérer les mots-clés ainsi qu'un plan éventuel présents dans la question.
- La réponse doit aussi obligatoirement **comporter des connaissances** qui permettront d'éclairer le sens du document ou d'apporter une analyse critique. Celle-ci doit permettre de **confronter le point de vue de l'auteur** du document aux faits historiques réels.

→ « Droit de cité » est une autre formulation pour évoquer la citoyenneté romaine.

→ Attention, l'expression « vous l'avez soumis » ne fait pas ici allusion à l'esclavage.

→ Ce discours date du IIe siècle : les connaissances postérieures ne sont donc pas a priori à utiliser.

L'extension de la citoyenneté romaine

« Ce qui mérite le plus d'être vu et admiré, c'est ce qui concerne le droit de cité. Quelle grandeur de conception ! Rien n'a jamais ressemblé à cela. En effet, vous avez séparé en deux groupes tous ceux qui étaient sous votre pouvoir. [...] À la partie qui avait la meilleure grâce, la noblesse et les capacités les plus grandes, vous avez donné la plénitude des droits politiques [...]. Le reste, vous l'avez soumis et réduit à l'obéissance. Vous avez en abondance et avec générosité distribué le droit de cité. [...] De nombreux personnages, dans chaque cité, sont autant vos propres concitoyens alors que certains d'entre eux n'ont même jamais vu votre Ville. »

Publius Aelius **Aristide**, « Éloge de Rome », IIe siècle, traduit par L. Pernot, 1997, Éditions Les Belles Lettres.

Aidez vous du paratexte : l'auteur a la *tria nomina*, c'est donc un citoyen romain. Il fait l'éloge de l'Empire, l'auteur prend donc partie en faveur de Rome.

Question

Dites en quoi l'éloge d'Aelius Aristide fait le bilan de l'acquisition de la citoyenneté romaine à son époque.

POINT MÉTHODE

✓ *Réalisez d'abord un travail préparatoire de ce type :*

Idées présentes dans le document	*Compréhension des extraits*	*Connaissances utiles à l'analyse*

✓ *Cet exercice consiste à repérer dans le document les éléments intéressants pour le sujet, et d'inscrire dans la dernière colonne les connaissances du cours en rapport avec le thème général. Voyez ensuite ce qui peut correspondre au document et permettre de comprendre les extraits.*

✓ *Rédigez ensuite l'analyse du document autour des trois axes principaux du texte : qu'est-ce qu'un citoyen au IIe siècle ? ; comment s'est opérée l'extension de la citoyenneté ? ; quelles en sont les conséquences ?*

Comment répondre ?

Idées présentes dans le document	Compréhension des extraits	Connaissances utiles à l'analyse
– « Droit de cité » – « vous avez séparé en deux groupes » – 1er groupe, « la plénitude des droits politiques » – 2e groupe, (vous l'avez soumis et réduit à l'obéissance ») – « distribué le droit de cité » – « nombreux personnages… vos propres concitoyens » – « Ville »	– Citoyenneté romaine – « vous » = Rome, le pouvoir politique – Citoyens romains – Le reste des habitants de l'empire – Extension de la citoyenneté à d'autres personnes de l'Empire – Allusion aux provinciaux – Ville de Rome	– avantages fiscaux et juridiques, peu de droits politiques – l'empereur depuis Auguste – citoyenneté accordée à titre individuel (vétérans, magistrats locaux…) ou global (Claude en 48 après J.-C.) – conquêtes militaires successives, statut de pérégrin – élites provinciales romanisées – urbanisation, vecteur de romanisation

Proposition de corrigé

Au IIe siècle, les habitants libres de l'Empire romain avaient soit le statut de citoyen romain (« vous avez donné la plénitude des droits politiques »), soit le statut de pérégrin, c'est-à-dire un individu devenu sujet de l'Empire après une conquête militaire (« vous l'avez soumis et réduit à l'obéissance »). Le citoyen romain a un statut privilégié (avantages fiscaux et juridiques) et constitue une élite à l'échelle des provinces (« la partie qui avait la meilleure grâce, la noblesse... »).

Contrairement à Athènes, Rome diffuse sa citoyenneté (« vous avez en abondance et avec générosité distribué le droit de cité »). L'empereur peut en effet l'accorder à titre personnel, et un pérégrin ayant servi l'armée pendant 26 ans l'acquiert pour lui et sa descendance. L'empereur Claude l'octroie également aux élites de la Gaule chevelue.

CONSEILS

- *N'oubliez pas de citer le document dès que possible.*
- *Attention, les connaissances postérieures au IIe siècle ne sont pas à utiliser.*

L'extension de la citoyenneté est pour les empereurs un vecteur de cohésion de l'Empire, de même que la diffusion de l'urbanisation et d'un mode de vie selon le modèle romain (« de nombreux personnages, dans chaque cité, sont autant vos propres concitoyens alors que certains d'entre eux n'ont jamais vu votre Ville ») lors de la création de colonies ou de municipes.

TESTEZ VOS CONNAISSANCES

CORRIGÉ p. 32

1. Qu'est-ce qu'un démagogue ?

- ☐ **a.** Un enseignant.
- ☐ **b.** Un politicien qui flatte le peuple.
- ☐ **c.** Un espace public.

2. Que désigne la plèbe ?

- ☐ **a.** Une colonie romaine.
- ☐ **b.** Une province.
- ☐ **c.** Une partie de la population de Rome.

3. Qu'est-ce que l'Héliée ?

- ☐ **a.** Une assemblée de citoyens.
- ☐ **b.** Un tribunal.
- ☐ **c.** Une bataille célèbre.

4. Qu'appelle-t-on l'Acropole ?

- ☐ **a.** Une colline où sont concentrés les lieux de culte.
- ☐ **b.** Le port d'Athènes.
- ☐ **c.** Une place publique.

5. Qu'est-ce qu'un hoplite ?

- ☐ **a.** Un vase grec.
- ☐ **b.** Un soldat grec.
- ☐ **c.** Un bateau grec.

6. Qui désigne-t-on du terme de pérégrin ?

- ☐ **a.** Un esclave.
- ☐ **b.** Un homme libre.
- ☐ **c.** Un magistrat.

7. Qui sont les métèques ?

- ☐ **a.** Les étrangers.
- ☐ **b.** Les artisans.
- ☐ **c.** Des éléments d'architecture.

ENTRAÎNEZ-VOUS

CORRIGÉ p. 32

1 *Analyser un texte*

45 min

DOCUMENT

Thésée : « Notre ville n'est pas au pouvoir d'un seul homme. Elle est libre, son peuple la gouverne. Rien pour l'État n'est plus dangereux qu'un tyran. D'abord avec lui les lois ne sont pas les mêmes pour tous. Quand, au contraire, les lois sont publiées, le pauvre devant la justice vaut autant que le riche. […] La liberté existe où, lors des assemblées, qui désire parler peut le faire. »

L'envoyé de Thèbes : « La ville d'où je viens obéit à un seul et non à la multitude. Il n'y a pas d'orateur qui la flatte et l'entraîne en tous sens pour son propre intérêt. […] D'ailleurs, comment la masse, incapable d'un raisonnement droit, pourrait-elle conduire la cité dans le droit chemin ? Le temps, et non l'improvisation, nous donne les lumières nécessaires. […] Un pauvre laboureur, même instruit, n'aura pas le loisir de s'occuper des affaires publiques à cause de ses travaux. »

EURIPIDE, *Les Suppliantes*, 423 av. J.-C., traduit par P. Mazon, 1920, Éditions Les Belles Lettres.

CONSEILS

• *Faites tout d'abord une courte recherche sur l'auteur et la source du document.*

• *N'oubliez pas de faire référence au texte avec des citations («… ») et utilisez les mots-clés du cours pour construire vos réponses.*

QUESTIONS

A. Présentez le document ci-dessus.

B. Analysez-le en répondant aux questions suivantes :
– Quels sont les deux régimes politiques décrits ?
– Expliquez les passages soulignés.
– Quelles critiques sont faites de la démocratie ?

CONSEIL

Le cadre chronologique n'apparaît pas dans le sujet : pensez à le dégager ! La problématique est ici clairement énoncée. Ne vous en éloignez donc pas !

2 *Rédiger une composition*

2h

Traitez le sujet de composition suivant : « Athènes et Rome, une citoyenneté identique ? »

3 Analyser un texte

●●○ 45 min

« Lysias était le fils de Képhalos, lui-même fils de Lysanias. Képhalos, d'origine syracusaine, avait émigré à Athènes par amour pour la cité et sur l'avis de Périclès fils de Xanthippe, son ami et son hôte. [...] Né à Athènes [...], Lysias fut éduqué avec les Athéniens appartenant aux familles les plus en vue [...]. Après la bataille d'Aegos-Potamos et la prise du pouvoir par les Trente, il fut expulsé, après avoir perdu sa fortune et son frère Polémarque [...]. Quand les gens de Phylé préparèrent le Retour, il se fit connaître comme allié très utile, fournissant deux mille drachmes et deux cents boucliers. On l'envoya avec Hermon recruter des mercenaires. Il en enrôla trois cents et décida Thrasydaios d'Élée, son hôte, à faire don de deux talents. Sur quoi Thrasybule [...] proposa un décret lui octroyant le droit de cité ; le peuple ratifia la proposition, mais Archinos introduisit contre lui une action en illégalité, le décret n'ayant pas été préalablement soumis au Conseil et le décret fut cassé. Ainsi écarté du droit de cité, Lysias passa le reste de sa vie en qualité d'isolète et mourut à Athènes. »

Pseudo-Plutarque, *Vies des dix orateurs*, traduit par G. Lachenaud et M. Cuvigny, 1981, Éditions Les Belles Lettres.

CONSEILS

• Cherchez d'abord ce que veulent dire les mots suivants : drachme, talent et isolète.

• La prise du pouvoir par les Trente a lieu en 404 avant J.-C.

• Le Retour sous-entend le retour à Athènes pour rétablir la démocratie.

QUESTIONS

A. Présentez le document ci-dessus.

B. Analysez-le en répondant aux questions suivantes :

– Dans quelle catégorie de la population se trouve Lysias ?

– Comment Lysias aide-t-il à rétablir la démocratie à Athènes ?

– En fût-il récompensé ?

Corrigés de *TESTEZ VOS CONNAISSANCES*

1. b. Un démagogue est un politicien qui flatte le peuple. Il est souvent dénoncé comme étant l'une des dérives de la démocratie athénienne.

2. c. La plèbe constitue la majeure partie de la population de Rome. Elle est très hétérogène, ce groupe allant des riches chevaliers aux plus pauvres de la population.

3. b. L'Héliée est le tribunal populaire d'Athènes dont les juges sont eux-mêmes des citoyens tirés au sort pour un an. Ils sont au nombre de 6 000.

4. a. L'Acropole est une colline qui surplombe Athènes. C'est à la fois un lieu de culte majeur, avec des temples dédiés à Athéna et le Parthénon, et un espace fortifié.

5. b. L'hoplite est l'une des formations militaires des citoyens athéniens : c'est un soldat qui combat à pied au sein d'une phalange.

6. b. Un pérégrin est un homme libre de l'Empire mais qui ne possède pas la citoyenneté romaine.

7. a. Le métèque est un homme libre mais qui est étranger à la cité dans laquelle il vit et a son activité économique. Les métèques étaient nombreux à Athènes car c'était une cité riche et prospère qui leur accordait un statut particulier.

Corrigés de *ENTRAÎNEZ-VOUS*

1 *Analyser un texte*

A. Il s'agit d'un extrait d'une pièce de théâtre écrite par Euripide, intitulée *Les Suppliantes*. Thésée et l'envoyé de Thèbes y débattent du meilleur régime politique pour une cité. Cet auteur grec écrit ce dialogue à un moment où Athènes a établi un régime démocratique mais est engagée dans la Guerre du Péloponnèse (431-404 avant J.-C.).

B. Thésée met en avant la démocratie (« elle est libre, son peuple la gouverne ») alors que l'envoyé de Thèbes évoque la tyrannie (« la ville d'où je viens obéit à un seul et non à la multitude »).

Le « peuple », c'est-à-dire le *demos*, participe au fonctionnement politique de la cité en étant membre de l'ecclesia, il est tiré au sort pour être juge au tribunal de l'Héliée ou membre de la Boulè qui prépare et exécute les lois pour l'assemblée. Chaque citoyen a le droit de prendre la parole au sein de l'ecclesia (l'assemblée) : l'intervention de chaque orateur est mesurée par une clepsydre, une horloge à eau.

L'envoyé de Thèbes critique la démocratie. Il fait d'abord allusion aux démagogues qui, par un discours efficace à l'ecclesia, peuvent faire voter une loi qui n'irait pourtant pas dans l'intérêt de la cité (« orateur qui la flatte et l'entraîne en tous sens »). Il remet en cause aussi l'idée d'égalité et la capacité de n'importe quel citoyen de n'importe quelle catégorie sociale à gérer la cité (« la masse, incapable d'un raisonnement droit »). Euripide met ici en évidence les débats qui ont agité Athènes aux Vᵉ et IVᵉ siècles avant J.-C. Certains Athéniens estiment ainsi que seuls les plus riches sont mieux à même de gérer la cité : ils ont reçu une éducation complète et ont le temps libre nécessaire pour le faire puisqu'ils n'ont pas à passer beaucoup de temps au travail (« un pauvre laboureur... à cause de ses travaux »). C'est d'ailleurs pour contrer cette difficulté que Périclès avait créé le misthos censé permettre à n'importe quel citoyen d'exercer son rôle de juge à l'Héliée. Des philosophes comme Platon ou Aristote ont eux aussi critiqué la démocratie athénienne.

2 Rédiger une composition

Annonce de la problématique

Que ce soit Athènes entre le Vᵉ et le IVᵉ siècle avant J.-C. ou Rome entre le Iᵉʳ et le IIIᵉ siècle après J.-C., ces deux États ont fait vivre le concept de citoyen, c'est-à-dire celui d'un individu acteur dans la vie de la cité. Ont-ils pour autant eu la même conception de la citoyenneté ? Si Athènes et Rome proposent des caractéristiques du citoyen assez proches, leur conception de son extension les éloignent l'une de l'autre tout comme l'exercice des droits politiques.

Plan détaillé

PARTIE 1
Idée clé **Athènes et Rome, des citoyens qui se ressemblent**

A. Le droit du sang

La citoyenneté est héréditaire à Athènes comme à Rome.

B. Des droits et des devoirs pour le citoyen

Les citoyens romains et athéniens ont des droits politiques, fiscaux et judiciaires. Mais ils ont aussi des devoirs religieux et militaires.

CONSEIL

Le plan doit être comparatif, il est impossible de réaliser une première partie sur Athènes et une seconde partie sur Rome.

PARTIE 2 **Mais une conception liée à l'extension de la citoyenneté**
Idée clé **diamétralement opposée**

A. Athènes ou la volonté de limiter l'extension de la citoyenneté

L'octroi de la citoyenneté devient plus restrictif sous Périclès (loi de 451 avant J.-C.). Il est difficile pour un métèque d'obtenir la citoyenneté athénienne. Elle reste un privilège.

B. Rome ou la citoyenneté vue comme un moyen d'intégration et de cohésion de l'Empire

Plusieurs possibilités existent sous l'Empire romain pour un pérégrin de devenir citoyen romain. Les empereurs ont facilité cette acquisition. Elle passe aussi par la romanisation du cadre de vie.

PARTIE 3

Idée clé **La spécificité athénienne, un rôle politique central du citoyen**

A. Un citoyen qui fait vivre une démocratie directe

Le citoyen athénien exerce des fonctions politiques et participe aux débats et au vote à l'ecclesia.

B. Rome, un empereur qui a confisqué les droits politiques à l'échelle de l'Empire

À partir d'Auguste, l'empereur détient tous les pouvoirs et dirige seul l'Empire depuis Rome. Le citoyen n'exerce vraiment qu'un rôle politique local.

Conclusion

Athènes et Rome ont fait du citoyen un individu privilégié au sein de la cité mais de grandes différences apparaissent. Sous l'Empire romain, l'accès à la citoyenneté a été ouvert à une plus grande partie de la population, même si le citoyen a vu ses droits politiques fortement diminués. Athènes au contraire, tout en faisant vivre la démocratie, régime original pour l'époque, a restreint ce statut à une minorité de sa population.

3 *Analyser un texte*

A. Cet extrait des *Vies des dix orateurs* présente la biographie d'un certain Lysias, habitant d'Athènes à la fin de la guerre du Péloponnèse, au moment où Sparte victorieuse favorise la mise en place d'une oligarchie en 404 avant J.-C. puis la lutte pour le retour à la démocratie.

B. Lysias est un métèque. En effet, son père n'est pas citoyen athénien (« Képhalos, d'origine syracusaine »). Or, Athènes fonctionne selon le droit du sang pour accorder la citoyenneté : les parents doivent être athéniens.

Lysias aide au retour de la démocratie à Athènes de façon matérielle : il finance l'armée et lui fournit des armes (« fournissant deux mille drachmes et deux cents boucliers »). Ainsi, les opposants à l'oligarchie avec Thrasybule à leur tête ont pu reprendre le pouvoir dans la cité.

En remerciement de son engagement, Thrasybule essaya d'en faire un citoyen athénien (« un décret lui octroyant le droit de cité »). Mais la procédure juridique n'a pas été respectée, Lysias n'a donc pas pu devenir citoyen. Il a toutefois été exempté du paiement de l'impôt spécial des métèques, le metoikon, ayant obtenu le statut d'isolète.

La chrétienté médiévale (XIe-XIIIe siècle)

POUR DÉMARRER

- Entre le XIe et le XIIIe siècle, l'Europe médiévale est caractérisée par une **grande diversité politique** (Empire, royaumes, cités-États, etc.) mais la **religion chrétienne**, extrêmement majoritaire, y joue un rôle central.
- Les seules exceptions sont les communautés juives, l'Espagne musulmane, des minorités musulmanes dans l'Espagne chrétienne et en Sicile et des peuples païens du Nord-Est de l'Europe.
- L'Église est un **interlocuteur incontournable** dans une société profondément croyante.

1 Un territoire européen imprégné par la religion chrétienne

A. L'exemple de Sainte-Foy-de-Conques

• Au VIIIe siècle, une **communauté monastique** se développe à Conques, à l'écart des villes et des hommes, pour se consacrer à la prière et au travail en suivant la **règle de saint Benoît**. Lieu de prières, l'abbaye est aussi un espace économique, propriétaire de terres, de maisons, moulins, fours, etc. et collectant des taxes comme la dîme. Si, conformément à la règle qu'il suit, un moine peut faire vœu de pauvreté, les **revenus de l'abbaye** sont mis au service du culte.

• Construite en style roman, l'abbaye comporte sur le portail de son église, au-dessus de la porte principale, un des plus célèbres tympans du Moyen Âge qui représente le **Jugement dernier**, c'est-à-dire le jugement des âmes au moment du retour du Christ sur terre. Le clergé, dans son **rôle d'éducateur** des croyants, rappelle ainsi de manière très imagée à une population en grande majorité illettrée la résurrection qui les attend avec l'espoir du paradis et la peur de l'enfer éternel.

• Favorisée par des donations et par l'arrivée des reliques de sainte Foy, l'abbaye devient au XIe siècle un **lieu de pèlerinage** important et une halte sur le chemin de Saint-Jacques-de-Compostelle, un des plus célèbres lieux de pèlerinage de l'époque avec Rome et Jérusalem.

DÉFINITION

Reliques : restes d'un saint ou des objets lui ayant appartenu.

• Entre le XIe et le XIIe siècle, les abbés **développent et agrandissent l'abbaye** avec une église comportant un déambulatoire, l'espace autour du chœur, pour faciliter la gestion du flux des pèlerins de plus en plus nombreux. Ceux-ci viennent se recueillir devant le reliquaire de sainte Foy, en bois doré enchâssé de camés et de pierres précieuses, et les autres objets sacrés.

• Ce succès illustre la **religiosité des Européens** de l'Occident médiéval. Le souci des chrétiens est en effet d'assurer leur **Salut**, c'est-à-dire l'accès au paradis pour la vie éternelle. Effectuer un pèlerinage permet d'espérer le pardon de ses péchés. Mais il montre aussi le culte rendu aux saints ou à la vierge Marie comme **intercesseurs** (ou intermédiaires) auprès de Dieu, pour des demandes particulières. Ainsi, sainte Foy est particulièrement priée pour la délivrance de prisonniers ou la guérison des yeux. Pour obtenir satisfaction, les croyants font le voyage mais aussi des donations selon leurs moyens. Les miracles effectués par la sainte renforcent l'attractivité du lieu.

B. L'importance de la religion dans le quotidien des chrétiens

• La vie de chaque chrétien médiéval est rythmée par des **sacrements** qu'un prêtre, qui appartient au clergé séculier, administre du baptême après la naissance jusqu'à l'extrême-onction à la fin de la vie. Chaque **prêtre** veille ainsi sur la communauté au sein de chaque **paroisse**.

NE PAS CONFONDRE

Clergé régulier : le clergé régulier cherche à vivre conformément à une règle précise et à l'écart des hommes.

Clergé séculier : le clergé séculier vit au contact de la population et joue un rôle important d'encadrement au sein des paroisses.

• Entre le XIe et le XIIIe siècle, l'Église accentue encore sa présence et son rôle dans la société médiévale. À l'initiative du pape, chef de l'Église, et de toute la hiérarchie du **clergé séculier** (cardinaux, archevêques et évêques), elle renforce le **contrôle de la vie quotidienne des fidèles** en imposant le sacrement du mariage qui devient indissoluble. Le concile, réunion de religieux sous la direction du pape ou d'un évêque, de Latran en 1215 rend la confession annuelle ainsi que la communion obligatoires sous peine d'**excommunication** (le croyant est exclu de la communauté des fidèles).

- L'Église est aussi **présente dans d'autres domaines** : l'assistance aux pauvres, les soins médicaux et l'enseignement essentiellement dans les monastères. Elle est celle qui assure la formation intellectuelle des élites et peut dispenser des soins. Chaque monastère possède par exemple un jardin pour les plantes médicinales mais aussi souvent une bibliothèque avec un scriptorium où les ouvrages sont copiés et décorés ce qui est une source de revenus supplémentaire.

NE PAS CONFONDRE

Église (avec une majuscule) et église : l'église est un bâtiment religieux dans la religion chrétienne alors que l'Église désigne l'ensemble des communautés chrétiennes.

- Puissante, l'Église essaie également de **limiter la violence**, souvent entretenue par les seigneurs et leurs hommes d'armes. Dès la fin du Xe siècle, elle invente la **paix de Dieu** qui interdit, sous peine d'excommunication, de s'attaquer aux clercs sans armes, de piller et d'enlever les paysans. Au début du XIe siècle, l'Église va plus loin avec la **trêve de Dieu** qui interdit de combattre certains jours de la semaine et pendant certaines périodes de grandes fêtes religieuses. Elle incite les seigneurs à respecter ces règles en prêtant serment sur des reliques ou livres sacrés, et à servir ses intérêts en incitant à partir en **croisade** à la conquête de la Terre sainte dès 1095. Elle essaie ainsi de détourner la violence des chevaliers, la rendant légitime au nom de la défense de la Foi.

- La présence de l'Église est aussi **visuelle** et se manifeste dans la construction d'églises dont le rythme s'accélère d'abord dans le **style roman** (églises sombres et de petites dimensions) puis en **style gothique** à partir du XII et XIIIe siècle avec la construction de vastes cathédrales décorées de vitraux. Leurs cloches et les fêtes religieuses ponctuent le temps de la journée et de l'année. Ces fêtes sont particulièrement importantes de décembre à avril (Avent, Noël, Carême, Pâques).

2 Un christianisme européen en expansion et une Église de plus en plus répressive

A. Une Europe de plus en plus chrétienne

• À partir du XIe siècle, la conversion des populations de l'Est et du Nord de l'Europe se développe. Ainsi, le roi de Hongrie Étienne (997-1038) fait venir des **missionnaires** d'Italie et des régions allemandes pour convertir son peuple au christianisme. Au XIIIe siècle, l'ordre des moines soldats, les chevaliers teutoniques, mène de grandes campagnes à la fois religieuses et militaires vers les rives de la mer baltique. Les campagnes d'évangélisation se font aussi par la violence : destruction des sanctuaires païens, conversions forcées. Les rois norvégiens lancent, eux aussi, des campagnes d'évangélisation dans leur royaume au début du XIe siècle et font du christianisme la religion officielle.

DÉFINITION

Évangélisation : action de convertir des populations au christianisme.

• Cette expansion est aussi présente au Sud de l'Europe aux dépens de l'Islam : les royaumes chrétiens du Nord de l'Espagne (Aragon, Castille, León) profitent du déclin du califat de Cordoue au XIe siècle pour partir à la reconquête (**la Reconquista**) de la péninsule ibérique musulmane. La bataille de Las Navas de Tolosa en 1212 gagnée par les souverains chrétiens en est une étape importante. Progressivement, les populations maures (musulmanes) et juives voient, dans les territoires reconquis, leurs libertés diminuer.

B. Une Église parfois critiquée et qui réagit

• La pratique religieuse des fidèles n'est pas toujours conforme à celle prêchée par l'Église : les populations sont souvent encore **superstitieuses** et ont gardé des **habitudes païennes**. Elles critiquent aussi parfois l'attitude de certains membres du clergé ce qui pousse le pape **Grégoire VII**, au XIe siècle, à la réformer.

• La **réforme grégorienne** vise tout d'abord à améliorer la moralité et les compétences de son clergé. Ce pape essaie ensuite de lutter contre la nomination d'évêques ou d'abbés de monastères par le pouvoir laïque, c'est-à-dire le souverain. En effet, ces fonctions incarnent le pouvoir spirituel, en assurant le respect du dogme défini par Rome et en encadrant les fidèles, mais aussi le pouvoir temporel. Ces abbés et évêques sont en effet des personnalités qui exercent un rôle politique et à ce titre prêtent allégeance au roi, qui n'hésite pas à nommer des proches ou des personnes pour s'assurer leur fidélité.

NE PAS CONFONDRE

Pouvoir spirituel : pouvoir exercé sur les âmes en vue d'obtenir leur salut.

Pouvoir temporel : pouvoir civil et d'administration exercé sur les corps et les biens.

- Au sein de l'Église, des divergences se font aussi jour. L'ordre des **Cisterciens** reproche aux **Clunisiens** la richesse de leurs églises et de leur ornementation, leur manque de travail manuel. Cluny était en effet un des ordres monastiques le plus riche de son temps. Au contraire, les moines de Cîteaux, abbaye fondée à la fin du XIe siècle, cherchent à vivre au plus près de la règle de saint Benoît et de son idéal de pauvreté. Ce nouvel ordre monastique devient d'ailleurs rapidement célèbre grâce à un de ses moines, **Bernard de Clairvaux**, et fut à l'origine de la création de nombreux monastères en Europe de l'Ouest.

- À partir du XIIIe siècle, certains moines décidèrent de refuser tout bien terrestre et de vivre uniquement de la charité des fidèles. C'est la naissance des **ordres mendiants** avec notamment l'ordre des Franciscains fondé en 1210 par **François d'Assise**.

- À partir du XIe, émergent également des remises en cause profondes du **dogme**, c'est-à-dire l'ensemble des croyances officielles de l'Église catholique, touchant ainsi non plus seulement le clergé mais aussi le message porté par Rome et le pape. Par exemple, dans une partie du Languedoc, apparaît le **mouvement cathare** qui remet en cause la hiérarchie du clergé, rejette le baptême et la résurrection des corps. Soutenues par les seigneurs locaux, les idées des Cathares se développent et le pape les déclare hérétiques. Devant l'ampleur du phénomène, le pape Innocent III, à partir de 1209, prêcha une croisade très violente, marquée notamment par le massacre de la population de Béziers. La papauté finit même par créer en 1231 une institution spéciale pour lutter contre les hérésies : l'**Inquisition**. Conduite par des religieux, elle servit à mener des enquêtes et des procès et à prononcer des condamnations allant de la pénitence à la mort sur le bûcher.

Présenter deux documents

CONSEILS

- L'épreuve d'analyse au bac peut comporter **deux documents.** Dans ce cas-là, on peut vous demander d'en réaliser la présentation.
- Il ne s'agit évidemment pas de faire d'abord la présentation du document 1 puis du document 2. La réponse rédigée doit les faire apparaître ensemble, il faut les **confronter**.

DOCUMENT 1

« Frère François promet obéissance et respect au Seigneur pape Innocent et à ses successeurs.

1. La règle et la vie des frères consistent à vivre dans l'obéissance, la chasteté, sans rien posséder en propre et à suivre la doctrine et les exemples de Notre Seigneur Jésus-Christ, qui dit : « Si tu veux être parfait, va et vends tout ce que tu as, donne-le aux pauvres et tu auras un trésor dans le Ciel. Ensuite, viens et suis-moi. »

2. Celui qui, sous l'inspiration divine, voudra embrasser cet état de vie, qu'il vienne vers nos frères, il sera reçu par eux avec amitié. Qu'il vende tous ses biens et s'applique à les donner aux pauvres. Tous les frères revêtiront des vêtements communs. […]

3. Que les frères n'exercent aucune fonction d'autorité, surtout entre eux. […] Que nul ne soit appelé prieur, mais que tous soient appelés frères mineurs. […]

4. Ils doivent se montrer souriants quand ils fréquentent des gens de peu et méprisés, notamment les pauvres, les infirmes, les malades, les lépreux et les mendiants.

5. Quand les frères iront en voyage, qu'ils n'emportent rien pour la route, ni sac, ni besace, ni pain, ni argent, ni bâton. »

François **D'Assise**, règle primitive des Franciscains, 1210.

→ Règle primitive signifie ici « première version » de la règle des Franciscains.

DOCUMENT 2 François d'Assise prêchant aux animaux

➡ Une enluminure est un dessin réalisé dans un manuscrit.

➡ Un livre d'heures est un livre de prières destiné aux riches croyants.

Enluminure extraite d'un livre d'heures flamand, début du XIVe siècle.

POINT MÉTHODE

✓ *Réalisez d'abord au brouillon pour chacun des documents un travail préparatoire identique à celui de la fiche « Présenter un document » p. 14.*

✓ *Recherchez ensuite les points communs et les différences qu'il peut y avoir entre ces deux documents : sont-ils de même nature ?, ont-ils un aspect commun dans leur thème ?, etc.*

✓ *Rédigez alors la présentation en mettant en évidence les points communs intéressants puis les différences.*

▶ Question

Présentez les deux documents.

Comment répondre ?

Document 1		Document 2	
Nature	Règle monacale	Nature	Enluminure
Thème	Règles de fonctionnement de l'ordre des Franciscains	Thème	François d'Assise prêche aux animaux
Contexte	Début de la création de ce nouvel ordre monastique	Contexte	Essor de l'ordre des Franciscains en Europe
Auteur	François d'assise, le fondateur	Auteur	Un moine copiste
Source	X	Source	Livre d'heures flamand conservé au *British Museum*
Éditeur	X	Éditeur	X
Date	1210	Date	début du XIVe siècle

Proposition de corrigé

Ces deux documents évoquent l'œuvre de François d'Assise, fondateur d'un nouvel ordre monastique au début du XIIIe siècle.

Le document 1 est un extrait de la règle de fonctionnement voulue par François d'Assise au moment de la création de ce nouvel ordre en 1210. Le document 2 est quant à lui une enluminure faite pour décorer un livre d'heures du début du XIVe siècle alors que l'ordre des Franciscains est en plein essor.

TESTEZ VOS CONNAISSANCES

CORRIGÉ p. 46

1. Qu'est-ce que le clergé ?

☐ **a.** Un bâtiment présent dans les monastères.
☐ **b.** L'ensemble des moines.
☐ **c.** L'ensemble des religieux présents dans l'Église.

2. Qu'est-ce que l'excommunication ?

☐ **a.** L'exclusion du fidèle de l'Église.
☐ **b.** Un sacrement.
☐ **c.** Une décoration de style roman.

3. Qu'est-ce que l'Inquisition ?

☐ **a.** Une administration royale.
☐ **b.** Un tribunal religieux.
☐ **c.** Un tribunal civil.

4. Qu'est-ce qu'un sacrement ?

☐ **a.** Un acte qui montre l'adhésion à la communauté chrétienne.
☐ **b.** Une cérémonie qui permet au roi d'accéder au pouvoir.
☐ **c.** Une cérémonie civile.

5. Qu'est-ce qu'une croisade ?

☐ **a.** Un élément d'architecture.
☐ **b.** Une guerre religieuse.
☐ **c.** Un voyage à but religieux.

6. Que sont des reliques ?

☐ **a.** Des restes sacrés.
☐ **b.** Des vases religieux.
☐ **c.** Un élément d'église romane.

7. Qui sont les Cisterciens ?

☐ **a.** Un mouvement hérétique.
☐ **b.** Un ordre monastique.
☐ **c.** Un ordre de chevaliers.

ENTRAÎNEZ-VOUS

CORRIGÉ p. 46

Analyser deux documents

●●○ 45 min

DOCUMENT 1 **Le pape Urbain II devant l'autel de l'abbaye de Cluny**

Le pape Urbain II (1042-1099) confirme l'abbaye de Cluny dans ses possessions et l'abbé Hugues dans ses privilèges épiscopaux.

Enluminure tirée des *Chroniques de Cluny*, XIIe siècle.

DOCUMENT 2 Une donation faite à Cluny

« Sachent tous présents et futurs que moi, Bertrand de Cortevaix, je donne et je confirme par la présente charte à Dieu, et à la communauté de Cluny, deux muids de vin pur et quatre setiers de froment pur et un cinquième de fèves à prendre tous les ans sur ma terre du village de Bresse sur Gosne. [...] Avec les choses que je donne, il a été institué à Cluny un repas le jour anniversaire de mon père, pour le salut de l'âme de mon père, de ma mère, de tous mes parents. Tout ceci avec l'approbation et le consentement de ma femme Julienne. »

Recueil des chartes de l'abbaye de Cluny, tome V, (1128-1134).

QUESTIONS

CONSEILS

- *Une charte est un document juridique. Identifiez bien l'émetteur et le récepteur de cette charte !*
- *N'oubliez pas le contexte, ici, il est assez large !*
- *Faites une recherche sur Cluny !*

A. Présentez les deux documents ci-dessus.

B. Analysez-les en répondant aux questions suivantes.

Document 1 :

1. À l'aide de la légende, identifiez les principaux éléments de l'enluminure, c'est-à-dire le groupe de gauche avec son personnage principal et les personnes à leurs pieds, puis le groupe de droite avec lui aussi son personnage principal.
2. En quoi l'organisation de ce document montre-t-elle l'organisation de l'Église ?
3. Quel est l'intérêt pour Cluny d'entretenir une relation privilégiée avec la papauté ?

Document 2 :

4. Que désigne l'abbaye de Cluny ?
5. Pourquoi Bertrand de Cortevaix fait-il cette donation ?

Corrigés de *TESTEZ VOS CONNAISSANCES*

1. c. Le clergé regroupe l'ensemble des religieux qui assurent le fonctionnement de l'Église, c'est-à-dire le clergé séculier (du pape au prêtre) et le clergé régulier (les moines et les abbés).

2. a. L'Église peut exclure un fidèle de l'Église de manière temporaire ou définitive pour une faute grave, quel que soit son rang social. Il ne peut alors plus communier, être lavé de ses péchés, ni enterré en terre chrétienne.

3. b. L'Inquisition est un tribunal religieux créé par le pape afin de réaliser des enquêtes et des procès sur des cas d'hérésies. Il prononce aussi des condamnations qui vont d'une simple pénitence à la mort par le feu.

4. a. Un sacrement est un acte qui montre l'adhésion du fidèle à la communauté chrétienne. Il en existe sept : le baptême, l'extrême-onction, la confession, la confirmation, l'eucharistie, le mariage et l'ordination.

5. b. La croisade est une expédition militaire à but religieux lancée à l'initiative du pape. La première, en 1095, avait pour but la conquête de Jérusalem.

6. a. Les reliques sont des restes d'un saint ou d'objets ayant un lien direct avec un personnage sacré, comme la couronne d'épines du Christ pour laquelle Louis IX fit construire la Sainte Chapelle à Paris.

7. b. Les Cisterciens sont les membres d'un ordre monastique fondé à la fin du XIe siècle afin de vivre en conformité avec la règle de saint Benoît, à savoir un partage équilibré du temps entre travail et prières. Un des Cisterciens les plus célèbres fut Bernard de Clairvaux (1090-1153).

Corrigés de *ENTRAÎNEZ-VOUS*

Analyser deux documents

A. Ces deux documents du XIIe siècle font référence à l'ordre monastique de Cluny à une époque où l'Europe est profondément chrétienne. L'enluminure extraite des *Chroniques de Cluny* (document 1) rappelle la puissance de l'ordre et son lien direct avec la papauté, alors que la charte (document 2) fait partie d'un recueil rassemblant tous les documents juridiques de l'abbaye de Cluny qui nous soient parvenus et remémore les liens importants entre l'ordre et les fidèles.

B. 1. L'enluminure représente la nouvelle abbatiale construite à Cluny au XIe siècle : le pape vient consacrer l'autel situé au centre de l'enluminure. Le dessin montre le pape Urbain II à gauche. Il est reconnaissable à la richesse de ses habits liturgiques, sa crosse, sa mitre et à sa taille supérieure aux autres personnages. Derrière lui, on peut distinguer le clergé séculier avec les évêques, eux aussi portant crosse et mitre, à leurs pieds les fidèles, et derrière eux les clercs, reflétant ainsi la hiérarchie de l'Église. À droite, on voit l'abbé de Cluny, Hugues, portant lui aussi un riche habit liturgique qui rappelle la richesse et la volonté de décoration des Clunisiens. Il tient une crosse à la main puisqu'il a obtenu du pape la dignité épiscopale. À ses côtés, les moines bénédictins de Cluny sont reconnaissables à leur robe grise et à leur large tonsure.

2. Le moine enlumineur à l'origine de ce document rappelle la hiérarchie de l'Église en plaçant le pape au centre du document. Il signifie ainsi que c'est bien lui qui dirige l'Église, l'ensemble du clergé et qui encadre la communauté des fidèles, représentés en contrebas. C'est également lui qui est à l'origine du pouvoir et de la légitimité de l'abbaye et, plus généralement, du clergé régulier.

3. Dès sa fondation, Cluny est placée directement sous la protection du pape : l'abbaye ne peut pas ainsi se trouver sous l'influence d'un grand seigneur voir même du roi, elle est indépendante et les moines élisent seuls leur abbé. Ceci n'empêchera pas Cluny de jouer un rôle politique en Europe car ses abbés ont souvent été issus de grandes familles aristocratiques.

4. L'abbaye de Cluny abrite un ordre monastique obéissant à la règle de saint Benoît, et fut fondé par Guillaume Ier duc d'Aquitaine en 909, qui s'est placé sous l'autorité et la protection du pape et qui a connu un très grand essor dès le Xe siècle et a accueilli de nombreux dons. Certains Clunisiens sont même devenus papes comme Urbain II, représenté dans l'enluminure. Cluny a construit au XIIe siècle la plus grande église abbatiale d'Occident du Moyen Âge mais s'est parfois vue reprocher le luxe de sa décoration et son manque d'activités manuelles, s'éloignant ainsi des principes de saint Benoît.

5. Bertrand de Cortevaix fait une donation en nature pour le repas des moines (« froment pur », « muids de vin ») afin que ceux-ci prient pour le salut de sa famille (« pour le salut de l'âme de mon père »). En effet, chaque fidèle est soucieux d'éviter l'enfer et de gagner le paradis au moment du Jugement dernier. Les prières des moines doivent permettre d'effacer les péchés.

Sociétés et cultures rurales (XIe-XIIIe siècle)

POUR DÉMARRER

- **Le début du Moyen Âge est marqué par l'essor de l'empire carolingien de Charlemagne (IXe siècle) qui s'étend sur un immense territoire.**
- **Mais les divisions internes et les invasions scandinaves au Nord ou musulmanes au Sud entraînent une désagrégation du pouvoir monarchique.**
- **L'Europe occidentale, entre le Xe et le XIe siècle, voit alors les ducs et les comtes prendre leur autonomie et dominer les terres, principales sources de richesses, ainsi que les hommes qui les occupent à travers l'extension d'un système qualifié de féodal.**

1 Le développement du système féodal et de la vassalité

A. Les conséquences de l'affaiblissement du pouvoir monarchique

- L'affaiblissement du pouvoir carolingien dans la seconde moitié du IXe siècle a permis une certaine **indépendance politique des ducs et des comtes** qui jouaient jusque-là le rôle d'administrateurs pour le souverain. Le début du XIe siècle voit le même phénomène se produire aux dépens des comtes et au profit des **seigneurs locaux**, souvent cadets de familles nobles. Ils construisent, sans autorisation, des châteaux sur des terres comtales et en profitent pour exercer aussi des **pouvoirs de justice** qui auparavant étaient exercés par le représentant du comte.
- Les communautés paysannes n'ont alors plus d'interlocuteurs locaux pour se défendre face aux violences et aux revendications des seigneurs. Ces derniers imposent leur **protection contre des taxes** : on voit ainsi beaucoup diminuer le nombre de paysans propriétaires (les alleutiers) entre le IXe et le XIe siècle. Dans le Sud de l'Europe, les seigneurs obligent même les ruraux à se regrouper dans des villages fortifiés (phénomène de l'**incastellamento**).

• Ces seigneurs obtiennent souvent *a posteriori* la reconnaissance par le comte de la possession de leurs châteaux et de leurs pouvoirs sur les terres et les hommes : c'est la naissance de la seigneurie. Cette reconnaissance est officialisée lors de cérémonies où **serment** et **baiser de paix** sont échangés : ils symbolisent un accord de non-agression et une aide mutuelle. On voit ainsi s'installer des **liens personnels**, peu contraignants, entre comtes et seigneurs. Par contre, les seigneurs s'entourent de militaires auxquels ils imposent des serments d'allégeance beaucoup plus contraignants. Le système féodal se met ainsi en place.

> **DÉFINITION**
>
> *Féodalité : liens d'homme à homme (entre un supérieur et son vassal) officialisés lors de cérémonies et dont le caractère contraignant varie entre le XIe et le XIIe siècle.*

• Ces seigneurs n'hésitent pas à se lancer dans des guerres privées pour augmenter leur richesse, phénomène remarqué dans plusieurs régions d'Europe comme en Poitou, Catalogne ou Provence. C'est dans ce contexte qu'apparaissent la **paix de Dieu** et la **trêve de Dieu** (voir chapitre 3) : l'Église tente ainsi de protéger ses intérêts et ceux des plus faibles, rôle assuré auparavant par le souverain.

B. Un cadre de vie : la seigneurie

• La seigneurie est le territoire des activités rurales et le cadre de vie des hommes qui l'occupent. Elle est un espace à la fois territorial et juridique ; la **seigneurie** est donc banale et **foncière**.

> **DÉFINITION**
>
> *Ban : droit de commander, de punir et de lever des impôts, exercé par un seigneur.*

• Le terroir est constitué de deux espaces exploités différemment : les **tenures** et la **réserve**. Le seigneur fait exploiter la réserve par les jours de corvée qu'il impose aux paysans. Les tenures sont louées aux paysans libres (les vilains) en échange de taxes. Le territoire de la seigneurie est aussi constitué de **forêts** indispensables à l'équilibre économique ; espace de chasse pour le seigneur, elles sont lieu de cueillette, d'exploitation du bois pour la communauté villageoise. On y trouve aussi les **communaux**, espaces communs au village.

• Le territoire voit aussi se dresser un château qui, entre le XIe et le XIIIe siècle, évolue : d'abord simple **motte castrale en bois** entourée d'une palissade, il se transforme en château en **pierre** plus vaste, plus complexe selon les revenus du seigneur. Il est à la fois son lieu de résidence, le symbole de son pouvoir mais aussi un lieu de défense dans lequel la communauté se réfugie en cas d'attaque.

REMARQUE

Une seigneurie peut être tenue aussi bien par un laïc que par un abbé. Dans ce cas-là, ce n'est pas la crainte des armes qui fait accepter la domination mais celle de la religion.

- Un **gibet** (lieu pour les exécutions judiciaires) se dresse aussi sur ce territoire. Il symbolise le pouvoir de justice et de répression du seigneur. Époque profondément religieuse, la seigneurie abrite aussi des bâtiments religieux à commencer par l'église, bâtie au cœur du village, avec son cimetière.

C. L'évolution du système féodal

- À partir du XIIe siècle, souverains et grands féodaux (ducs et comtes) réussissent à imposer leur pouvoir aux seigneurs locaux et apparaissent à nouveau comme les garants de la paix publique. Ces derniers doivent alors prêter serment lors de cérémonies de l'**hommage-lige** (serment plus contraignant que le simple hommage) pour le fief tenu par eux (c'est-à-dire la terre et le château).

NE PAS CONFONDRE

Le vassal est un homme libre qui jure aide (justice, guerre, finance dans des cas précis) à son seigneur en échange d'un fief. Au contraire, le suzerain désigne l'homme qui compte des vassaux dans son entourage ; plus il réussit à se créer des fidélités, plus il est puissant.

- Par cette cérémonie, ils reconnaissent un certain partage de propriété avec leur suzerain. Le vassal doit désormais s'engager à servir son suzerain, à lui remettre le château s'il l'exige : on est alors dans une situation inégalitaire entre vassal et suzerain. On constate également, grâce à des circuits monétaires plus importants, une politique de rachats de fiefs par les comtes.

2 Un monde rural soumis au système féodal

A. Un monde rural plus prospère

- Entre l'an mille et le XIIIe siècle, la population européenne s'accroît et reste en très grande majorité rurale. La mortalité recule grâce à des famines moins fréquentes. Plusieurs raisons sont mises en avant. On constate un phénomène de **défrichement** des forêts, d'abord dans les régions méditerranéennes un peu avant l'an mille (Catalogne), puis vers 1100 en Europe de l'Ouest et enfin en Europe du Nord et de l'Est.

- L'extension de terres cultivables se fait aussi par l'**assèchement de marais** ou l'endiguement de fleuves (le Pô, le Rhône). Ces travaux se font à l'initiative (parfois illégale) des paysans mais aussi des seigneurs laïcs ou religieux qui y voient un avantage économique. Ces nouvelles terres deviennent des terres à céréales mais aussi à vigne, ou à plantes tinctoriales, pouvant permettre la fabrication de colorants ou de teintures. Elles servent aussi au développement de l'élevage comme en Angleterre. On a donc une **diversification des productions**.

- Le recul des famines et la hausse des volumes agricoles produits passent aussi par des **progrès techniques** : système de l'assolement triennal, outils agricoles en métal (soc de charrue dans le Nord), collier d'épaule pour le cheval et joug pour les bœufs, ce qui permet de tirer des charges plus lourdes. Les énergies hydrauliques et éoliennes sont aussi plus utilisées (moulins, forges).

> **DÉFINITION**
>
> *Assolement triennal : le terroir est partagé en trois espaces sur lesquels la communauté organise la rotation des cultures en vue d'en obtenir un meilleur rendement : une sole pour les céréales d'hiver, une sole pour les céréales de printemps et enfin une sole en jachère.*

B. Les rapports entre les seigneurs et les paysans

- Les paysans doivent payer des **redevances** au seigneur. Elles sont nombreuses : cens (redevance en nature ou en argent pour la tenure), champart (part des récoltes en nature), corvées (jours de travail à effectuer sur la réserve), banalités (obligation d'utiliser le four ou le moulin de la seigneurie contre une part en nature), droit de gîte (hébergement de militaires), taille (taxe occasionnelle). Les serfs doivent en acquitter d'autres en lien avec leur statut : formariage (autorisation de se marier), mainmorte (taxe sur les biens du défunt), etc.

- Cet alourdissement des prélèvements suscite parfois des **révoltes** de vilains ou de serfs contre les seigneurs laïcs ou religieux. Elles finissent toujours par être réprimées.

- Mais la conquête de nouvelles terres cultivées a aussi exigé une main-d'œuvre plus nombreuse qui s'est parfois trouvée en position de force

DÉFINITION

Charte de franchise : texte juridique qui limite les droits seigneuriaux (diminution des taxes par exemple) et les fixe par écrit. Elle définit aussi souvent une auto-administration du village et de la communauté.

face au seigneur. Les paysans ont alors pu imposer, à partir du XIIe, l'octroi de chartes de franchise dans lesquelles sont mentionnés des allégements de taxes. La mise sous écrit de ces contrats permet aussi d'éviter des abus et des prélèvements arbitraires.

- La communauté paysanne doit souvent **se réunir** : travail de la terre dans le cadre de l'assolement, gestion de l'église au sein de confréries religieuses, moments festifs. Tout cela en lien avec les agents du seigneur. Cette communauté est **hiérarchisée** entre paysans libres et non-libres (les serfs), entre paysans riches (laboureurs, ceux qui possèdent bœufs et charrue) et simples manouvriers. Mais avec l'essor des défrichements, la différence de statut juridique tend à disparaître.

C. Vers une culture chevaleresque

- La chevalerie repose avant tout sur des critères militaires. Les **tournois** (combats à cheval codifiés où le vainqueur remporte l'équipement de l'adversaire) se développent à partir du XIIe siècle. À un moment où les guerres privées diminuent, ils sont un moyen de canaliser les violences des chevaliers. Ils sont aussi des lieux de rencontre de la jeunesse chevaleresque, d'étalage de la richesse, ou encore le moyen de prouver sa valeur militaire. On voit également la cérémonie de l'**adoubement** (cérémonie au cours de laquelle on devient chevalier) se codifier et intégrer une part plus religieuse.

DÉFINITION

Amour courtois : présent dans la littérature du Moyen Âge, l'amant, souvent un simple chevalier, doit mériter l'amour de sa dame après une série d'épreuves.

- Cette culture chevaleresque s'exprime à travers la **littérature** : chansons de geste et romans de chevalerie (Lancelot du lac, Tristan et Iseult) mais aussi à travers l'amour courtois diffusé par les **troubadours**, poètes et musiciens (comme par exemple Bernard de Ventadour) surtout dans le Sud de la France.

Confronter deux documents

CONSEILS

- Il est évidemment hors de question d'analyser les deux documents l'un après l'autre : l'objectif est de les **mettre en relation** dans le cadre de l'analyse.
- Repérez si les documents sont de même époque, si les auteurs sont célèbres ou si un personnage mentionné l'est.

DOCUMENT 1 **Concession de propriété à la fin du XIIe siècle**

« Que tous les hommes présents et futurs sachent que Hugues Clément a donné à perpétuité à Gautier le jeune et à ses héritiers 240 arpents de bois, situés entre Mahau et Vernou. À la condition qu'il les défriche et les transforme en terres arables en l'espace de trois années à compter de la Nativité de saint Jean-Baptiste. Pour chaque arpent de terre, il paiera, lui ou ses héritiers, deux deniers parisii de cens annuel, le lendemain de la Toussaint, à Vernou. »

C. **Brunel**, *Recueil des actes de Philippe Auguste*, Paris, 1943.

→ Un arpent mesure environ 70 m.

→ Terres cultivables.

→ Soit le 24 juin.

→ Monnaie utilisée à l'époque.

POINT MÉTHODE

✓ *Dégagez au brouillon les idées principales de chaque document.*

✓ *Repérez ensuite si les deux documents sont complémentaires ou s'ils s'opposent.*

✓ *Comme pour l'analyse d'un document, confrontez ces idées à vos connaissances, au besoin avec le tableau de la p. 27.*

✓ *Pensez à faire référence aux deux documents dans la rédaction !*

✓ *Commencez par rédiger l'idée principale au début de votre rédaction.*

DOCUMENT 2 Les défrichements

Enluminure tirée des « Moralia in Job » de saint Grégoire, XIIe siècle, Dijon, bibliothèque municipale.

Questions

1 À partir de ces deux documents, dites comment se déroulent les défrichements entre le XIe et le XIIIe siècle.

2 Quels intérêts y trouvent les abbayes et les seigneurs laïcs ?

3 Qu'est-ce qui rend possible ces défrichements ?

Proposition de corrigé

> **CONSEILS**
>
> • *Repérez les deux personnages et observez bien leurs costumes. Ils vous donneront des indices sur leur statut et leur identité.*
>
> • *Les enluminures sont des dessins réalisés par les moines copistes pour décorer les ouvrages. Elles montrent parfois, comme ici, des aspects de la vie quotidienne.*

1 Les deux documents montrent deux aspects des défrichements qui ont été importants entre le XIe et le XIIIe siècle en Europe occidentale. Ils mettent en avant des acteurs différents du phénomène. Sur l'enluminure, on voit deux personnages abattre un arbre, l'un est un paysan, l'autre un moine. En effet, les abbayes participent à l'extension des terres cultivables en défrichant les forêts ou en asséchant des marais dont ils sont propriétaires. Les moines participent eux-mêmes aux travaux agricoles avec les serfs présents sur les seigneuries des abbayes.

Le document 1 montre un autre aspect des défrichements du Moyen Âge. Ici, ce sont les paysans qui prennent l'initiative (« Gautier le jeune ») et défrichent des pans de forêt (« 240 arpents de bois »). Par contre, ici, le seigneur abandonne son droit de propriété (« a donné à perpétuité ») en versement d'une somme d'argent versée chaque année et proportionnelle à la surface cultivée.

2 Les extensions de terres cultivables apportent des revenus supplémentaires aux abbayes comme aux seigneurs laïcs. Dans ces deux exemples, l'abbaye s'enrichit grâce à une augmentation à moyen terme de sa production agricole, le seigneur, quant à lui, y gagne un revenu monétaire régulier (« deux deniers parisii de cens annuel » par arpent de terre).

3 L'essor démographique permet d'avoir une main-d'œuvre disponible plus abondante. Les améliorations techniques (métallurgie et usage du fer pour les outils) facilitent aussi ces défrichements.

TESTEZ VOS CONNAISSANCES

CORRIGÉ p. 59

1. Qu'est-ce que la seigneurie ?

☐ **a.** Un château qui abrite la famille du seigneur.

☐ **b.** Un territoire qui constitue le cadre de vie d'une communauté sous l'autorité d'un seigneur.

☐ **c.** L'ensemble des taxes que perçoit le seigneur.

2. Qu'est-ce qu'un alleutier ?

☐ **a.** Une taxe sur les moulins.

☐ **b.** Un paysan propriétaire de sa terre.

☐ **c.** Un territoire soumis à la seigneurie.

3. Qu'est-ce que l'hommage ?

☐ **a.** Une partie de l'armement du chevalier.

☐ **b.** Un discours en l'honneur du suzerain.

☐ **c.** Un serment fait par le vassal à son suzerain qui crée un lien personnel entre les hommes.

4. Qu'est-ce qu'un adoubement ?

☐ **a.** Une cérémonie au cours de laquelle un militaire est fait chevalier.

☐ **b.** L'ensemble de l'équipement du chevalier.

☐ **c.** Les revenus donnés à un chevalier.

5. Que sont les tenures ?

☐ **a.** Des espaces cultivables loués par des paysans au seigneur.

☐ **b.** Les terres sur lesquelles les serfs sont installés.

☐ **c.** Les espaces communs de la seigneurie.

6. Qu'est-ce qu'un serf ?

☐ **a.** Un esclave.

☐ **b.** Un homme non libre dépendant de la terre qu'il exploite.

☐ **c.** Un paysan libre qui exploite une tenure.

7. Que désignent les banalités ?

☐ **a.** Des discussions entre le seigneur et la communauté villageoise.

☐ **b.** Des taxes perçues par le seigneur sur les tenures.

☐ **c.** L'obligation pour les paysans d'utiliser le four, le moulin, le pressoir du seigneur.

ENTRAÎNEZ-VOUS

CORRIGÉ p. 59

Confronter deux textes

1 h

DOCUMENT 1 **Défrichement du bois de Torfou en 1134 à l'initiative du roi Louis VI**

«Moi Louis, par la grâce de Dieu, roi des Francs[1], je veux qu'il soit connu de tous, à venir et présents, que nous cédons aux hommes qui veulent devenir hôtes dans le bois dit Torfou, un arpent de terre et le quart d'un autre arpent pour qu'ils s'y établissent en hostise[2] à la condition qu'ils nous versent chaque année un cens de six deniers, deux poules et deux setiers d'avoine. Nous leur concédons la liberté de ne contribuer ni à l'herban, ni à la taille[3] [...], de ne point faire de corvée, de n'être justiciable de personne sur notre terre [...] que de celui en la main duquel nous les placerons. »

[1] Louis VI (1081-1137).
[2] Paysan s'installant sur une terre vierge à cultiver.
[3] L'herban est une corvée, et la taille une redevance en argent.

ACHILLE LUCHAIRE, *Louis Le Gros, Annales de sa vie et de son règne (1081-1137)*, 1890.

DOCUMENT 2 **Renart persécute un vilain**

En quête d'un vol à commettre, Renart, un petit seigneur, s'arrête devant une ferme.

« Avant d'aller plus loin, il est bon de vous dire que la ferme était au vilain le plus aisé qu'on pût trouver [...]. La maison tenant au plessis[1] était abondamment pourvue de tout ce qu'il est possible de désirer à la campagne : bœufs et vaches, brebis et moutons, des gelines[2], des chapons, des œufs, du fromage et du lait. Heureux Renart, s'il peut trouver le moyen d'y entrer ! [...] Le vilain avait nom Bertaud ou Berton le Maire ; l'homme assez peu subtil, très avare et surtout désireux d'accroître sa chevance[3] [...]. »

Renart s'introduit dans la ferme mais est repéré par Berton.

« Berton entre alors à la maison, pour prendre non pas une arme tranchante (il sait qu'un vilain n'a pas droit d'en faire usage contre une bête fauve), mais un filet enfumé, tressé je crois pas le diable, tant le réseau en était habilement travaillé. [...] »

REMARQUE

Le Roman de Renart est une oeuvre collective écrite du XIIe au XIIIe siècle par des clercs dans laquelle sont dénoncés les abus des seigneurs représentés sous la forme d'animaux.

Renart enferme Berton dans son propre filet, ce dernier le supplie de lui lausser la vie sauve :

« "Décidez de l'amende et je l'acquitterai. Recevez-moi comme votre homme, comme votre serf ; prenez ma femme et tout ce qui m'appartient". »

[1] Terrain entouré d'une haie.
[2] Poules.
[3] Son bien.

Le Roman de Renart

QUESTIONS

A. Quels aspects des relations entre paysans et seigneurs sont représentés ici ?

B. Donnez un exemple de relation paysan/seigneur qui n'est pas évoqué dans ces deux documents.

Corrigés de *TESTEZ VOS CONNAISSANCES*

1. b. La seigneurie est un territoire sous la domination d'un seigneur et le cadre de vie d'une communauté paysanne soumise à son autorité à la fois sur le plan foncier et judiciaire.

2. b. Un alleutier est un paysan propriétaire de sa terre. Avec l'extension de la seigneurie et de la féodalité, les alleutiers diminuent fortement en Europe.

3. c. L'hommage crée un lien personnel entre un vassal et son suzerain.

4. a. L'adoubement est une cérémonie au cours de laquelle un jeune homme devient chevalier. On lui remet son équipement, béni par un religieux.

5. a. Les tenures sont des terres que le seigneur loue aux paysans libres et pour lesquelles ils doivent payer des taxes.

6. b. Un serf est un paysan non libre, c'est-à-dire qu'il ne peut pas quitter sa terre et peut être vendu avec par son seigneur.

7. c. Les banalités désignent le fait pour un seigneur d'imposer aux habitants de son territoire d'utiliser son moulin, son four ou son pressoir. En échange ils doivent payer des taxes, la plupart du temps en nature (une part de la farine obtenue par exemple).

Corrigés de *ENTRAÎNEZ-VOUS*

Confronter deux textes

A. Les deux documents montrent deux visions différentes des relations entre seigneurs et paysans. Le document 1 est un acte juridique du roi Louis VI le Gros favorisant des paysans alors que le document 2 est un texte littéraire qui décrit des violences exercées par Renart, un seigneur, sur un vilain.

Au début du XIIe siècle, le roi Louis VI veut augmenter ses revenus en participant au grand mouvement de défrichements. Pour cela, il lui faut attirer une main-d'œuvre nouvelle de paysans et il leur propose des avantages en cas d'installation sur ce nouveau terroir à mettre en valeur : « liberté de ne contribuer ni à l'herban, ni à la taille [...] de ne point faire de corvées ». Ils sont ainsi exemptés de la taille, taxe aléatoire au montant variable et donc très impopulaire. Les corvées, journées de travail gratuites pour le seigneur sont aussi supprimées. On a donc ici un seigneur, en l'occurrence le roi de France, qui favorise des paysans pour faire progresser ses revenus. Chacun y trouve par conséquent son avantage.

Par contre, l'exemple du « Roman de Renart » donne un autre visage des seigneurs : vol et violence envers les paysans. Ici, Renart n'hésite pas à molester le « vilain » (le paysan) pour mieux lui voler ses biens (« bœufs, vaches... fromage et lait »). En effet, les guerres privées de l'époque seigneuriale se faisaient souvent aux dépens des paysans, sources de butin pour les chevaliers. C'est dans ce contexte que l'Église avait instauré trêve et paix de Dieu. L'extrait montre d'autres aspects des relations entre seigneurs et paysans : leur interdiction de porter des armes (« pour prendre non pas une arme tranchante »), le caractère arbitraire des décisions seigneuriales (« décidez de l'amende », « recevez-moi comme votre serf »). Ceci met en évidence une société où le paysan est peu protégé par le droit et le pouvoir public.

CONSEIL

Quand vous rédigez une analyse de documents qui s'opposent, pensez à utiliser des connecteurs logiques qui marquent cette opposition : à l'inverse, par contre, à l'opposé, mais, pourtant, etc.

B. Les révoltes paysannes et leur répression par les seigneurs ne sont pas évoquées dans les documents. Elles ont souvent pour origine une pression fiscale trop forte. Peu évoquées dans les sources, elles se terminent toujours par la victoire des nobles, mieux armés et habitués à combattre.

Sociétés et cultures urbaines (XIe-XIIIe siècle)

POUR DÉMARRER

- La disparition de l'empire romain d'Occident (476 ap. J.-C.) s'est accompagnée d'un **déclin des villes** : repli derrière des enceintes pour se protéger des invasions barbares voire destruction de certaines d'entre elles.
- L'essor démographique et du commerce international, la hausse de la production agricole favorisent un **renouveau urbain entre le XIe et le XIIIe siècle**.
- **Enjeux de pouvoirs**, les centres urbains deviennent alors des **lieux d'activités, d'échanges et de cultures** spécifiques. Au XIIIe siècle, des villes comme Paris, Venise, Florence ou Paris sont célèbres dans toute l'Europe.

1 Deux villes représentatives du renouveau urbain : Paris et Venise

A. Une grande ville du Nord, Paris

- Paris est à l'origine une cité gallo-romaine, Lutèce. Au Moyen Âge, elle est un des lieux de résidence des rois mérovingiens puis des Capétiens. Concentrée d'abord essentiellement sur l'île de la cité, la ville s'étend progressivement de part et d'autre de la Seine.
- Elle se développe surtout à partir du XIIe siècle : **Philippe Auguste**, le roi de France, fait construire une **enceinte fortifiée** ainsi que le château du Louvre à l'extérieur des fortifications, à l'Ouest. La nouvelle enceinte intègre de l'espace bâti mais aussi des champs et des vergers. Il fait également construire des **halles**, lieu pour les échanges commerciaux où sont rassemblés plusieurs métiers, et fait même paver certaines rues. La ville se dote aussi d'une cathédrale gothique sur l'île de la cité.
- La Seine est un **axe fluvial** qui facilite le transport des marchandises vers la ville et favorise sa croissance. L'essor parisien s'explique aussi par la présence de plus en plus régulière du roi et de son administration

DÉFINITION

Université : les étudiants étudient les matières du quadrivium (géométrie, musique, astronomie, arithmétique) et du trivium (grammaire, dialectique, rhétorique) pour passer le baccalauréat et ensuite se spécialiser en droit, médecine ou théologie.

dans le **palais de la cité**. Louis IX, saint Louis, y fait construire la Sainte Chapelle. Un autre élément qui fait de Paris une ville européenne rayonnante concerne ses écoles qui se transforment en université au début du XIIIe siècle. Paris compte alors 150 000 habitants à la fin du XIIIe siècle.

B. Venise, l'essor d'une cité marchande de la Méditerranée

• Venise s'est développée sur un site original, une **lagune** (espace d'eau salée protégé de la mer par un cordon littoral). Protégés des invasions mais avec peu de ressources à exploiter (le sel et la pêche), les habitants se tournent rapidement vers le commerce maritime. Dépendante de l'empire byzantin, elle profite de son affaiblissement pour s'affranchir de son pouvoir et créer un pouvoir politique indépendant où les grandes familles exercent la direction de Venise avec un **doge** à leur tête.

• La **République** de Venise se tourne rapidement vers des échanges commerciaux avec l'**Orient** qui font son succès financier et commercial grâce aux produits (notamment les **épices**) venant de la route de la soie. Elle devient une puissance territoriale et maritime en Méditerranée (territoires en Grèce, autorisation d'installation de comptoirs à Constantinople, à Saint Jean d'Acre).

• D'autres villes italiennes comme Gênes sont ses **concurrentes**. À la fin du XIIIe siècle, elle dépasse les 100 000 habitants. La **richesse de la ville** est visible à travers ses bâtiments : le palais des doges, la cathédrale Saint-Marc ou encore les palais construits par les riches marchands sur le grand canal.

2 Des sociétés et une culture urbaine en pleine transformation

A. Un nouvel essor urbain

• La **croissance démographique et l'essor agricole** voient augmenter la population urbaine et permettent de dégager les surplus nécessaires à l'alimentation des habitants. La ville, lieu d'échanges privilégié, profite de l'essor du commerce et des échanges internationaux.

• L'augmentation de la population modifie l'aspect de la ville : des **faubourgs** se créent nécessitant parfois la construction de nouvelles enceintes. Les constructions se multiplient aussi : palais pour les rois ou les comtes qui accueillent une cour et une administration plus nombreuses, bâtiments montrant la nouvelle puissance des bourgeois (beffroi, **halles**, palais communaux). Églises et cathédrales sont élevées dans le nouveau **style gothique** ; les ordres mendiants (voir chapitre 3) investissent le milieu urbain à partir du XIIIe siècle et y construisent des monastères.

DÉFINITIONS

Beffroi : nom donné à des tours construites dans les villes d'Europe du Nord pour montrer leur puissance. On en trouve aussi dans les villes italiennes du Nord.

Palais communaux : bâtiments construits par les villes pour abriter leurs institutions politiques.

© Age Fotostock/Mel Longhurst.

Le beffroi de Bruges, construit en 1180

• L'essor urbain est aussi marqué par la création de villes nouvelles, pour des raisons stratégiques ou commerciales. Pour attirer la population, les seigneurs octroient des avantages fiscaux aux futurs habitants (**chartes de franchise**).

B. La ville, lieu d'activités et d'échanges

• L'**essor agricole** permet aux paysans de venir vendre leur surplus dans les marchés des villes. Certains nobles, comme les comtes de Champagne au XIIe siècle, comprennent les bénéfices qu'ils peuvent tirer de l'organisation de **foires**, comme à Provins en Champagne. En effet, Thibaud de Champagne promet aux marchands la sûreté des routes et le dédommagement en cas d'attaque de brigands, ce qui leur assure un succès international.

• Le **commerce international** est aussi un facteur de l'essor économique des villes. Les villes du Nord de l'Italie drainent le commerce venu d'Orient ; des villes de la Baltique (Lübeck) créent une ligue marchande, la **Hanse**, qui monopolise les échanges du Nord de l'Europe vers les riches villes des Flandres et même Londres.

• Ces échanges sont aussi alimentés par la **production interne des villes** et les artisans qui y travaillent. Certaines se spécialisent dans la production de **tissus** (draps de laine) comme à Bruges. Les activités de banque et de change deviennent quant à elles indispensables au commerce. Mais les villes doivent aussi assurer le quotidien des populations et des corps de métiers se spécialisent : bouchers, boulangers, cordonniers, aubergistes… L'essor des constructions voit aussi s'y concentrer charpentiers et tailleurs de pierre qui œuvrent sur les chantiers.

DÉFINITION

Change : il existe de nombreuses monnaies métalliques en Europe dont la valeur est différente (Florence émet une monnaie en or, le florin). Les marchands et les particuliers ont besoin de changer leur monnaie.

• Entre le XIe et le XIIIe siècle, ces activités artisanales obtiennent la **rédaction de statuts** qui fixent les règles de fonctionnement de leur activité et les taxes dues au seigneur. Tous ces artisans sont organisés en **métiers** : un maître propriétaire de son atelier embauche alors des compagnons (ouvriers) et des apprentis. C'est là encore un exemple du progrès de la réglementation écrite, garantie par le sceau du roi ou du comte.

- Les artisans et les marchands ont tendance à être **regroupés par activités** (les noms des rues en gardent parfois encore la trace comme la rue des petites boucheries). Les ponts sont aussi occupés par des boutiques ; lieux de passage, ils sont stratégiques pour le commerce.

© Gusman/Leemage.

Vue du Ponte Vecchio sur le fleuve Arno à Florence (Italie)

C. La ville, enjeu de pouvoirs et lieu de conflits

- Source de richesses, l'espace urbain est aussi un **lieu de rivalités**. Les seigneurs laïcs et ecclésiastiques entrent parfois en conflit entre eux. Dans le Sud de la France, cela aboutit à une séparation de la ville entre les deux pouvoirs (Arles).

- Mais les situations conflictuelles ont souvent lieu entre habitants et seigneurs. Les bourgeois (les habitants les plus aisés) créent des **communes** pour obtenir plus de libertés dans la gestion de la ville et faire alléger leurs taxes. Les villes italiennes et, dans une moindre mesure, des Flandres sont celles qui ont réussi à cette époque à obtenir le plus d'autonomie voir d'indépendance. Les villes du royaume de France ou d'Angleterre ont arraché un partage du pouvoir. Ces élites urbaines exercent des fonctions politiques obtenues dans des chartes : **échevins** dans le Nord de la France, **consuls** au Sud, qui gèrent la ville.

- Les dissensions éclatent aussi parfois dans la population urbaine. La ville connaît de très **grands écarts de richesse** : la vie du bourgeois drapier

DÉFINITION

Bourgeois : terme qui désigne selon les époques les habitants d'un bourg et les élites urbaines qui, associées en communes, ont réussi à obtenir la gestion de la ville ou, plus généralement, les habitants bénéficiant de libertés.

est très éloignée de celui de la fileuse de laine qu'il emploie pour un salaire très faible. Les plus riches monopolisent les fonctions politiques locales et les directions des métiers. Des **émeutes** (à Bruges à cause d'une crise dans le textile) ou des **grèves** (comme à Douai en 1245) éclatent, nécessitant parfois la médiation du comte ou de l'évêque.

D. La ville, espace culturel

• L'espace urbain concurrence les monastères comme **lieu de transmission du savoir** avec la création d'écoles puis d'**universités**. Philippe Auguste favorise la création d'une université parisienne. La plus ancienne est créée à Bologne (Italie) au XIe siècle. À la fin du XIIIe siècle, Paris et Oxford voient converger des étudiants de toute l'Europe pour écouter l'enseignement des maîtres. La majorité des étudiants ont le statut de clerc (religieux), l'enseignement se fait en latin et est placé sous la **surveillance de l'Église**.

• Des villes, à l'échelle européenne, s'imposent comme lieu de transmission d'un **domaine de connaissances particulier** : Bologne pour le droit, Montpellier pour la médecine. Tolède est ainsi un centre d'échanges du savoir arabe et des Grecs anciens à travers des traductions de ces ouvrages en latin. Ainsi, l'italien Gérard de Crémone y séjourne et contribue à une rediffusion du savoir antique.

• Mais les villes sont aussi **lieu de divertissement**. La concentration de la population favorise la création d'auberges, la présence de jongleurs, musiciens dans les rues. Les fêtes et processions religieuses participent également à cette sociabilité urbaine.

PIÈGE À ÉVITER

▪ La République de Venise n'a rien à voir avec les Républiques du XXe siècle ; les grandes familles vénitiennes la contrôlent (pouvoir oligarchique) et élisent un doge (du latin *dux*, qui signifie le chef) à leur tête.

Analyser une carte historique

CONSEILS

- Faites attention au **cadre chronologique** : s'agit-il d'une carte-bilan (elle fait le point sur un phénomène à un moment donné) ou au contraire d'une carte présentant une période (elle montre alors une évolution) ?

L'Europe des villes à la fin du XIIIe siècle

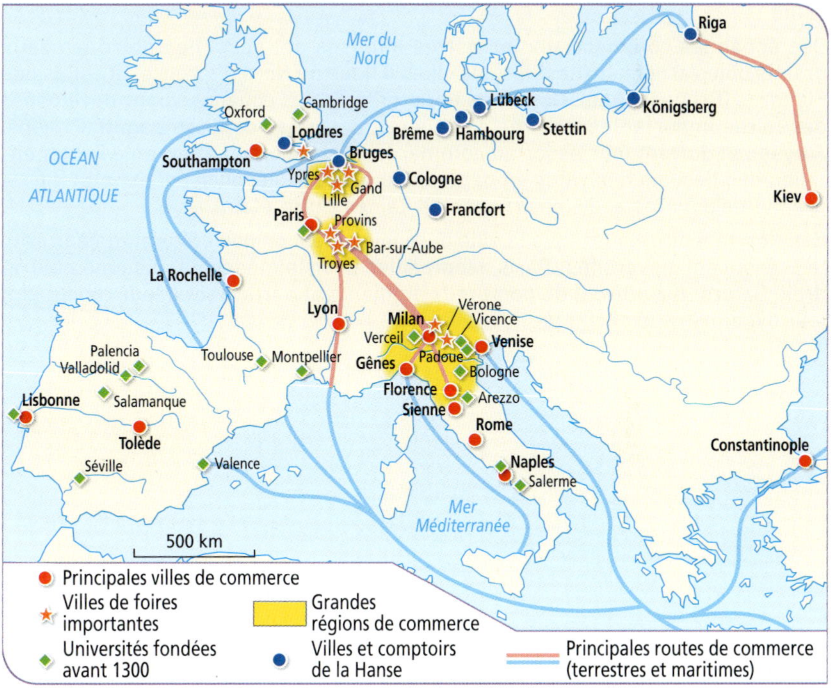

Question

Dites en quoi cette carte montre le dynamisme des villes de l'Europe occidentale.

POINT MÉTHODE

✓ *Repérez le cadre spatial : quel territoire la carte recouvre-t-elle ?*

✓ *Repérez le sujet traité. Le titre peut vous aider ainsi que la lecture attentive de la légende.*

Proposition de corrigé

La carte de l'Europe s'étend jusqu'à la mer Noire, au Proche-Orient et aux rivages Sud de la Méditerranée. Elle montre la place prépondérante acquise par l'Europe occidentale dans le commerce international à la fin du XIIIe siècle.

Venise et Gênes, fortes de leur flotte, assurent des liaisons avec le monde byzantin et musulman aux débouchés des routes de la soie (commerce de luxe avec les épices, la soie, les porcelaines, etc.). Les villes de la Hanse (Lübeck, Riga, Hambourg) se déploient en mer Baltique et mer du Nord (commerce de produits moins chers que ceux de l'Orient mais indispensables comme la laine, le bois ou le lin).

Des échanges commerciaux terrestres intenses ont aussi lieu entre les deux grands pôles artisanaux textiles, les villes d'Italie du Nord (Florence) et celles des Flandres (Bruges, Gand). Des villes ont profité de ces échanges pour développer des foires importantes, comme c'est le cas des villes de Champagne (Provins, Troyes), et doivent leur essor au commerce international autant qu'à l'augmentation des besoins des villes en denrées de bases : (blé, poisson) et en matières premières pour les activités artisanales (laines, cuirs, étain).

Cette carte montre aussi que la ville européenne est un lieu culturel majeur avec la présence d'universités (Paris, Montpellier pour la médecine, Bologne pour le droit, Oxford) qui attirent de nombreux étudiants et participent à leur renom et à leur dynamisme économique.

TESTEZ VOS CONNAISSANCES

CORRIGÉ p. 72

1. **Qu'est-ce qu'un métier ?**

- ☐ **a.** L'ensemble des règles d'une activité marchande ou artisanale.
- ☐ **b.** Une activité professionnelle.
- ☐ **c.** Une activité de loisirs.

2. **Qu'est-ce qu'un beffroi ?**

- ☐ **a.** Une porte fortifiée à l'entrée d'une ville.
- ☐ **b.** Une tour monumentale dans une ville.
- ☐ **c.** Une halle qui abrite des marchandises.

3. **Qu'est-ce qu'un échevin ?**

- ☐ **a.** Un habitant de la ville qui participe à sa gestion.
- ☐ **b.** Un marchand spécialisé dans le commerce du vin.
- ☐ **c.** Un représentant du comte ou du roi dans la ville.

4. **Qu'est-ce que la Hanse ?**

- ☐ **a.** Le nom donné à la place publique dans le Nord de la France.
- ☐ **b.** Le nom donné à la fonction de gestion de l'eau dans les villes.
- ☐ **c.** Une association de villes marchandes de la mer Baltique.

5. **Qu'est-ce qu'un ordre mendiant ?**

- ☐ **a.** Le rassemblement des mendiants de la ville.
- ☐ **b.** Un ordre monastique présent en ville.
- ☐ **c.** L'ensemble des règles qui fixent l'activité des mendiants en ville.

6. **Qu'est-ce qu'un bourgeois ?**

- ☐ **a.** Un habitant de la ville.
- ☐ **b.** Les marchands et artisans les plus aisés qui participent à la gestion de la ville.
- ☐ **c.** Les habitants d'une ville constituée en commune.

7. **Qu'est-ce qu'une commune ?**

- ☐ **a.** Une communauté de religieux en milieu urbain.
- ☐ **b.** Un regroupement de bourgeois pour obtenir des libertés.
- ☐ **c.** Une association de production d'artisans.

ENTRAÎNEZ-VOUS

CORRIGÉ p. 72

1 *Analyser un texte*

30 min

La naissance du consulat d'Arles

Au milieu du XIIe siècle, l'archevêque d'Arles, seigneur de la ville, accorde aux habitants la création d'un consulat.

« Moi, Raymond, archevêque d'Arles [...], nous établissons et nous ordonnons de fonder dans la cité et le bourg d'Arles, un consulat. [...] Il y aura douze consuls, quatre chevaliers, quatre pris parmi les habitants du bourg, deux choisis parmi ceux du Marché, deux parmi ceux du Borrian[1] ; et le gouvernement du consulat étant accepté, ils auront le pouvoir de juger et de mettre à exécution les jugements, tant au sujet des héritages que des injures et de tous autres délits. [...] Le consul élu prêtera le serment suivant : "Moi, un tel, élu consul, je jure que de toute manière, à ma connaissance, je régirai et gouvernerai ceux qui font partie du consulat ; et que je ne manquerai pas à exercer la fonction de consul, jusqu'à ce qu'un autre soit élu ; et si quelque discorde s'élève entre nous, consuls, j'y mettrai fin avec le conseil de l'archevêque et des meilleurs du consulat et que je ferai en sorte qu'il en soit ainsi ; et pour discuter une affaire, je ne recevrai ni promesse ni argent de personne". »

[1] Bourg situé en dehors des murailles.

Édité par H. Giraud, *Essai sur l'histoire du droit français au Moyen Âge*, tome 2, Éd. Videcoq, 1846.

QUESTIONS

A. Qui est le seigneur d'Arles ? Qu'accorde-t-il aux bourgeois ?

B. Analysez la composition des consuls.

C. Qu'est-ce qui montre que le seigneur continue de jouer un rôle important dans Arles ?

2 Analyser un plan de ville

30 min

Plan de la ville de Florence

QUESTIONS

A. La ville de Florence existait-elle déjà sous l'Antiquité ?

B. Quelles fonctions sont présentes dans la ville ?

C. Comment expliquer son essor entre le XIe et le XIIIe siècle ?

CONSEILS

• Le mot « fonction » s'entend en terme de fonction de commandement ou fonction importante dans des domaines tels que la politique, l'économie, etc.

• Reportez vous à la photographie du Ponte Vecchio dans la leçon pour répondre en partie à cette question.

Corrigés de *TESTEZ VOS CONNAISSANCES*

1. a. Entre le XIe et le XIIIe siècle, les activités artisanales et marchandes structurent leur fonctionnement interne : un maître emploie des compagnons (ouvriers) et des apprentis. Les règles sont écrites et garanties par les autorités. Ainsi Louis IX fait rédiger le statut des métiers parisiens dans lesquels sont fixés leurs droits et leurs devoirs.

2. b. Le beffroi est le nom donné à des tours construites dans les villes du Nord de l'Europe. Le beffroi montre la puissance de la ville et son autonomie : il abrite souvent des cloches, les archives et le sceau de la ville.

3. a. L'échevin est un bourgeois qui exerce une fonction de gestion dans l'administration de la ville. Il peut, par exemple, exercer le rôle de juge.

4. c. La Hanse est le nom donné à une association de villes marchandes de la mer Baltique. Elles ont développé une situation de monopole commercial dans cette zone.

5. b. Le XIIIe siècle voit se développer de nouveaux ordres monastiques : les ordres mendiants (les Franciscains, les Dominicains) qui s'installent en milieu urbain, à l'inverse des autres ordres, et vivent de la charité des populations.

6. a b et c. Toutes les réponses sont justes ! En effet, la définition de bourgeois varie selon les époques. Le bourgeois est l'habitant de la ville mais la définition peut aussi être plus restrictive : les habitants d'une ville bénéficiant de libertés accordées dans une charte par le seigneur ou un mouvement d'habitants d'une ville ayant créé une commune.

7. b. Une commune est créée par des bourgeois pour obtenir plus de droits dans leur ville, revendications qui sont apportées auprès du seigneur de la ville.

Corrigés de *ENTRAÎNEZ-VOUS*

1 *Analyser un texte*

A. Ici, c'est un archevêque, donc un ecclésiastique, qui est le seigneur de la ville (« moi, Raymond, archevêque d'Arles »). Il octroie à la population la liberté de participer, sous la forme d'un consulat, à la gestion de la ville.

B. Les consuls sont choisis dans différentes catégories sociales : « quatre chevaliers » c'est-à-dire la noblesse locale, et huit autres parmi les bourgeois des différents quartiers. C'est donc l'élite urbaine qui participe au consulat mais on ne peut pas parler de réelle élection : le choix se fait parmi les familles les plus importantes d'Arles.

C. En cas de conflit entre les consuls, c'est l'archevêque qui tranche le litige. Il n'abandonne donc pas son influence politique sur la cité : on est dans une logique de partage du pouvoir.

2 *Analyser un plan de ville*

A. Florence est une ville existant déjà sous l'Antiquité puisque le plan mentionne un forum (voir chapitre 2) dans le centre de la ville. La ville médiévale s'est donc superposée à la ville antique.

B. La ville exerce plusieurs fonctions : politique (le palais de la seigneurie où les magistrats se réunissent pour traiter les affaires), la ville de Florence étant autonome ; religieuse, elle est le siège de l'archevêché et possède une cathédrale (très vaste et somptueusement décorée grâce aux nombreux dons des métiers et de grandes familles de la ville) en plus de nombreuses églises ; commerciale, le Ponte Vecchio abrite des boutiques (orfèvres) comme dans les autres villes européennes ; et économique en tant qu'important centre de production de textile. Elle exerce ainsi une influence sur la campagne environnante. Ses murailles la protègent : elle joue donc aussi un rôle militaire.

C. L'essor urbain s'explique par la hausse de la production agricole qui permet de dégager des surplus pour nourrir la population de la ville. L'essor de Florence est aussi lié à ses activités autour du textile qu'elle vend dans toute l'Europe et à de grandes familles de banquiers comme les Médicis. La superficie de la ville augmente fortement entre la fin du XIIe et la fin du XIIIe siècle, comme la construction des enceintes le montre, même si l'on voit bien que la ville du Moyen Âge n'est pas structurée seulement par un réseau urbain dense mais aussi par des jardins et fontaines qui servent à l'alimentation de la ville.

CONSEIL

Pensez à justifier vos réponses en relevant des éléments dans le plan.

L'élargissement du monde aux XVe et XVIe siècles

POUR DÉMARRER

- Au XIIIe siècle, l'Europe a **une connaissance limitée du monde**. Des marchands comme Marco Polo ou des religieux sont allés en Asie, ont navigué sur l'Océan Indien, mais les frontières connues restent la Méditerranée.
- La progression de la civilisation musulmane, les innovations techniques, des motivations religieuses, l'appât du gain poussent les navires européens à s'aventurer en haute mer dans la seconde moitié du **XVe siècle**.
- Les conséquences en seront un **bouleversement total de la représentation du monde** visible sur les globes et les planisphères, des contacts parfois très violents avec d'**autres civilisations** et l'émergence d'une première **mondialisation**.

1 De la Méditerranée à l'Atlantique : un premier élargissement

A. De Constantinople à Istanbul, l'émergence d'une nouvelle puissance en Méditerranée

• Depuis le Moyen Âge, l'Europe a des contacts conflictuels et commerciaux avec deux grandes civilisations de la Méditerranée : les Musulmans et les Byzantins. Avec la **prise de Constantinople** en **1453**, les Ottomans, dirigés par le sultan Mehmet II, s'emparent du cœur de l'empire byzantin. La ville est rapidement repeuplée et islamisée : la basilique Sainte-Sophie est transformée en mosquée, l'ancienne capitale devient **Istanbul** et lieu du pouvoir politique des sultans ottomans.

DÉFINITION

Ottomans : dynastie turque fondée par Osman Ier, créée en Anatolie sur des territoires conquis aux dépens des Byzantins.

• Au début du XVIe siècle, les Ottomans possèdent un **vaste empire** (règne de **Soliman le Magnifique**) qui s'étend en Europe, en Asie et en Afrique. Certains souverains d'Europe occidentale n'hésitent pas à devenir leur allié (François Ier). Quant à Istanbul, elle est, au xvie siècle, un lieu **cosmopolite** et la plus grande ville d'Europe avec près de 400 000 habitants.

• Étant toujours un débouché commercial des routes de la soie et possédant un port important, les villes italiennes de **Venise**, **Gênes ou Pise** maintiennent leur présence commerciale en signant des accords avec le sultan. Ce dernier accueille des Juifs et des *conversos* expulsés d'Espagne dans les années qui voient la fin de la Reconquista catholique. Les chrétiens byzantins et catholiques restent eux aussi présents. Ces minorités ont un statut particulier, ce sont des ***dhimmi*** : ils conservent leur liberté et des lieux de culte mais paient un impôt spécial. Istanbul est aussi devenu un **centre culturel et artistique**. Mais l'extension ottomane est freinée par leur défaite devant **Vienne** en 1529 puis par la victoire de la flotte chrétienne à **Lépante** en **1571**.

B. Les premières explorations portugaises

• À la fin du xiiie siècle, l'Europe occidentale progresse dans la navigation. Les chantiers navals portugais élaborent de nouveaux bateaux, les **naves**, cumulant voiles carrées et latines, capables d'affronter la haute mer. Les marins connaissent aussi la **boussole** (originaire d'Asie), perfectionnent les cartes nautiques (les **portulans**). Les navires européens s'aventurent vers l'Atlantique avec la redécouverte des îles Canaries au xive siècle. La crise de la grande peste de 1347 freine cependant les explorations maritimes qui n'apparaissent plus comme nécessaires.

• Au xve siècle, les **motivations** portugaises deviennent économiques, religieuses et politiques. Désir d'enrichissement, recherche de nouvelles routes commerciales (la route nord de la soie est fermée) pour se procurer les **produits d'Orient** deviennent les nouveaux leitmotivs.

• L'esprit de la Reconquista continue : les Portugais voudraient éviter d'avoir à négocier avec les musulmans et espèrent atteindre directement les lieux de production. La propagation de la religion catholique et la recherche d'autres royaumes chrétiens (le mythique royaume du « prêtre Jean ») les motivent également. Enfin, la consolidation d'un royaume d'Espagne (réunion de l'Aragon et de la Castille) pousse le Portugal à se tourner vers l'Atlantique.

• Dans la seconde moitié du XVe siècle, le royaume du Portugal, dans la suite de la Reconquista ibérique, lance des expéditions sur les caravelles contre les villes marocaines de l'Atlantique puis continue à la recherche des **mines d'or** d'Afrique de l'Ouest. L'équateur est dépassé en 1471. Les navigateurs finissent par maîtriser les vents et les courants le long de l'Afrique et par se persuader qu'un contournement est possible. En 1487, **Bartolomé Dias** découvre enfin que la côte africaine remonte vers le Sud : c'est le franchissement du **cap de Bonne Espérance**.

DÉFINITION

Caravelle : considérée comme le bateau des Grandes découvertes, elle possède des voiles latines et des voiles carrées pour s'adapter aux vents, et des hauts bords pour affronter la haute mer.

2 La découverte de nouveaux mondes

A. Christophe Colomb

• Alors que les Portugais continuent leur exploration méthodique d'une route maritime vers les Indes en contournant l'Afrique, **Christophe Colomb**, marin génois, rêve d'une route directe vers les Indes par l'Ouest. Il base la faisabilité de son projet sur ses lectures de savants antiques et leurs calculs, ainsi que sur son expérience de marin dans l'Atlantique.

• En **1492**, il obtient enfin l'accord et le financement d'Isabelle de Castille. Ses trois bateaux atteignent les Caraïbes. Il y cherche de l'or et des épices, explore les côtes et les îles qu'il découvre en en prenant possession au nom des rois espagnols. Il fera trois autres voyages et restera persuadé d'être arrivé près de Cipango (le Japon).

B. À la découverte du monde

• La fin du XVe siècle et le début du XVIe voient s'accélérer les voyages et la découverte de nouveaux territoires. En 1498, les Portugais atteignent enfin les **Indes** lorsque **Vasco de Gama** accoste à Calicut. D'autres expéditions sont poussées encore plus à l'Est : le détroit de Malacca est découvert en 1511, la **Chine** est atteinte en **1513** et le Japon en 1543. En 1500, un navire portugais atteint quant à lui les côtes du Brésil.

• Les Espagnols ne s'arrêtent pas aux expéditions de Colomb : en **1519**, la couronne finance la découverte d'une nouvelle route vers l'Ouest en contournant le continent américain. L'expédition dirigée par **Magellan** atteint les Philippines, fait le **tour du monde** et revient en **1522**. L'Espagne explore aussi les Amériques centrale et du Sud : Pizarro atteint l'empire inca en 1532 et Balboa traverse l'isthme de Panama en 1513 et découvre un autre océan. En **1494**, le pape avait en effet tranché le conflit pour les nouvelles terres entre les deux puissances ibériques en partageant le monde entre Portugais et Espagnols dans le **traité de Tordesillas**.

REMARQUE

L'expédition de Magellan est la première à réaliser le tour du monde, découvrant le détroit à l'extrême Sud du continent américain et traversant un nouvel océan qu'elle nomme « pacifique ».

• D'autres nations européennes se lancent dans les voyages de découverte dans l'Atlantique Nord. Jacques Cartier atteint le Canada en 1534 pour François Ier. Jean Cabot découvre les rivages nord-américains pour l'Angleterre. Les Hollandais se lancent aussi dans l'aventure à la fin du XVIe siècle. Ainsi, à la fin du XVIe siècle, l'Europe est présente sur tous les océans.

3 Les conséquences de l'élargissement du monde

A. Des bouleversements multiples

• La découverte de nouveaux territoires va de paire avec l'apparition des premiers **empires coloniaux** européens. Par exemple les Portugais, tout en explorant les côtes africaines, construisent des **forts** à partir desquels ils négocient de l'or et des esclaves. Aux Indes, ils achètent du poivre et d'autres épices consommées en Europe en essayant de supplanter les marchands arabes.

• En Chine, ils obtiennent ainsi la concession de Macao et envoient vers l'Europe de la porcelaine. Des **comptoirs** commerciaux jalonnent ainsi les routes maritimes portugaises, alimentant le marché de Lisbonne avec les plantations du Brésil par exemple.

DÉFINITION

Traite : les esclaves africains étaient achetés à des tribus et faisaient la traversée de l'Atlantique. Avec l'essor de la colonisation se développe un commerce triangulaire puisque les bateaux quittent ensuite l'Amérique à destination de l'Europe, chargés de produits coloniaux.

• C'est aussi le début de la traite **négrière** : les esclaves africains y sont amenés pour servir de main-d'œuvre. L'Espagne se constitue aussi un empire centré sur l'Amérique (Nouvelle-Espagne et Nouvelle-Castille). L'expédition de Magellan entraîne quant à elle la colonisation des Philippines.

• Les bouleversements touchent aussi le territoire européen. Des **ports** ouverts sur l'océan connaissent un essor important : Séville (qui concentre le commerce avec les colonies espagnoles), Anvers (carrefour commercial européen et place financière), Lisbonne. L'afflux d'épices portugaises (poivre) fait baisser les prix et **concurrence** le commerce vénitien : celui de l'or espagnol contribue à l'**enrichissement** de l'Europe et modifie les circuits commerciaux.

• Les cartes reflètent cette **nouvelle représentation du monde**. L'époque médiévale avait perdu une partie du savoir antique et se rattachait largement à une représentation biblique du monde. La redécouverte de manuscrits grecs comme *La Géographie* de Ptolémée par les Occidentaux au XIVe siècle et les premiers voyages accélèrent les changements : les cartes ne sont désormais plus centrées sur l'Europe et Jérusalem, l'Afrique et l'Asie sont de mieux en mieux représentées. Le continent américain voit une partie de ses contours se dessiner.

C. De l'empire aztèque à la Nouvelle-Espagne

DÉFINITION

Conquistador : aventuriers européens (essentiellement espagnols) qui partent vers le Nouveau Monde à la recherche de richesses et de la gloire.

• En 1519, un conquistador, **Hernán Cortés**, monte une expédition sur les côtes de l'Amérique centrale et entre ainsi en contact avec l'empire aztèque. Il réussit à s'emparer de la capitale, Tenochtitlan, en 1521. Plusieurs raisons expliquent son succès : supériorité technique de l'armement, découverte des chevaux par les Indiens, Espagnols pris pour des envoyés divins, mais surtout aide de la part de populations sous la domination aztèque. Cortés massacre alors les élites politiques et religieuses du pays, pille les richesses, détruit les idoles et les temples. C'est la fin des Aztèques.

• Une **politique colonisatrice** se met en place : la Nouvelle-Espagne prend la place de l'empire aztèque et Mexico est construite à l'emplacement de Tenochtitlan. La couronne espagnole favorise l'envoi de religieux pour **convertir** les populations indiennes. Les terres et les hommes qui y vivent sont octroyés à des colons espagnols, à charge pour eux de les exploiter : c'est le système de l'***encomienda***. La découverte de mines d'or et d'argent entraîne leur exploitation par la main-d'œuvre locale.

L'exploitation des mines au Pérou par les Espagnols, gravure du XVIe siècle

• Les conséquences sont aussi **démographiques** : on assiste à une chute de la population en raison des combats, des massacres, de l'exploitation forcenée de la main-d'œuvre mais surtout de la faible résistance immunitaire des Indiens aux maladies européennes (variole, grippe). On estime que la population de la région est passée de 25 à 1 million entre 1519 et la fin du XVIe siècle. Comme au Brésil, une traite d'esclaves se développe.

Analyser un sujet de composition

CONSEILS

- Il s'agit de réfléchir au **sens du sujet**. Il ne faut pas hésiter à prendre son temps sur cette partie du travail pour mieux **éviter le hors-sujet**.
- Recopiez le sujet sur votre brouillon pour commencer.

Question

Analyser le sujet suivant : « Les Européens découvrent et bouleversent le monde (XVe – XVIe siècles) ».

Comment répondre ?

Analyse des termes du sujet :

« Les Européens », c'est-à-dire essentiellement le Portugal et l'Espagne ;

« découvrent » renvoie aux voyages de découverte ;

« bouleversent » signifie des modifications importantes ;

« et » suppose une mise en relation, un rapport de cause à effet ;

« le monde » : il faut traiter de l'ensemble des populations et civilisations qui sont en contact avec les Européens durant cette période.

POINT MÉTHODE

✓ *Repérez les cadres chronologiques et géographiques du sujet ou dégagez-les en vous aidant de votre cours s'ils ne sont pas donnés de manière explicite.*

✓ *Repérez et analyser les mots-clés du sujet : quel sens leur donner ? Notez à quelles connaissances ils vous font penser.*

✓ *Faites attention aux mots de liaison. Par exemple, « et » dans le sujet implique l'idée de comparaison ou de mise en liaison de deux idées.*

✓ *Définissez une problématique par rapport au sujet, c'est-à-dire une question que vous vous proposez de résoudre tout le long de votre développement en apportant plusieurs arguments.*

✓ *Dégagez les grandes idées pour arriver à un plan en deux ou trois parties.*

Annonce de la problématique :

En quoi les voyages de découverte réalisés par les Européens modifient-ils profondément le monde ?

Trois axes majeurs :
– des Européens prêts à partir à la découverte du monde,
– un espace européen qui s'ouvre sur de nouveaux continents,
– une Europe qui commence à s'imposer au monde.

TESTEZ VOS CONNAISSANCES

CORRIGÉ p. 84

1. Qu'est-ce qu'une caravelle ?

- ☐ **a.** Un instrument de navigation qui permet de calculer sa latitude.
- ☐ **b.** Un navire arabe qui circule en Méditerranée.
- ☐ **c.** Un navire occidental qui participe à la navigation atlantique.

2. Qu'est-ce qu'un portulan ?

- ☐ **a.** Une carte nautique.
- ☐ **b.** Un bateau de haute-mer.
- ☐ **c.** Une boussole.

3. Qu'est-ce qu'un comptoir ?

- ☐ **a.** Un instrument de change.
- ☐ **b.** Un port dans lequel le colonisateur fait du commerce avec les populations locales.
- ☐ **c.** Un vaste territoire colonial.

4. Quel pays a été précurseur dans les voyages de découverte ?

- ☐ **a.** L'Espagne.
- ☐ **b.** Le Portugal.
- ☐ **c.** L'Italie.

5. Qu'ont entraîné les voyages de découverte ?

- ☐ **a.** Une tolérance accrue entre les civilisations.
- ☐ **b.** Une nouvelle vision du monde pour les Européens.
- ☐ **c.** Une première mondialisation.

6. Qu'est-ce que Magellan ?

- ☐ **a.** Un comptoir portugais.
- ☐ **b.** Un navigateur portugais.
- ☐ **c.** Une ville portugaise.

7. Quel nom portait Istanbul avant la conquête ottomane ?

- ☐ **a.** Rome.
- ☐ **b.** Byzance.
- ☐ **c.** Constantinople.

ENTRAÎNEZ-VOUS

CORRIGÉ p. 84

1 *Analyser une carte historique*

1 h

Le monde connu des Européens à la fin du XVIe siècle

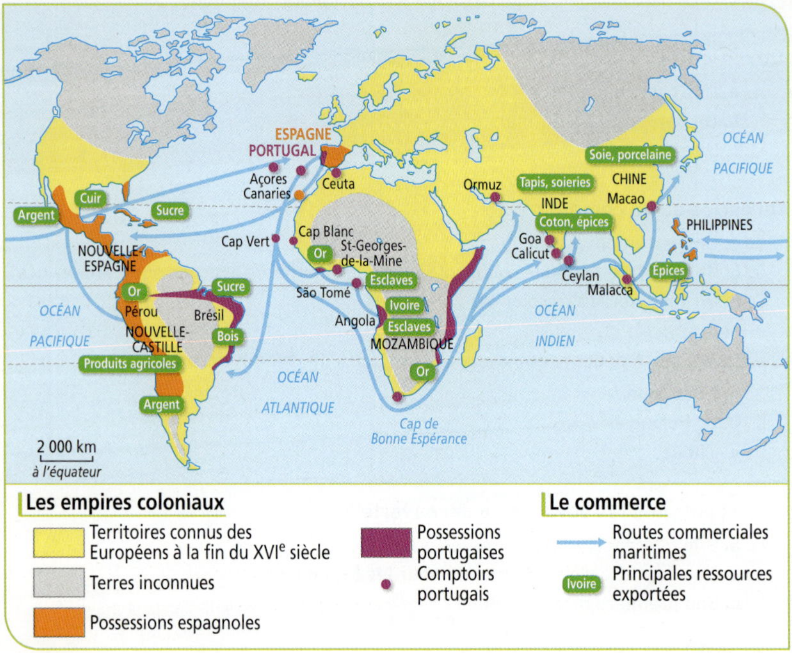

QUESTION

Après avoir présenté le document, montrez en quoi il met en évidence l'élargissement du monde pour les Européens à la fin du XVIe siècle.

2 *Analyser un texte*

45 min

« En cette année 1492, après que vos Altesses eurent mis fin à la guerre contre les Maures en la très grande cité de Grenade, vos Altesses comme catholiques chrétiens, ennemis de la secte de Mahomet, pensèrent m'envoyer aux Indes pour y voir la manière dont on pourrait convertir ces peuples à notre Sainte Foi. Et pour cela, elles m'anoblirent, décidèrent que dorénavant je m'appellerai Don et serai grand amiral de la flotte océane, vice-roi et gouverneur perpétuel de toutes les îles et de le terre ferme que je découvrirais. »

Le 3 août 1492, Christophe Colomb quitte l'Espagne avec trois navires et 87 hommes. Le 12 octobre, la terre est enfin en vue. Il s'agit de l'île de San Salvador.

« **12 octobre :** La terre apparaît à deux heures du matin. Au matin je débarque dans une petite île. Je déploie la bannière royale et j'en prends possession au nom du Roi et de la Reine.

13 octobre : J'étais très attentif et m'employais à savoir s'il y avait de l'or. Je vis que quelques-uns d'entre eux en portaient un petit morceau suspendu à un trou qu'ils ont au nez et, à force de signes, je pus comprendre qu'au Sud était un roi qui en avait énormément. »

Sur le chemin du retour, Christophe Colomb dresse le bilan de son voyage.

« **15 février 1493 :** J'ai trouvé aux Indes de nombreuses îles dont j'ai pris possession en faisant déployer l'étendard royal. [...] Je crois avoir trouvé de la rhubarbe, de la cannelle. Quant aux autres denrées précieuses, les gens que j'ai laissés là-bas les trouveront. »

D'après le *Journal de bord* de Christophe **Colomb**.

QUESTIONS

A. Présentez le document.

B. Quelles sont les motivations de Christophe Colomb et des souverains espagnols ?

C. Pourquoi Christophe Colomb parle-t-il des Indes ?

CONSEIL

N'hésitez pas à donner des dates dans les réponses !

Corrigés de *Testez vos connaissances*

1. c. La caravelle est mise au point dans les chantiers navals portugais. Bateau phare de la période des Découvertes, elle possède des voiles carrées et triangulaires et des hauts bords pour affronter la haute mer.

2. a. Les portulans sont des cartes nautiques sur lesquelles sont dessinées des roses des vents qui donnent la direction à suivre aux pilotes.

3. b. Au fur à mesure de leurs explorations, les Portugais créent des comptoirs, c'est-à-dire des lieux d'échanges commerciaux dans des ports qui leur apparaissent comme stratégiques avec parfois des fortifications (ex : Malacca).

4. b. Le Portugal est un précurseur dans les voyages de découverte avec son exploration des côtes africaines lancée au début du xve siècle.

5. b et c. L'Europe a considérablement changé sa vision du monde en découvrant un nouveau continent et en améliorant sa connaissance géographique de l'Afrique et de l'Asie. Mais les liens commerciaux qu'elle développe créent aussi une première mondialisation.

6. b. Magellan est un célèbre navigateur portugais qui a proposé au roi espagnol Charles Quint de lancer une expédition pour chercher une route de l'Ouest vers les épices de l'Asie. La flotte part en 1519, découvre le détroit qui portera son nom et traverse l'océan Pacifique. Arrivé aux Philippines, Magellan est tué ; un seul bateau rentrera en Espagne en 1522 en ayant réalisé le premier tour du monde.

7. c. Avant d'être baptisée Istanbul, la ville s'appelait Constantinople en l'honneur de l'empereur romain Constantin au début du IVe siècle. Elle devint la capitale de l'empire romain d'Orient.

Corrigés de *Entraînez-vous*

① *Analyser une carte historique*

Ce document est un planisphère qui met en évidence le monde connu par les Européens à la fin du XVIe siècle (c'est-à-dire à la fin de la période des Grandes Découvertes) ainsi que le commerce international qu'ils ont développé.

On voit sur la carte qu'à la fin du XVIe siècle, le Portugal et l'Espagne possèdent chacun un vaste empire colonial. Le Portugal a des possessions en Afrique, Asie et Amérique, l'Espagne, quant à elle, voit ses possessions essentiellement en Amérique et en Asie avec les Philippines.

La constitution de ces empires coloniaux remonte au XVe siècle. Le Portugal s'est lancé le premier dans l'aventure, explorant les côtes d'Afrique de l'Ouest à la recherche d'esclaves et d'or arrivant au Nord par les caravanes sahariennes (comptoir de Saint-Georges-de-la-Mine).

Après la chute de Constantinople, les rois portugais ont poursuivi les explorations vers le Sud, voulant contourner l'Afrique pour accéder directement aux épices et ainsi éviter d'enrichir les Ottomans et les sultans mamelouk d'Égypte musulmans. Le cap de Bonne Espérance est ainsi franchi en 1488 et Vasco de Gama atteint Calicut en 1498. Les navires portugais ont poursuivi leurs explorations vers l'Est comme on le voit sur la carte : Malacca en 1511, la Chine en 1513 et le Japon en 1543. Le navigateur Cabral découvre les côtes de ce qui deviendra le Brésil en 1500.

Après une première exploration atlantique au XIVe siècle (les Canaries), l'Espagne s'est concentrée sur la Reconquista. Elle se lance à son tour dans les voyages de découverte avec l'expédition de Christophe Colomb qui, à la recherche d'une route maritime plein Ouest vers les Indes, découvre en réalité le continent américain. À sa suite, les conquistadors comme Cortés et Pizarre colonisent de vastes territoires (Nouvelle-Castille et Nouvelle-Espagne).

Ces deux puissances ont donc largement contribué à un vaste élargissement du monde : la perception du monde par les Européens a ainsi été complètement bouleversée entre le début du XVe et la fin du XVIe siècle.

2 *Analyser un texte*

A. Ce texte est composé d'extraits du journal de bord qu'a tenu Christophe Colomb, marin génois, pendant son premier voyage vers les Indes en 1492. À cette époque, Les souverains espagnols viennent de terminer la conquête de Grenade et le Portugal a atteint l'extrémité Sud du continent africain. Les motivations et les modalités des voyages de découverte apparaissent ici.

B. Des motivations religieuses sont très nettes chez Colomb et les rois espagnols (« convertir les peuples à notre sainte Foi ») : le catholicisme est vécu alors comme une religion qui doit s'imposer à tous. Une expansion territoriale les motive également (« j'en prends possession au nom du roi et de la reine ») : la Reconquista est finie en péninsule ibérique, l'extension du royaume se fait par conséquent ailleurs.

Mais le but est aussi celui de l'enrichissement : « or », « cannelle ». Colomb cherche des traces d'or dont il peut s'emparer ainsi que des fameuses épices tant appréciées en Europe.

Enfin, Colomb espère avec ces découvertes gagner gloire et reconnaissance sociale : les souverains lui ont promis des postes prestigieux « grand amiral, vice-roi et gouverneur perpétuel de toutes les îles et de la terre ferme que je découvrirais ».

C. Le but de Colomb était de trouver une route directe menant aux épices des Indes puisque les Portugais interdisaient aux navires la route africaine. Ayant déjà navigué dans l'Atlantique, lu les ouvrages antiques, s'appuyant sur les calculs d'Ératosthène, il est persuadé de réussir la traversée et pense ici arriver au large de Cipango, l'actuel Japon. Or Colomb s'est trompé dans ses calculs (la circonférence de la terre est plus grande) et la vision terrestre des Européens se limitait aux trois continents décrits dans la Bible.

Les hommes de la Renaissance (XVe-XVIe siècle)

POUR DÉMARRER

- Les hommes de la Renaissance tournent le dos au Moyen Âge et essaient de mettre l'individu au cœur de leurs réflexions tout en s'inspirant des modèles de l'Antiquité.
- L'essor économique issu du commerce atlantique et des Grandes Découvertes crée un climat favorable au **développement artistique** qui marque cette période.
- Le christianisme subit lui aussi de grands changements avec le mouvement des **réformes**.

1 La Renaissance, un courant humaniste

A. Une nouvelle curiosité intellectuelle

• À partir du XIVe et surtout du XVe siècle, l'Europe occidentale accentue son intérêt pour les **textes antiques**, intérêt alimenté par le déclin de Constantinople et l'arrivée de religieux orthodoxes en Italie avec leur bibliothèque. Les Humanistes prônent ainsi un retour aux sources de l'**Antiquité**. Les clercs du Moyen Âge connaissaient Aristote mais ceux de la fin du XIVe découvrent Platon.

DÉFINITION

Humaniste : homme de lettres de la Renaissance qui s'intéresse aux auteurs antiques, à l'éducation, à la religion et qui fait passer ses idées par ses écrits ou par son enseignement.

• Ces Humanistes se préoccupent aussi de la **maîtrise des langues anciennes** et modernes élaborant grammaires et dictionnaires. L'éducation connaît un nouvel essor : on prône une pédagogie plus moderne englobant les dernières découvertes mais aussi un développement du corps. L'université n'est plus la seule source du savoir depuis la diffusion des **académies** (sociétés savantes dans lesquelles on échange ses connaissances).

• Les écrits se multiplient en langue savante mais aussi en **langue vulgaire** : Rabelais avec *Gargantua* et *Pantagruel* critique la société de son temps et met en avant les idées nouvelles notamment en matière d'éducation. Des poètes comme Ronsard ou du Bellay contribuent à donner ses lettres de noblesse à la langue française. Ces auteurs sont souvent protégés par la noblesse de cour qui est soucieuse, elle aussi, de voir progresser son niveau d'éducation.

• Les Humanistes de la Renaissance **diffusent ces nouveaux savoirs** par les livres, leurs correspondances mais aussi par les nombreux voyages qu'ils font à travers l'Europe ; soit pour enseigner dans des universités, soit lorsqu'ils sont invités par des imprimeurs ou des souverains. Ainsi, **Érasme**, surnommé « le prince des Humanistes », séjourna à Louvain mais aussi à Paris, Londres, ou encore Fribourg et Bâle.

B. Des innovations dans les connaissances

• Les hommes de la Renaissance élaborent et diffusent une invention qui accélère la diffusion des idées humanistes : **l'imprimerie**. Élaborée par **Gutenberg** vers 1450 à Mayence, elle voit naître des centres d'imprimerie dans toute l'Europe. Les premiers livres imprimés sont des ouvrages religieux (la première publication de Gutenberg en 1455 est une Bible) mais les œuvres profanes sont de plus en plus nombreuses. Certains imprimeurs obtiennent une notoriété internationale : Christophe **Plantin** à Anvers (publication d'une Bible polyglotte), Aldo **Manuce** (spécialiste de traductions du grec ancien) à Venise. Ils ne se contentent pas d'imprimer mais sont aussi des éditeurs en lien avec les Humanistes, recherchant les manuscrits antiques, assurant leur traduction et leur diffusion.

REMARQUE

La bible polyglotte de Plantin comprenait le texte en latin, grec et hébreu avec des compléments grammaticaux et lexicaux en grec, latin, hébreu, syriaque et chaldéen. Elle était donc destinée aux érudits, capables de lire la Bible dans ses versions les plus anciennes.

• Les **sciences progressent** également : les travaux de **Vésale**, avec ses planches anatomiques, permettent une meilleure connaissance du corps humain. **Copernic** émet, en 1543, la théorie de l'héliocentrisme pour expliquer les mouvements des planètes, théorie qui reste confidentielle jusqu'à sa diffusion par **Galilée**.

C. Les limites de l'Humanisme

• Mais cet intérêt pour le développement de l'individu et les connaissances nouvelles atteint vite ses limites.

• Certains religieux **réfutent des découvertes scientifiques**, notamment astronomiques, au nom de la vérité écrite dans la Bible et de l'explication qu'elle propose de l'ordre du monde, ou d'une contradiction impensable avec des savants de l'Antiquité (ainsi Vésale est critiqué pour remettre en cause certaines affirmations de Galien, médecin grec du IIe siècle).

• L'accélération de la diffusion des idées et des connaissances nouvelles **inquiète en effet l'Église** qui, pour mieux contrôler les livres publiés, crée l'Index en 1559. Les souverains exercent aussi rapidement un contrôle sur les imprimeurs et les libraires refusant tout ce qui peut être vu comme une remise en cause de la religion ou de leur politique.

DÉFINITION

Index : liste, publiée par la papauté, de livres interdits pour des raisons de foi ou de morale.

2 Un renouveau artistique

A. Le berceau italien

• Le monde artistique connaît une **profonde mutation** qui commence dans les riches villes d'Italie du Nord. Tournant le dos au Moyen Âge, on voit un nouveau courant artistique émerger prenant également pour référence l'**Antiquité** (décors architecturaux). Les artistes s'inspirent des ruines romaines encore présentes, les premières fouilles archéologiques remettent à jour les statues antiques.

• On recherche alors le beau dans l'imitation de la nature et une **représentation harmonieuse du corps humain** (inspiration de la statuaire grecque, retour au nu). Les thèmes des tableaux ne sont plus seulement religieux. Les artistes puisent leur inspiration dans la **mythologie antique**, réalisent des portraits à la demande des commanditaires. L'œuvre d'art devient aussi un élément du décor intérieur que ce soit chez les riches bourgeois ou dans les cours princières.

• Des innovations techniques contribuent aussi à ce changement artistique : utilisation de la **perspective** avec les mathématiques (le peintre Masaccio à Florence) et la géométrie dans la composition des tableaux, invention de la **peinture à l'huile** (le peintre Van Eyck dans les Flandres).

• La **place de l'artiste** dans la société évolue : artisan au Moyen Âge, il devient un individu reconnu pendant la Renaissance, allant jusqu'à s'insérer dans ses œuvres (Gozzoli se peint dans la fresque réalisée pour la chapelle privée des Médicis) ou à faire son autoportrait (Dürer). Les souverains et les princes se transforment en mécènes. Ainsi, à Florence, premier foyer italien de la Renaissance, la famille de Médicis commande de nombreuses œuvres d'arts (le *David* de Donatello) et finance des artistes. Les papes comme Jules II furent aussi des mécènes majeurs de la Renaissance italienne : Rome abrite de nombreuses réalisations comme l'église Saint-Pierre de Rome ou la décoration de la chapelle Sixtine par **Michel-Ange**. La puissance financière des marchands de Venise permet aussi à de nombreux artistes, comme Le Titien ou Véronèse, d'y créer des œuvres majeures.

DÉFINITION

Mécène : personne finançant un artiste et lui permettant ainsi de développer sa création artistique.

B. Léonard de Vinci (1452-1519)

• Formé à Florence, il y apprend la peinture mais, représentatif de la Renaissance, ses connaissances et sa curiosité en font un **artiste complet**, un savant et un **ingénieur**. Durant sa vie, il a mis ses talents au service de plusieurs mécènes, à commencer par le duc de Milan Sforza, puis à Rome et enfin en France, au service du roi François Ier.

• Les travaux et les œuvres qu'il a laissés montrent son **éclectisme**. Ses peintures sont restées célèbres (*La Joconde*, *La Vierge, l'enfant Jésus et sainte Anne*) pour sa maîtrise des techniques du **clair-obscur** (alternance de lumière et d'ombre pour créer le relief) et du sfumato.

DÉFINITION

Sfumato : technique consistant à créer des contours vaporeux à certains endroits du tableau.

• Il a aussi montré ses **talents d'architecte** (escalier à double révolution au château de Chambord) et d'ingénieur (plans de machines de guerres pour le duc de Milan, travaux hydrauliques).

• Esprit curieux, il a aussi pratiqué des **dissections**, estimant, comme ses contemporains, que la science doit progresser à partir de l'observation de la nature. Esprit plein d'imagination, ses croquis de machines nouvelles (parachute, scaphandre) lui ont donné une image de visionnaire.

C. Une Renaissance artistique européenne

• Ce courant artistique s'est diffusé dans plusieurs régions européennes. Avec les **guerres d'Italie** (XVe et XVIe siècles), les rois de France découvrent ces œuvres de la Renaissance. Ils passent alors des commandes aux artistes italiens, et en font venir certains en **France** pour mettre les châteaux à la mode italienne (galerie de Fontainebleau réalisée par Le Primatice). La région parisienne et le Val de Loire sont des lieux où la Renaissance artistique française s'épanouit. D'autres foyers de la Renaissance existent dans les **États allemands** et dans les **Flandres**.

3 Le bouleversement des réformes

A. La critique de l'Église catholique

• Avec la redécouverte des textes anciens, les religieux et les Humanistes cherchent à retrouver la **pureté originelle des textes sacrés**. Ces textes antiques en grec et en araméen sont alors traduits en latin. Mais ces nouvelles traductions des textes saints entraînent parfois une remise en cause de la tradition de l'Église. Ainsi la **Vulgate**, traduction officielle de la Bible datant du IVe, est vue comme erronée.

• Les Humanistes comme **Érasme** n'hésitent pas non plus à **critiquer le fonctionnement de l'Église** : il condamne le manque d'instruction d'une partie du clergé, et voudrait donner au croyant la possibilité d'accéder aux textes sacrés par des traductions en langue vulgaire.

B. Luther ou l'émergence du protestantisme

• **Martin Luther** (1483-1546) est un moine allemand. Hanté par la question du **Salut**, il est très critique sur la question des **indulgences** (moyen d'obtenir le pardon de ses péchés contre une somme d'argent).

En 1517, il écrit à Wittenberg un texte, **« les 95 thèses »**, qui est une dénonciation violente de l'Église catholique. Ses idées sont rapidement diffusées grâce à l'imprimerie et remportent le soutien de certains princes allemands. Le pape finit par l'excommunier en 1520. Mais la **réforme protestante** est née et s'étend en Europe du Nord.

- Pour Luther, le Salut ne s'obtient que par la foi en Dieu et chaque chrétien doit pouvoir avoir un accès direct aux Évangiles : il traduit ainsi la Bible en Allemand. Il réfute alors la hiérarchie de l'Église, le célibat des prêtres, abandonne le culte des saints et de la Vierge, et ne conserve que deux sacrements : le baptême et l'eucharistie.

- Des **conflits** religieux naissent de ce schisme : une guerre éclate dans le Saint empire romain germanique entre les princes allemands qui ont embrassé le protestantisme et l'empereur Charles Quint qui veut maintenir la religion catholique. Le conflit se termine par la paix d'Augsbourg en 1555 : chaque État doit alors embrasser la religion de son souverain. La France se déchire, elle aussi, dans des guerres de religion de 1562 à 1598 ; l'**édit de Nantes** accorde cette année-là aux Protestants le droit d'exercer leur culte.

DÉFINITION

Schisme : division religieuse qui crée ici une nouvelle séparation entre les chrétiens après celui entre orthodoxes et catholiques en 1054.

C. La réaction de l'Église catholique

- La papauté finit par réagir en lançant sa propre réforme (la **contre-réforme**) au **concile de Trente** (1545-1563). Face à l'austérité prônée par les protestants, elle réaffirme la splendeur des liturgies et de la décoration des églises. Le culte des saints et de la Vierge est développé.

- Mais l'Église catholique entend aussi les critiques des Humanistes : la formation des prêtres est améliorée. Un nouvel ordre religieux, placé sous les ordres de la papauté, les **Jésuites**, est envoyé à la reconquête des régions touchées par le protestantisme. Ils s'attachent, notamment, à l'éducation des enfants de la noblesse avec la fondation de collèges.

Rédiger une introduction et une conclusion

CONSEILS

- L'introduction est le **premier contact** qu'a le correcteur avec votre copie, elle doit donc être particulièrement soignée.
- L'introduction, comme la conclusion, doivent être **rédigées au brouillon** avant de commencer la rédaction du développement afin de vérifier que vous avez bien cerné votre sujet et que votre problématique est intéressante.
- L'introduction et la conclusion doivent être **bien visualisées dans la copie** : pensez à sauter plusieurs lignes pour les séparer du reste du développement.

→ Réfléchissez à la notion de « modèle » pour la problématique.

→ Pensez aux liens entre l'Italie et l'Europe.

Sujet : Importance et rôle de l'Italie dans les évolutions artistiques et intellectuelles des XVe et XVIe siècles.

Question

Analysez le sujet de composition ci-dessus et proposez une introduction et une conclusion appropriée.

POINT MÉTHODE

INTRODUCTION :

✓ *Les premières phrases doivent donner le cadre chronologique et spatial du sujet, ainsi que l'explication des mots-clés.*

✓ *Ensuite, il faut faire apparaître la problématique, qui est la plupart du temps rédigée sous forme de question.*

✓ *Enfin, les dernières phrases de l'introduction servent à annoncer le plan. Évitez toutefois des phrases trop lourdes du genre « dans un premier temps nous verrons… » et « dans un deuxième temps nous traiterons… ».*

CONCLUSION :

✓ *Il s'agit de faire le bilan du développement et de répondre à la problématique. Cette partie constitue la majorité de la conclusion.*

✓ *La dernière phrase sert à ouvrir le sujet c'est-à-dire que vous imaginez quel sujet pourrait être traité dans la continuité de ce que vous venez de faire.*

Proposition de corrigé

Introduction

➡ Présentation du cadre contextuel (spatial et chronologique) et des mots clés du sujet.

Des hommes comme Léonard de Vinci, Masaccio ou Aldo Manuce apparaissent comme des symboles éclatants de la vitalité artistique et intellectuelle de la Renaissance italienne des XVe et XVIe siècles.

➡ Annonce de la problématique qui guidera la composition.

Peut-on pour autant évoquer une avance italienne et considérer qu'elle a constitué un véritable modèle ?

➡ Annonce du plan composé ici en deux parties.

La péninsule italienne, malgré ses divisions politiques, est une terre à la prospérité économique indéniable depuis le Moyen Âge. Berceau d'une grande civilisation antique, elle voit s'y développer idées et techniques qui attirent la convoitise des autres Européens.

Conclusion

➡ Réponse à la problématique tournée autour du « modèle » italien pendant la Renaissance.

La place de l'Italie dans l'art et les lettres a été déterminante en raison de son rôle de précurseur mais aussi parce qu'elle a su se renouveler et imposer ses normes à travers la grande qualité de ses artistes.

➡ Ouverture du sujet vers un autre aspect ou thème majeur de la période et de l'espace étudiés.

Pour autant, cette domination n'empêcha pas l'Italie de subir des dominations sur le plan politique.

TESTEZ VOS CONNAISSANCES

CORRIGÉ p. 98

1. Qu'est-ce qu'un Humaniste ?

- ☐ **a.** Un homme de lettres qui s'intéresse à l'Antiquité.
- ☐ **b.** Un savant qui s'est détourné de la religion.
- ☐ **c.** Un savant qui s'intéresse au corps humain.

2. Qu'est-ce qu'un mécène ?

- ☐ **a.** Un nouveau style architectural.
- ☐ **b.** Une personne qui commande des œuvres d'art et finance des artistes.
- ☐ **c.** Un objet précieux présent sur la table des princes.

3. Léonard de Vinci resta célèbre pour :

- ☐ **a.** Ses peintures.
- ☐ **b.** Ses dessins anatomiques.
- ☐ **c.** Sa richesse.

4. Michel-Ange était :

- ☐ **a.** Un Humaniste.
- ☐ **b.** Un pape.
- ☐ **c.** Un peintre.

5. Qu'est-ce que la Réforme ?

- ☐ **a.** Une critique de l'Église et de son dogme qui déboucha sur l'émergence d'une nouvelle religion : le protestantisme.
- ☐ **b.** L'ensemble des changements réalisés par l'Église catholique au XVIe siècle.
- ☐ **c.** L'ensemble des nouvelles techniques de peinture qui apparaissent sous la Renaissance.

6. Qu'est-ce que l'Index ?

- ☐ **a.** Le doigt de Dieu dans la fresque de Michel-Ange à la chapelle Sixtine.
- ☐ **b.** La création par les Humanistes de la première liste de renvois dans un ouvrage.
- ☐ **c.** La liste des ouvrages interdits par la papauté.

7. Qui sont les Jésuites ?

- ☐ **a.** Les tenants d'une école de peinture à Rome.
- ☐ **b.** Un ordre monastique rattaché à la papauté.
- ☐ **c.** Une académie romaine.

ENTRAÎNEZ-VOUS

CORRIGÉ p. 98

1 Analyser un tableau

1 h

Raphaël, *L'École d'Athènes*, fresque (4,4 m x 7,7 m), 1509. Cité du Vatican

CONSEIL

Faites une recherche préalable sur Raphaël et la technique de la perspective.

QUESTION

Après avoir présenté le document ci-dessus, dites en quoi il est représentatif de l'humanisme et de la Renaissance.

2 Rédiger l'introduction et la conclusion d'une composition

●●● 45 min

QUESTION

Après avoir analysé le sujet suivant, rédigez l'introduction et la conclusion qui pourrait figurer sur votre copie de composition : « La Renaissance, une nouvelle vision du monde, de l'Homme et de Dieu ».

CONSEIL

Il n'existe pas « une » problématique pour traiter un sujet. Plusieurs angles peuvent être choisis mais, dans tous les cas, celle retenue doit vous permettre de construire un plan équilibré, qui sera la colonne vertébrale de votre devoir.

Corrigés de *TESTEZ VOS CONNAISSANCES*

1. a. Les Humanistes sont des lettrés.

2. b. Les mécènes ont été nombreux à la Renaissance que ce soit des souverains, des papes ou des religieux, ou encore des marchands.

3. a et b. Léonard de Vinci réalisa des portraits comme *La Joconde* ou *La Dame à l'hermine* mais aussi des dessins, notamment à partir de ses dissections.

4. c. Michel-Ange fut un peintre célèbre, notamment pour ses fresques de la chapelle Sixtine : le *Jugement dernier* et celles du plafond qu'il réalisa tout seul.

5. a. La Réforme est lancée par Martin Luther et aboutit à la création de la religion protestante.

6. c. L'Index est un système de censure des livres mis en place par la papauté.

7. b. Les Jésuites sont un nouvel ordre monastique créé par Ignace de Loyola et qui n'obéit qu'au pape.

Corrigés de *ENTRAÎNEZ-VOUS*

1 *Analyser un tableau*

Cette fresque a été réalisée par Raphaël, un célèbre peintre de la Renaissance italienne. Il a ici exécuté une commande du pape Jules II pour son cabinet de travail au Vatican. Peinte entre 1509 et 1511, donc en pleine Renaissance artistique, *L'École d'Athènes* représente des philosophes et savants de l'Antiquité.
Le thème choisi rappelle l'attrait qu'ont les hommes de la Renaissance pour l'Antiquité. Les philosophes grecs Aristote et Platon (redécouverts à cette époque) mais aussi des mathématiciens (Pythagore) et des géographes (Ptolémée), autant de personnages et matières qui rappellent les centres d'intérêt des Humanistes.
La technique utilisée montre aussi les progrès effectués dans la réalisation des œuvres d'art, notamment avec la technique de la perspective destinée à donner l'illusion du relief et de la profondeur, dans une mise en scène des personnages géométrique et avec des lignes de fuite qui convergent vers le centre du tableau.
Le fait que cette fresque soit au Vatican rappelle également que Rome est l'un des foyers de la Renaissance artistique et que les papes, à l'image de Jules II, furent des mécènes importants.

Enfin, la représentation d'artistes célèbres (Michel-Ange accoudé sur un bloc de marbre au centre) met en évidence l'évolution du statut de l'artiste à cette époque : un individu reconnu socialement pour son talent et côtoyant les plus grands. Raphaël n'a ainsi pas hésité à se représenter lui-même (à droite avec un bonnet noir).

2 *Rédiger l'introduction et la conclusion d'une composition*

Introduction

Aux XVe et XVIe siècles, l'Europe occidentale vit une période de grands bouleversements, la Renaissance. Les Européens voient leur vision du monde, de l'Homme et du christianisme se modifier. En quoi peut-on parler d'une rupture ?

À partir du XVe siècle, les navires portugais et espagnols partent à la découverte de terres nouvelles. Quant aux Humanistes, la redécouverte des auteurs antiques leur fait rêver la formation d'un homme nouveau. Un certain Martin Luther, quant à lui, remet en cause l'Église catholique.

Conclusion

Entre le XVe et le XVIe siècle, les Européens de la Renaissance ont élargi leur vision du monde avec la découverte du continent américain et des explorations jusqu'au Japon qui aboutissent à une première mondialisation. Les Humanistes forment une catégorie d'individus soucieux de progresser dans la connaissance, et les artistes, eux, dessinent un homme répondant à l'idéal antique. Les critiques formulées par les Humanistes trouvent leur aboutissement dans le schisme créé par Luther et la création de la religion protestante.

Comment l'Église catholique réagit-elle à ces bouleversements ?

L'essor d'un nouvel esprit scientifique et technique (XVIe-XVIIIe siècle)

POUR DÉMARRER

- Entre le XVIe et le XVIIIe siècle, les scientifiques européens se dégagent progressivement de l'influence de **l'Église** et de la **tradition antique**.
- On assiste alors à un essor de l'**expérimentation** et des **découvertes scientifiques** accompagné du développement d'ingénieurs.
- La fin du XVIIIe siècle voit émerger une révolution technologique autour de la **machine à vapeur** qui fait entrer l'Europe dans la Première révolution industrielle.

1 L'émergence d'un nouvel esprit scientifique (XVIe – XVIIe siècle)

A. Du savant médiéval aux méthodes rationnelles

• Le mouvement humaniste de la Renaissance est propice à une nouvelle approche du monde et des connaissances scientifiques. Certains savants se lancent ainsi dans des expériences qui remettent en cause des certitudes scientifiques extraites de la Bible ou avancées par des savants antiques.

DÉFINITION

Expérimentation : réalisation d'une expérience pour expliquer un phénomène.

• Malgré les réticences de l'Église, les travaux de **dissection** sont plus nombreux. Ainsi, **Vésale**, issu d'une famille de médecins de l'entourage des Habsbourg, réussit au XVIe siècle à pratiquer plus couramment des dissections. Se fondant sur l'observation et les notes prises, il publie en 1543 son ouvrage majeur « *De Humani corporis fabrica* » (un **traité d'anatomie**) qui devient célèbre mais fait aussi scandale dans les communautés religieuses et scientifiques.

• On y trouve des planches anatomiques d'une grande qualité scientifique et artistique mais aussi la remise en cause de certaines affirmations du médecin grec **Galien**. Malgré sa célébrité, il est condamné à mort par l'Inquisition en 1561 pour une ultime dissection ; le roi d'Espagne commue sa peine en pèlerinage à Jérusalem (il meurt dans le voyage de retour). D'autres hommes de la Renaissance font progresser la connaissance du corps humain, comme le chirurgien français **Ambroise Paré**.

• L'**expérimentation** se développe entre le XVIe et le XVIIe siècle. Ainsi Blaise Pacal démontre l'existence du vide et la pression atmosphérique en 1648. On voit aussi ces savants se regrouper dans des académies (académie des Lynx à Rome en 1603, *Royal society of London* en 1660) qui sont des lieux de débats et de diffusion des nouveaux savoirs.

> **DÉFINITION**
>
> *Académie : réunion de savants et de lettrés pour échanger leurs découvertes et leurs réflexions.*

• L'anglais **Isaac Newton** (1642-1727) illustre les progrès d'une recherche scientifique éloignée des contraintes religieuses et antiques. Ses découvertes comme la réfraction de la lumière ou la loi sur la gravitation sont fondées sur des expériences mais aussi sur l'utilisation des mathématiques. Elles jettent les bases de la physique moderne.

• Mais les savants de l'époque sont aussi des hommes qui, tels **Leonard de Vinci**, s'intéressent à des domaines très différents et variés. Ainsi Descartes fut autant philosophe que mathématicien. D'autres savants ne font toujours pas la différence entre pseudo-sciences (astrologie, alchimie) et sciences véritables (astronomie, chimie).

B. L'exemple de Galilée

• Pendant la Renaissance, la cosmographie traditionnelle est remise en cause : la théorie du géocentrisme, fidèle à la Bible et aux théories de Ptolémée, est confrontée à la nouvelle théorie de l'héliocentrisme, élaborée par **Nicolas Copernic** (1473-1543), astronome polonais dont les idées sont publiées après sa mort.

> **NE PAS CONFONDRE**
>
> *Le géocentrisme est une vision de l'univers élaborée par le grec Ptolémée au IIe siècle qui place la terre au centre de l'univers. Au contraire, l'héliocentrisme défend la thèse selon laquelle le soleil est au cœur d'un système complet avec la terre tournant autour de lui.*

• Un professeur de mathématiques à l'université de Padoue, **Galilée** (1564-1642), reprend les théories de Copernic en fondant ses travaux sur l'**expérimentation**. Il s'intéresse ainsi à l'observation des étoiles et, pour cela, élabore une **lunette astronomique**, grâce à des inventions hollandaises précédentes (verres grossissants). Il parvient ainsi à étudier le relief de la lune et découvre même les satellites de Jupiter.

• Il enseigne cette nouvelle théorie mais s'oppose alors à l'Église qui, après plusieurs années de controverses, finit par faire son procès. Le **tribunal de l'Inquisition** déclare, en **1633**, ses idées **hérétiques** : l'abjuration de sa théorie de l'héliocentrisme lui évite la mort mais il se retrouve condamné à la prison à vie, transformée en résidence surveillée.

2 Les sciences au cœur des Lumières

A. Un nouvel essor scientifique

• Les **mathématiques** restent un instrument indispensable aux savants, qu'ils soient astronomes ou physiciens. Les savants s'appuient sur les recherches du siècle précédent : calcul infinitésimal de Leibniz, les probabilités, l'algèbre. On voit aussi se développer les notions de fonction et d'équation.

• L'expérimentation et les **laboratoires** connaissent un vaste essor en Europe, à partir du modèle anglais, comme le nécessite la validation des théories par l'expérience. Des instruments de laboratoire (microscopes, pompes à air) sont aussi plus nombreux. Antoine Lavoisier jette les bases de la **chimie moderne**. Il identifie l'oxygène et l'azote et découvre la composition de l'eau.

• Les applications concrètes des découvertes scientifiques continuent, comme le paratonnerre de Benjamin Franklin (1752), ou le thermomètre à mercure de Fahrenheit (1714). Mais aussi dans des domaines techniques moins attendus : l'agriculture avec l'invention du semoir.

B. Une diffusion plus large

• Les découvertes et innovations technologiques du XVIIIe siècle trouvent un écho plus large qu'avant au sein de la population même si elles restent surtout accessibles à une élite (ce qu'explique l'absence de démocratisation de l'enseignement). Leur diffusion se fait en Europe par des vecteurs différents.

- De nombreux **ouvrages** sont ainsi publiés. Buffon publie, à partir de 1749, son ***Histoire naturelle*** en 36 volumes (classification des espèces) qui devient un succès de librairie. ***L'Encyclopédie*** de Diderot et d'Alembert, qui paraît entre 1751 et 1772 et se vend à plus de 30 000 exemplaires, a pour ambition de faire la somme des découvertes, innovations et pensées de son temps. Voltaire, dans ses ouvrages, et Mme du Châtelet, par ses traductions, contribuent à la diffusion de l'œuvre de Newton en Europe.

- Les **académies savantes** continuent de se développer en poursuivant leurs **publications**. La science entre dans les salons **mondains** ; les élites de la noblesse et de la bourgeoisie prennent plaisir à assister à des expériences comme celles de l'abbé Nollet, membre de l'académie des sciences, sur l'électricité statique. Les cours princières s'intéressent aux travaux scientifiques soit en invitant des savants, soit en les pensionnant à travers leurs nominations dans les académies royales. Les frères Montgolfier (1783) réussissent ainsi à faire s'envoler leur montgolfière devant la Cour à Versailles.

DÉFINITION

Salon : réunion de personnes cultivées, d'artistes, d'intellectuels chez une femme de la noblesse ou de la haute bourgeoisie.

3 Une révolution technologique : la vapeur

A. La maîtrise progressive de la vapeur

- La conception de la machine à vapeur par James Watt en **1764** découle d'une série d'inventions antérieures. Un médecin et physicien français, Denis Papin, réussit le premier à maîtriser les propriétés de la vapeur dans une machine : il met au point un piston en 1687 qui, fonctionnant avec de la vapeur, est capable de soulever un poids.

- En 1712, le mécanicien britannique **Thomas Newcomen** lui trouve une utilisation pratique : il crée une « **pompe à feu** » (nom donné à la machine à vapeur) pour évacuer l'eau des galeries des mines.

La machine à vapeur de Thomas Newcomen dans une mine de charbon en Angleterre, vers 1790

• L'ingénieur écossais James Watt reprend ces différents travaux pour finir par réaliser une machine à vapeur en 1764 qui dégage une grande puissance énergétique grâce à l'invention du condenseur. Il réussit également à transformer le mouvement rectiligne du piston en mouvement circulaire. Une nouvelle unité de mesure est aussi créée : le **cheval-vapeur**.

DÉFINITION

Brevet : document légal qui accorde la propriété intellectuelle de la découverte à son dépositaire et son droit exclusif d'exploitation pour une période donnée.

• L'Homme maîtrise ainsi une nouvelle énergie qui va lui permettre de s'affranchir peu à peu de la traction animale. Watt ne cessera d'améliorer sa machine jusque dans les années 1780. En **1769**, il en dépose le brevet.

B. Les conséquences de l'invention de la machine à vapeur

• La maîtrise de la vapeur trouve de nombreux champs d'application en Grande-Bretagne, dès la fin du XVIIIe siècle. Les « pompes à feu » de Newcomen connaissent un grand succès dans le secteur minier, remplaçant en partie les chevaux pour pomper l'eau des galeries. D'autres utilisations sont rapidement imaginées : les **innovations technologiques** en lien avec la vapeur se multiplient jusque durant le XIXe siècle.

• On retrouve la machine à vapeur dans la sidérurgie pour actionner des forges ou des marteaux mais aussi dans le textile. Le **secteur des transports** est aussi touché par la révolution de la vapeur : un Français, Claude Jouffroy d'Abbans, construit le premier bateau à vapeur en 1783. En 1804, Trevithick met une machine à vapeur sur des rails, pour tirer des wagonnets : le train connaît alors ses premières heures. Des « pompes à feu » sont aussi utilisées à Paris dans les années 1780 pour puiser l'eau de la Seine.

• L'alimentation des machines à vapeur nécessitant du charbon de terre, leur essor contribue au **développement du secteur minier**. Les **secteurs sidérurgique et textile** se développent aussi en Grande-Bretagne à la fin du XVIIIe siècle et font du pays le **berceau de la** première Révolution industrielle.

DÉFINITION

Première révolution industrielle : elle débute à la fin du XVIIIe siècle en Grande-Bretagne avec des innovations technologiques comme la machine à vapeur et les métiers à filer et à tisser mécaniques. Les secteurs artisanaux du textile, de la sidérurgie passent alors à un stade de production industriel.

PIÈGES À ÉVITER

- Éviter de penser qu'une innovation technologique est le fait d'un seul individu ; elle est bien souvent l'aboutissement de recherches de plusieurs scientifiques sur plusieurs années.

- La Première révolution industrielle n'a pas démarré qu'avec les innovations technologiques, la transition démographique et les progrès agricoles ont aussi été indispensables (voir chapitre 1) : main-d'œuvre disponible pour les usines et premiers foyers de consommation.

Construire un plan

CONSEILS

- Il existe des **plans de type différents** à choisir en fonction du sujet.
- On ne peut pas rédiger sa composition sans un plan : c'est l'**ossature** du devoir. Attention toutefois, car les noms des parties et sous-parties ne doivent pas être rédigés sur votre copie finale.
- Le plan d'une composition d'Histoire doit être **composé au minimum** de deux parties et ne doit pas en dépasser trois. Le nombre de sous-parties peut varier de 2 à 4 au maximum.

Sujet : « Les conditions d'un nouvel essor scientifique et technique (XVIe-XVIIIe siècles) »

POINT MÉTHODE

✓ *Faire une analyse du sujet comme expliqué p. 80 afin de dégager une problématique correspondant au sujet.*

✓ *En fonction du sujet, choisir ensuite parmi les différents types de plans possibles :*

– plan thématique : permet de dégager les grandes caractéristiques du sujet ; vous pouvez faire des sous-parties d'ordre chronologique.

– plan chronologique : permet de mettre en évidence des grandes périodes ; le sujet s'étend alors sur un temps marqué par de nombreux événements. Voyez alors s'il n'y aurait pas des dates butoirs qui marqueraient une coupure historique forte.

✓ *Une fois le type de plan choisi, dégagez les grandes idées qui vont constituer les 2 ou 3 parties de votre plan, une grande idée par partie.*

✓ *Choisir ensuite, pour chaque partie, 2, ou 3 sous-idées qui permettront de développer l'idée principale contenue dans chaque partie. Chaque sous-idée devra dans votre copie être assortie d'un exemple pertinent.*

✓ *Veillez à ce que votre plan soit équilibré : il est hors de question que la première partie fasse 15 lignes et la deuxième une page et demie !*

Question

À partir du sujet proposé ci-dessus, proposez un plan adapté composé de deux ou trois parties.

Proposition de corrigé

Annonce de la problématique

Les conditions d'un nouvel essor scientifique sont-elles réunies ?

Proposition de plan

1 La remise en cause des savoirs anciens

A. Des hommes de la Renaissance s'affranchissent de l'Antiquité

B. Une perte d'influence progressive de l'Église

2 De nouveaux moyens scientifiques

A. La mise en place de l'expérimentation

B. Le développement du laboratoire

C. L'apport de l'outil mathématique

3 Une diffusion nouvelle

A. Le rôle de l'imprimerie au XVIe siècle

B. L'essor des académies

C. La première vulgarisation du XVIIIe siècle

CONSEILS

- *Il n'existe pas un seul plan possible par sujet. À vous de dégager deux ou trois idées principales qui permettent de structurer équitablement votre plan tout en traitant l'ensemble de la problématique.*
- *Utilisez aussi le chapitre 7 : « Les hommes de la Renaissanse » pour étoffer votre propos.*

TESTEZ VOS CONNAISSANCES

CORRIGÉ p. 111

1. Qu'est-ce que le géocentrisme ?

☐ **a.** Une théorie sur la place centrale de la géographie au cœur de la connaissance.
☐ **b.** Une théorie plaçant la terre au cœur de l'univers.
☐ **c.** Une théorie faisant tourner la terre autour du soleil.

2. Qu'est-ce que l'Inquisition ?

☐ **a.** Une réunion de savants pour effectuer des recherches communes.
☐ **b.** Une découverte scientifique portant sur une espèce nouvelle.
☐ **c.** Une institution de l'Église qui traque et condamne les hérésies.

3. Qui était Vésale ?

☐ **a.** Un médecin qui s'est intéressé aux dissections.
☐ **b.** Un médecin grec de l'Antiquité.
☐ **c.** Un des médecins personnels de Louis XIV.

4. Qu'est-ce que *L'Encyclopédie* ?

☐ **a.** Le nom donné au premier métier à tisser mécanique.
☐ **b.** Un ouvrage rassemblant l'ensemble des connaissances de l'époque.
☐ **c.** Le nom donné à une constellation d'étoiles découverte par J. Kepler.

5. Qu'est-ce qu'une « pompe à feu » ?

☐ **a.** Une invention qui sert à éteindre les incendies.
☐ **b.** Une invention qui permet de déclencher un feu.
☐ **c.** Une invention qui permet de pomper l'eau dans les mines.

6. Qu'a découvert Newton ?

☐ **a.** La loi sur la gravitation.
☐ **b.** Le calcul infinitésimal.
☐ **c.** L'oxygène.

7. À quoi ont servi les académies ?

☐ **a.** Elles ont été des lieux dans lesquels l'Église a enfermé les savants.
☐ **b.** Elles ont été des lieux dans lesquels les savants et les lettrés ont pu échanger leurs savoirs.
☐ **c.** Elles ont été des lieux d'échanges des connaissances dans lesquels seuls les religieux étaient admis.

ENTRAÎNEZ-VOUS

CORRIGÉ p. 111

1 Construire un plan

30 min

QUESTION

Proposez une problématique et un plan adapté au sujet suivant : « Les avancées humanistes et scientifiques et leurs limites dans l'Europe du XVIe siècle ».

CONSEIL

Utilisez les chapitres 7 et 8 pour étoffer votre plan.

2 Analyser un texte

1 h

Vérification d'une théorie scientifique : l'analogie de la foudre et de l'électricité

Les expériences sur la foudre menées par Benjamin Franklin en Amérique du Nord ont été communiquées à la Royal Society de Londres et, de là, à l'Académie royale des sciences à Paris. Un membre de cette dernière, l'abbé Mazéas, rend compte à un correspondant anglais de deux expériences analogues menées pour vérifier la théorie de Franklin. Ces expériences donneront naissance à l'invention du paratonnerre.

« M. d'Alibard choisit à cet effet un jardin situé à Marly où il fit placer sur un corps électrique une barre de fer pointue de 40 pieds de haut. Le 10 mai à 2 heures 20 après midi, un nuage orageux ayant passé au-dessus de l'endroit où cette barre était située, ceux qui étaient préposés pour observer cette barre, s'en étant approchés, tirèrent de cette barre des étincelles de feu et sentirent les mêmes commotions qu'on éprouve dans les expériences ordinaires de l'électricité. M. de Lor, averti du bon succès de cette expérience, se résolut à la répéter dans sa maison située sur l'estrapade à Paris. Il fit élever à 99 pieds de hauteur une barre de fer posée sur un gâteau de résine de 2 pieds en carré et de 3 pouces d'épaisseur : le 18 de mai, entre 4 et 5 heures après midi, un nuage orageux étant passé au-dessus de cette barre, sur laquelle le nuage demeura une demi-heure, il tira des étincelles de cette barre ; ces étincelles étaient semblables à celles d'un canon à fusil lorsque, dans l'expérience de l'électricité, le globe n'est frotté que par le coussin, et elles produisirent le même fruit, le même feu, le même pétillement [...]. Cette expérience nous fait conjecturer qu'une barre de fer, placée sur un endroit élevé et posée sur un corps électrique, pouvait attirer l'orage et dépouiller le nuage de toute la foudre qu'il contient ; je ne doute pas que la Société royale ne charge quelques-uns de ses membres de bien vérifier ces expériences et de pousser cette analogie encore plus loin. »

Lettre de l'abbé Guillaume **Mazéas** au révérend Stephen Hales, membre de la Royal Society de Londres, 27 mai 1732.

QUESTION

CONSEIL

Pensez à utiliser le point méthode de la page 27.

Après avoir présenté le document, dites en quoi il met en évidence la place des sciences dans l'Europe du XVIIIe siècle et leur modernité.

Corrigés de *TESTEZ VOS CONNAISSANCES*

1. b. Élaboré par le savant grec Ptolémée au IIe siècle après J.-C., le géocentrisme décrit l'univers avec la terre en son centre. Cette théorie est remise en cause par Nicolas Copernic qui émet l'idée du soleil comme centre de l'univers (l'héliocentrisme).

2. c. Le tribunal de l'Inquisition apparaît au Moyen Âge pour lutter contre l'hérésie cathare. Au XVIe siècle, il condamne l'Italien Galilée pour avoir soutenu la thèse de l'héliocentrisme qui s'oppose à la description de la création de l'univers telle que décrite dans la Bible et par Ptolémée.

3. a. Vésale est né dans une famille de médecins flamands servant la cour des Habsbourg. Il est resté célèbre pour ses observations du corps humain à partir de dissections. Il fit paraître les premières planches anatomiques qui remettent en cause les idées du savant antique Galien.

4. b. Le projet de *L'Encyclopédie* fut porté par Diderot et d'Alembert à l'époque de la philosophie des Lumières. Ses 35 volumes rassemblent les connaissances de leur temps mais aussi les réflexions d'écrivains et philosophes, ce qui valut à l'ouvrage d'être censuré.

5. c. La « pompe à feu » permettait d'évacuer l'eau dans les galeries des mines en Grande-Bretagne. Elle est ainsi nommée à l'époque car elle est actionnée grâce à la vapeur, énergie dégagée grâce au charbon que l'on brûle. Elle est inventée par Newcomen en 1712.

6. a. C'est Newton qui a élaboré la théorie de la gravitation. La paternité de la découverte du calcul infinitésimal lui est disputée avec Leibniz.

7. b. Les académies apparaissent à la fin de la Renaissance ; elles se développent aux XVIIe et XVIIIe siècles, souvent sous la protection des souverains. Ce sont des lieux qui facilitent la diffusion du savoir entre savants mais aussi qui valident les découvertes scientifiques qui leur sont présentées.

Corrigés de *ENTRAÎNEZ-VOUS*

1 *Construire un plan*

Annonce de la problématique

La religion continue-t-elle à jouer un rôle central ?

CONSEIL

Pour ce sujet, concevez plutôt un plan thématique.

Proposition de plan

1. Une vision humaniste de l'Homme

A. Le retour aux textes sacrés et anciens

B. Un nouvel enseignement

2. Une nouvelle démarche scientifique

A. La redécouverte des savants antiques et arabes

B. La volonté d'expérimenter

3. Des limites aux libertés

A. Le refus de la remise en cause de certains savoirs antiques

B. Le rôle de l'Église

C. Une liberté religieuse quasi impossible

2 *Analyser un texte*

L'extrait de la lettre de l'abbé Mazéas, un savant français, correspondant de l'académie royale des sciences à un membre de la Royal Society de Londres en mai 1732, décrit des expériences faites à Paris et dans ses alentours sur la foudre. Cette période est marquée par le nouvel essor scientifique qui agite une partie des élites européennes. Les sciences, au XVIIIe siècle, exercent un attrait certain sur une large partie des élites. On voit en effet dans cette lettre des nobles (M. de Lor) et des religieux (l'abbé Mazéas) s'intéresser à une expérience faite en Amérique du Nord et vouloir la réaliser à leur tour chez eux (« dans sa maison »). Les sciences ont aussi déjà une reconnaissance officielle de leur importance à travers la création, dans toute l'Europe et depuis le XVIIe siècle, d'académies royales financées par des cours souveraines. On a ici l'exemple de la *Royal society of London* créée en 1660 et l'académie royale des sciences réglementée par Louis XIV en 1699. L'échange de correspondances entre savants est également un indice de l'engouement provoqué par ces expériences et un exemple de diffusion du savoir à l'époque.

Au XVIIIe siècle, les sciences européennes sont entrées dans la modernité. Chaque théorie se doit d'être vérifiée et revérifiée par des expériences analogues pour qu'une loi en découle. On le voit ici, où l'expérience de Benjamin Franklin sur la foudre est répétée par des membres de l'académie royale des sciences et où l'annonce de sa répétition en Angleterre est faite (« bien vérifier »). La technique de l'expérimentation est acquise. On voit ici le rôle des académies qui est de diffuser les découvertes nouvelles mais aussi de les valider.

La Révolution française : l'affirmation d'un nouvel univers politique

POUR DÉMARRER

- La France d'avant 1789 compte **28 millions d'habitants**, ce qui en fait le pays le plus peuplé d'Europe. Elle est reconnue comme une **grande puissance** politique, militaire et culturelle.
- Mais le XVIIIe siècle voit naître de nombreuses remises en cause des idées politiques en Europe comme en Amérique : l'**Ancien régime** s'écroule brutalement.
- Les **bouleversements politiques et sociaux** engendrés par la dynamique de 1789 sont profonds : la France entre dans une **longue période révolutionnaire**.

1 Un régime politique ancien qui s'écroule rapidement

A. Une France en difficulté dans la seconde moitié du XVIIIe siècle

- Le régime politique français, à la veille de la Révolution, est celui de la **monarchie absolue de droit divin**. Le roi est ainsi le représentant de Dieu sur terre, comme le symbolise la cérémonie du sacre. Il concentre entre ses mains tous les pouvoirs (exécutif, législatif, judiciaire, militaire). Les Français sont ses sujets. Versailles est à la fois palais du roi, lieu du pouvoir politique, et siège des ministères et des différents conseils où se prennent les décisions sous l'égide du souverain. La société est organisée en **trois groupes ou ordres** : le clergé, la noblesse et le tiers état.

DÉFINITION

Tiers état : ensemble de la population française qui n'est ni noble, ni religieuse, soit 97 % des Français à la veille de la Révolution !

- Mais la monarchie fait face à de nombreuses difficultés sous le règne de **Louis XVI**. Le budget du royaume est déficitaire, l'État est lourdement

endetté notamment à cause de guerres comme celle engagée pour soutenir l'indépendance des colonies américaines. Les recettes deviennent insuffisantes : plusieurs ministres proposent des réformes fiscales que le roi finit par rejeter sous la pression de la noblesse et du clergé. En effet, la majorité des impôts repose sur le tiers état, les deux autres ordres (noblesse et clergé) en étant exemptés.

- À cela s'ajoute la progression d'idées contestataires chez une partie des élites sensibles à la **philosophie des Lumières**. La monarchie parlementaire à l'anglaise leur apparaît comme un modèle politique à suivre, la **révolution américaine** soutenue par la France fait progresser les idées de liberté et de participation à la vie politique. L'organisation de la **société** est jugée comme trop **inégalitaire et bloquée** : la bourgeoisie qui voit progresser son rôle économique aspire aussi à jouer un rôle plus important. Elle voudrait, par exemple pour ses fils, accéder aux emplois d'officiers dans l'armée. À l'inverse, la noblesse, qui voit parfois sa richesse diminuer, veut conserver ses **privilèges**. La contestation de la monarchie dans la population passe aussi dans la **mauvaise image de la Cour** et de la reine Marie-Antoinette, vues comme sources de grandes dépenses.

- Enfin, dans les années 1780, la **conjoncture économique** est difficile : à la suite de plusieurs mauvaises récoltes liées à des aléas climatiques, la hausse des prix entraîne une situation de disette sur une partie du territoire. L'agitation est donc présente dans toutes les catégories de la société française.

B. La rupture de 1789 et ses effets immédiats

- Face à l'impasse financière dans laquelle il se trouve, Louis XVI et son principal ministre décident de convoquer les États généraux (leur dernière réunion datait de 1614). Le roi espère les convaincre de voter un nouvel impôt alors que le tiers état y voit la possibilité d'engager des réformes. Après l'annonce dans chaque paroisse de leur convocation pour le printemps suivant commence la rédaction par le peuple au sein de chaque ordre de **cahiers**

DÉFINITION

États généraux : assemblée de représentants des trois ordres du royaume, chargée de conseiller le roi dans les périodes de crise et pouvant voter l'adoption de nouveaux impôts.

de doléances ainsi que la désignation de **députés** pour les représenter. Tous montrent leur mécontentement mais on remercie le roi de consulter son peuple.

- Le **5 mai 1789**, c'est l'ouverture officielle à Versailles mais des points de blocage apparaissent rapidement. Le tiers état voudrait que le vote ait lieu par tête ce qui lui permettrait d'unir ses voix à quelques députés du bas-clergé et de la noblesse libérale. Mais le roi veut que le vote se fasse par ordre, le tiers état se retrouverait alors à deux contre un.

- Louis XVI s'oppose aussi à ce que les délibérations aient lieu en commun : chaque ordre doit siéger dans sa salle. Enfin, il refuse toute discussion sur les réformes. Les députés du tiers état refusent et finissent, le 17 juin, par se proclamer **Assemblée nationale** au motif qu'ils représentent l'ensemble de la Nation. Le roi ayant fermé les portes pour les disperser, ils se réunissent le 20 juin dans la salle du jeu de paume, et y sont rejoints par quelques députés du clergé. Ils prêtent alors serment de ne pas se séparer avant d'avoir donné une **constitution** à la France. Louis XVI finit par céder et, le 9 juillet, les députés des trois ordres réunis deviennent **Assemblée nationale constituante** : c'est la fin de la monarchie absolue de droit divin, la révolution est en route.

- Le roi tente de réagir : il renvoie son ministre et fait converger des troupes vers Paris. Inquiète, la population parisienne prend les armes le **14 juillet**, monte à l'assaut de la **Bastille** pour s'emparer des réserves de poudre. La prise de la forteresse royale est aussi le symbole de la victoire sur l'absolutisme. Dans ce contexte naît une milice bourgeoise parisienne, la **garde nationale**, qui vise à défendre la Révolution et à préserver l'ordre. L'agitation se propage aux campagnes : des rumeurs font état de bandes de brigands s'attaquant aux récoltes. Inquiets, les paysans s'arment et pillent les châteaux, c'est l'épisode de la **Grande Peur**.

- À Versailles, ces nouvelles poussent les députés de la noblesse à proposer l'**abolition des privilèges** dans la nuit du **4 août**. Le 26 août, les députés adoptent la **Déclaration des droits de l'Homme et du citoyen**, c'est la fin de la société d'Ancien Régime.

C. Une France nouvelle ?

• Louis XVI refuse ces changements profonds et ne ratifie pas les décisions prises par l'Assemblée nationale constituante. Les **5 et 6 octobre** 1789, une foule de femmes réclamant du pain, venue de Paris, envahit Versailles et oblige le roi à signer et la famille royale à s'installer dans la capitale. Le roi se retrouve prisonnier du peuple parisien qui devient un acteur politique incontournable.

Le cortège des Parisiennes révoltées, estampe de 1789.

• La Révolution permet l'émergence de la parole politique, la **liberté d'expression** étant dorénavant possible, on voit surgir de nombreux **journaux** dans les villes ainsi que des **clubs** où les idées politiques sont débattues. Certains deviennent rapidement célèbres comme le club des Cordeliers ou le club des Jacobins (noms des couvents dans lesquels se font les réunions). L'Assemblée nationale n'est pas le seul lieu du débat politique. Toutes les catégories sociales y prennent part dont ceux qui se font connaître sous le nom de sans-culottes. On voit aussi se créer des clubs politiques féminins.

• Les **réformes** effectuées par l'Assemblée nationale constituante sont nombreuses : nationalisation des biens du clergé, création des départements et des communes, nouveaux impôts. Elle élabore aussi les règles d'un régime politique nouveau pour la France dans lequel figure la séparation des pouvoirs : une **monarchie constitutionnelle**. Le roi y est le chef de l'exécutif et possède un droit de veto suspensif sur les lois (droit de s'y opposer) votées par l'assemblée.

DÉFINITION

Sans-culottes : nom donné aux révolutionnaires parisiens issus des catégories populaires. Ils portent le pantalon et non la culotte comme les nobles, d'où leur nom.

• Pour la première fois, un véritable processus électoral existe mais les élites créent un droit de vote limité à une partie seulement de la population. Les femmes en sont exclues ainsi que les hommes les plus pauvres. C'est un suffrage censitaire.

• Louis XVI semble accepter ce nouveau régime mais utilise son droit de veto pour bloquer certaines réformes, entraînant du même coup la méfiance d'une partie de la population et des députés. La fête de la Fédération le 14 juillet 1790 ne montre qu'une unité de façade.

DÉFINITION

Suffrage censitaire : signifie qu'il faut s'acquitter d'un cens, ou impôt, d'un minimum de 2 livres pour être électeur. Ne peuvent également se présenter que ceux qui paient un impôt supérieur à 7 livres.

2 La fin du compromis

A. Une triple fracture

• Au cours de l'année 1791, on voit émerger une triple fracture dans la nation française. En novembre 1790, les députés avaient décidé que le clergé devenait fonctionnaire et prêtait serment à l'État. Or, en mars 1791, le pape s'oppose officiellement à cette décision : on assiste alors à une fracture au sein de l'**Église française** entre prêtres jureurs et prêtres réfractaires, c'est-à-dire ceux qui obéissent au pape. Cela se traduit aussi par une **fracture géographique**, les départements de l'Ouest s'opposent massivement à la réforme religieuse.

• En juin 1791, Louis XVI et sa famille tentent de fuir le royaume : ils sont arrêtés avant la frontière et ramenés à Paris dans une atmosphère très hostile. Pour sauver la monarchie constitutionnelle, des députés modérés font croire à un enlèvement mais le **divorce avec la Nation** est consommé. La constitution nouvelle est proclamée officiellement le 13 septembre 1791.

- Suite à la tentative de fuite du roi, les partisans d'une République lancent des manifestations en sa faveur. Ainsi, à l'initiative du club des Cordeliers et de personnalités comme Marat, des Parisiens se rassemblent sur le champ de Mars pour réclamer la République. La Garde nationale tire sur la foule : on assiste à une **scission entre révolutionnaires**.

B. 1792 ou la fin de la monarchie constitutionnelle

- Au printemps 1792, le roi et une majorité de députés sont d'accord pour lancer une **guerre contre l'Autriche** même si leurs motivations sont différentes : Louis XVI espère secrètement que les armées révolutionnaires seront battues et qu'il pourra ainsi rétablir la monarchie absolue. Les députés veulent quant à eux propager les idéaux révolutionnaires en Europe. Mais les premiers combats tournent au désastre pour l'armée française privée d'environs 9 000 officiers nobles qui ont préféré émigrer vers les États allemands ou l'Angleterre. De plus, la Prusse s'est jointe à l'Autriche, inquiète de la propagation possible de la Révolution en Europe. L'appel aux volontaires est lancé.

- La foule parisienne est de plus en plus hostile à Louis XVI, suspecté de jouer double-jeu. Le manifeste du duc de Brunswick, chef de l'armée prussienne, qui menace les parisiens de représailles s'ils touchent au roi met le feu aux poudres. Le **10 août 1792**, des sans-culottes et des volontaires montés à la capitale pour renforcer l'armée attaquent le château des Tuileries où réside la famille royale depuis son retour de Versailles. Celle-ci se réfugie alors à l'Assemblée législative toute proche mais la pression populaire est trop forte : Louis XVI et ses proches sont emprisonnés. C'est la fin de la monarchie constitutionnelle.

REMARQUE

C'est à l'occasion de cet appel aux volontaires pour défendre la Révolution qu'un chant de guerre se diffuse dans l'armée et deviendra célèbre sous le nom de « Marseillaise ».

• À la suite de l'annonce de la première victoire de l'armée française à Valmy, le 20 septembre 1792, la **République** est proclamée à Paris. Une nouvelle assemblée, la **Convention** est élue et le suffrage universel masculin est mis en place.

3 Une Révolution à la recherche d'un régime politique stable

A. République et Terreur

• La République naît dans un climat difficile : la guerre avec la Prusse et l'Autriche n'est pas finie et des contestations internes à la Révolution progressent. La pression populaire parisienne violente (massacres dans les prisons en septembre 1192) est aussi forte sur les députés. C'est dans ce contexte que l'assemblée fait le **procès de Louis XVI** et le condamne à mort. Son exécution, le 21 janvier 1793, entraîne une coalition des pays européens contre la France. Paris décrète une nouvelle **levée en masse** de 300 000 hommes.

• Tout cela favorise la révolte d'une partie de la population du grand Ouest et marque le début de ce qu'on a appelé les **guerres de Vendée**. Une atmosphère de guerre civile est présente sur le territoire.

• À partir de juin 1793, une partie des députés de la Convention, les Montagnards, jouent de leur influence sur la direction du pays. Avec **Robespierre** à leur tête, ils mettent en avant l'idée d'égalité. Un **comité de Salut public** constitue le pouvoir exécutif. Face aux menaces, la **Terreur** est proclamée à partir de septembre 1793 : les libertés sont suspendues et les arrestations et condamnations sont nombreuses même parmi les députés.

DÉFINITION

Montagnards : députés nommés ainsi car ils se tiennent en haut de l'assemblée.

B Un pays toujours divisé

• Les réussites militaires (victoire de Fleurus en 1794) rendent de plus en plus inutiles une telle violence : Robespierre et ses partisans sont renversés et guillotinés en juillet 1794. La Terreur aura fait 17 000 victimes.

• Les vainqueurs de Robespierre mettent en place un nouveau régime politique, le **Directoire**, officiel en 1795. Le pouvoir politique est à nouveau entre les mains des plus riches : on retourne à un **suffrage censitaire**, seulement 30 000 électeurs peuvent voter pour élire les membres du corps législatif. Mais ces politiques ont aussi peur de voir le pouvoir confisqué par quelques-uns, comme sous la Terreur : ils multiplient donc les instances en créant plusieurs assemblées possédant le pouvoir législatif et 5 directeurs élus pour 5 ans se partagent désormais le pouvoir exécutif.

• Le Directoire est, lui aussi, confronté à des oppositions. En 1796, il abat la **conjuration des égaux** qui voulait établir une République égalitaire. On assiste aussi à une progression des royalistes.

C. Le rôle de Napoléon Bonaparte ou comment finir la Révolution

• Le Directoire doit souvent faire appel à l'armée pour maintenir l'ordre sur le territoire. Le général **Napoléon Bonaparte** devient un soutien indispensable. Un des cinq directeurs, Sieyès, voulant imposer un exécutif plus fort, lance un **coup d'État** avec lui, le **18 brumaire 1799**.

• Le Directoire est alors remplacé par le **Consulat**, Bonaparte en devient le premier consul. Il cumule le pouvoir exécutif et une partie du pouvoir législatif. Il fait approuver son coup d'État par un plébiscite. En 1804, Bonaparte met ensuite en place un **Empire** héréditaire et devient **Napoléon Ier**.

• On considère que Napoléon a mis fin à la Révolution française. La participation active de la Nation à la vie politique disparaît ainsi que, progressivement, la liberté d'expression, de la presse et l'idée de République. Par contre, il maintient le suffrage universel masculin même s'il n'est plus guère utilisé que pour les plébiscites. La société d'Ancien régime a disparu : l'égalité devant la loi est confirmée par la rédaction du Code civil.

DÉFINITION

Code civil : recueil de lois qui régissent la vie des Français (au niveau familial par exemple) et qui existe encore aujourd'hui.

Rédiger une composition

CONSEILS

- Pensez à l'**orthographe**. Laissez-vous du temps à la fin pour vous **relire** et ne pas perdre inutilement des points précieux.
- Soignez l'écriture et la **présentation**, c'est un devoir long aussi pour le correcteur.
- Faites attention au **style**, ne cherchez pas à faire des phrases complexes au risque d'être confus.

Question

Rédigez une composition sur le sujet suivant : « La France à la veille de la Révolution ».

POINT MÉTHODE

✓ *L'introduction a été travaillée au brouillon, par contre, le reste du devoir doit être écrit directement au propre ! Vous n'avez pas le temps de tout faire au brouillon.*

✓ *Chaque partie doit être organisée ainsi : la première phrase annonce l'idée générale. Ensuite, vous créez des paragraphes dont chacun correspond à un argument avec ses exemples en lien avec votre idée générale.*

✓ *À la fin de chaque partie, une phrase permet de faire le bilan et la transition avec la partie suivante.*

✓ *Le correcteur doit pouvoir visualiser l'organisation de votre composition. La présentation doit être aérée : commencer la rédaction de l'introduction et de la conclusion à deux carreaux de la marge, passer trois lignes entre l'introduction et le développement puis entre le développement et la conclusion. Sauter deux lignes entre chaque partie. Commencer chaque partie un peu décalée de la marge.*

✓ *Si c'est une composition de géographie, vous pouvez intégrer des schémas dans le développement pour étayer votre démonstration. Ce n'est pas obligatoire mais valorisé dans l'évaluation.*

Proposition de corrigé

Introduction et annonce de la problématique

À la veille de la Révolution, dans les années 1780, la France est une grande puissance européenne. Rayonnante sur le plan culturel et le monde des idées par la philosophie des Lumières, elle a mis sa puissance financière et militaire au service de la Révolution américaine. Pourtant, des bouleversements vont secouer le pays à partir de 1789 : peut-on trouver des signes avant-coureurs dans la société française des années 1780 ? Car la France doit faire face à la montée de contestations, à des difficultés économiques et financières : la société est en attente de réformes.

Développement d'une partie composée de plusieurs paragraphes

Le XVIIIe siècle a vu de nouvelles idées se propager parmi les élites et les penseurs français. La philosophie des Lumières met en avant l'idée de liberté et de tolérance, de raison. Ces idées se diffusent dans des salons mondains, les académies mais aussi dans des lieux nouveaux : les cafés, les loges maçonniques. Les livres sont un vecteur incontournable : ainsi Diderot et d'Alembert qui rédigent et font publier *L'Encyclopédie* malgré la censure. Montesquieu ou Rousseau écrivent quant à eux sur le pouvoir politique.

> **REMARQUE**
> *Pensez à revenir à la ligne entre chaque paragraphe.*

La monarchie parlementaire anglaise apparaît pour certains comme un modèle à suivre. Par exemple, Voltaire, exilé en Angleterre, prend fait et cause pour ce régime politique. Depuis le XVIIe siècle, les libertés individuelles y sont protégées par l'*Habeas corpus*, et le *Bill of rights* précise les droits du Parlement et limite le pouvoir du roi.

Ces idées des Lumières ont aussi été confortées par l'exemple de la Révolution américaine. La proclamation d'indépendance des 13 colonies britanniques en Amérique du Nord en 1776 a un certain retentissement en France. Benjamin Franklin contribue à diffuser l'idéal américain de république fédérale à Paris et certains nobles libéraux comme Lafayette partent se battre à leurs côtés.

Transition vers la partie suivante

Ainsi, d'autres modèles politiques agitent la société française des années 1780 et se diffusent malgré la censure royale parmi des philosophes, des écrivains, des scientifiques mais aussi des bourgeois et certains nobles. À cette contestation idéologique s'ajoutent des difficultés économiques.

TESTEZ VOS CONNAISSANCES

CORRIGÉ p. 125

1. Que sont les États généraux ?

☐ **a.** La direction d'une circonscription administrative.
☐ **b.** Une assemblée électorale qui vote les lois.
☐ **c.** Une réunion de représentants du roi pour le conseiller en période de crise.

2. Que désignent les cahiers de doléance ?

☐ **a.** La rédaction des plaintes des paysans français.
☐ **b.** La rédaction de demandes de réformes de la bourgeoisie.
☐ **c.** La rédaction d'une demande de maintien des privilèges de la part des nobles.

3. Qu'est-ce que le suffrage censitaire ?

☐ **a.** Un mode de gouvernement révolutionnaire.
☐ **b.** Un mode électoral qui permet à tous les adultes de voter.
☐ **c.** Un mode électoral qui limite le droit de vote à ceux qui paient un certain niveau d'impôt.

4. Qu'est-ce que le Directoire ?

☐ **a.** Un régime politique dans lequel le pouvoir exécutif est partagé entre plusieurs directeurs.
☐ **b.** Un régime politique dans lequel la direction du pouvoir est entre les mains d'un seul homme.
☐ **c.** Le nom du Parlement sous la monarchie constitutionnelle.

5. Qu'est-ce qu'une monarchie constitutionnelle ?

☐ **a.** Une monarchie dans laquelle le roi a tous les pouvoirs.
☐ **b.** Une monarchie dans laquelle les pouvoirs sont partagés.
☐ **c.** Un système politique républicain.

6. Que constituent les privilèges ?

☐ **a.** Des interdictions qui concernent une minorité de la population.
☐ **b.** Des droits qui sont accordés par la loi à toute la population.
☐ **c.** Des avantages accordés à une partie de la population.

7. À quoi servent les clubs ?

☐ **a.** Des lieux d'entraînement de la Garde nationale.
☐ **b.** Des lieux de discussion politique.
☐ **c.** Des lieux d'entraide mutuelle.

ENTRAÎNEZ-VOUS

CORRIGÉ p. 125

1 *Analyser un texte*

●●○ 45 min

Voyage d'un Anglais en France

« 17 octobre 1787

Dîné aujourd'hui avec une société, dont la conversation fut entièrement politique. [...] Une opinion prévalait dans tout le cercle, c'est qu'on était à l'aurore d'une grande révolution dans le gouvernement ; que tout le montre : la grande confusion dans les finances, avec un déficit impossible à combler sans les États généraux du royaume ; aucune idée sur ce que pourrait être le résultat de leur assemblée ; aucun ministre, personne au pouvoir ou hors du gouvernement qui ait des talents assez marqués pour trouver d'autres remèdes que des palliatifs ; sur le trône, un prince animé d'excellentes intentions mais n'ayant pas des ressources d'intelligence suffisantes pour gouverner en un tel moment sans ministres ; une Cour ensevelie dans le plaisir et la dissipation, et aggravant la détresse, au lieu de se dévouer à rechercher une situation plus indépendante ; une grande fermentation dans tous les rangs de la société, désireuse de changement, sans savoir que chercher ou que désirer ; un grand levain de liberté, croissant à chaque heure depuis la Révolution américaine ; le tout forme une combinaison de circonstances qui annoncent une grande fermentation et agitation, si quelque homme supérieur, de très grand talent et d'un inflexible courage, ne se trouve pas au gouvernail pour guider les événements, au lieu d'être emporté par eux. »

Arthur **Young**, « Voyages en France, 1787-1788-1789 », Journal de voyages.

QUESTIONS

A. Présentez le document.

B. Dites en quoi ce texte est visionnaire des premiers événements de la Révolution française.

2 *Rédiger une composition*

●○○ 60 min

Sujet : « Le roi et les Français (années 1780-1793). »

Corrigés de *TESTEZ VOS CONNAISSANCES*

1. c. Les États généraux sont une réunion de représentants du royaume constitués des trois ordres (noblesse, clergé, tiers état).

2. a, b et c. Chaque ordre a rédigé ses cahiers de doléances dans lesquels figurent leurs revendications.

3. c. Le suffrage censitaire restreint le droit de vote : il est réservé aux plus riches.

4. a. Créé en 1795, le Directoire est un régime politique qui arrive après le Terreur. Il est composé d'un exécutif collégial : 5 directeurs se partagent le pouvoir.

5. b. La monarchie constitutionnelle fonctionne selon le système du partage des pouvoirs.

6. c. Sous l'Ancien Régime, la noblesse et le clergé bénéficient de privilèges, c'est-à-dire d'avantages : ils sont par exemple exemptés d'impôts.

7. b. Lieux de discussion politique, les clubs naissent dès l'été 1789.

Corrigés de *ENTRAÎNEZ-VOUS*

1 *Analyser un texte*

A. À l'occasion d'une série de voyages en France entre 1787 et 1789, Arthur Young, un citoyen anglo-saxon, tient son journal intime. À la date du 17 octobre 1787, il rapporte des propos entendus lors d'un dîner. C'est l'occasion pour lui de faire le point sur la situation politique, économique et sociale d'un royaume de France qui connaît une montée de la contestation.

B. La France des années 1780 voit se diffuser les idées de liberté (« un grand levain de liberté » : il faut y voir l'influence de la philosophie des Lumières et celle de la Révolution américaine. L'agitation est aussi sociale (« grande fermentation dans tous les rangs de la société ») : le refus de la société d'ordres est de plus en plus manifeste, la bourgeoisie domine le monde économique et aspire à jouer un rôle politique plus fort. La mauvaise image de la Cour est aussi présente : « Cour ensevelie dans le plaisir et la dissipation ». Les problèmes relevés sont aussi d'ordres économique et financier (« grande confusion dans les finances avec un déficit impossible à combler sans les États généraux du royaume »). En effet, le remboursement de la dette, causée en grande partie par la guerre d'indépendance des colonies britanniques, grève une large partie des dépenses. Les politiques n'arrivent pas à imposer au roi et à la noblesse une réforme du système fiscal. La convocation des États généraux apparaît, déjà en 1787, la seule solution possible pour s'en sortir.

2 Rédiger une composition

REMARQUE

Seule une proposition de plan détaillé vous est proposée ici. Sur votre copie les noms des titres ne devront pas apparaître.

Problématique : Comment évolue la relation entre le roi et sa population entre les années 1780 et 1793 ?

1. Du bon peuple au roi-citoyen

A. Le roi et ses sujets

– La France est une monarchie de droit divin ; les Français sont les sujets du roi.

– Mais on assiste à la montée d'une contestation politique : des revendications se font jour pour l'élaboration d'une monarchie constitutionnelle.

B. Une population satisfaite des États généraux et des cahiers de doléance

– Face aux problèmes économiques, la convocation des États généraux est vue de manière positive : le roi semble à l'écoute de sa population.

C. Vers le roi-citoyen (1789-1790)

– Le roi est dépassé par les événements de l'été 1789, il est soumis à la pression populaire : les événements d'octobre 1789 provoquent sa prise au piège dans Paris.

– La fête de la Fédération, censée symboliser l'union de la Nation, n'est en réalité qu'une union de façade.

2. Le divorce avec la Nation

A. La montée des tensions et la chute (1791)

– Obligé d'accepter la monarchie constitutionnelle, Louis XVI refuse de signer certaines lois.

– La méfiance s'installe chez une partie de la population, comme en témoignent de nombreuses caricatures de plus en plus insultantes.

– Le roi tente de fuir vers le Nord pour rejoindre les émigrés. Son arrestation à Varennes signe son divorce avec la Nation.

B. Une population divisée (1792-1793)

– L'accord sur la guerre contre l'Autriche se fait pour des raisons différentes selon les acteurs (roi, peuple, assemblées).

– Le manifeste de Brunswick est vu par les sans-culottes comme la trahison du roi et mène à l'invasion des Tuileries. La pression du peuple parisien entraîne l'arrestation de la famille royale.

– La proclamation de la République et le procès de Louis XVI ne suscitent pas l'unanimité parmi la population française : son exécution est une des causes de la guerre civile.

Libertés et nations en France et en Europe dans la première moitié du XIXe siècle

POUR DÉMARRER

- La Révolution française a diffusé les **idées de liberté** en France (Déclaration des droits de l'Homme et du citoyen) mais aussi en Europe à partir de 1792 : abolition des privilèges, adoption du Code civil dans plusieurs pays.
- Mais l'Empire napoléonien et ses exactions suscitent le rejet et favorisent **l'émergence des nationalismes** sur lesquels les souverains russe, autrichien ou prussien s'appuient pour mobiliser leurs populations dans l'effort de guerre à partir de 1813, mais en rejetant toute idée de participation des peuples au pouvoir.
- Les **défaites militaires** de Napoléon Ier en 1814 puis en 1815 sonnent la fin des acquis révolutionnaires en Europe et le début de **la Restauration** (monarchie de 1814 à 1830) en France.

1 Révolution française et retour à un ordre ancien

A. L'Europe du Congrès de Vienne

• Après la défaite de **Napoléon Ier** à Waterloo, la coalition européenne victorieuse, réunie lors du **Congrès de Vienne** de **1815**, élabore les bases d'une nouvelle Europe Les objectifs sont pluriels : il s'agit d'éviter à nouveau l'hégémonie d'une puissance européenne, de créer un nouvel équilibre entre les grands États, et de garantir une stabilité politique évitant le retour de révolutions.

• Les dirigeants n'ont aucune préoccupation nationale en tête : les Belges sont rattachés au royaume des Pays-Bas, la Pologne disparaît, l'unité allemande n'est plus à l'ordre du jour.

REMARQUE

En 1815, le peuple allemand est réparti en plusieurs États mais un sentiment national émerge.

• En septembre 1815, la Russie, l'Autriche et la Prusse signent un accord pour lutter contre toute tentative révolutionnaire : la **Sainte-Alliance**.

B. La France de la Restauration et de la monarchie de Juillet

• Le retour de la dynastie des Bourbons au pouvoir ne signifie pas pour autant le retour à l'ancien régime. **Louis XVIII** est conscient qu'il ne peut supprimer tous les acquis révolutionnaires qui constituent le libéralisme politique. Il accorde une **Charte** qui en fait un souverain constitutionnel ; le principe d'égalité devant la Loi est maintenu de même que la liberté religieuse.

• L'arrivée au pouvoir de son frère, **Charles X**, marque la volonté des **réactionnaires** d'un retour à une monarchie absolue. Mais la tentative de Charles X de limiter la liberté de la presse et de changer le mode d'élection est un échec. Son rejet brutal par les Français aboutit à la Révolution de 1830 (« les trois Glorieuses » des 27, 28 et 29 juillet) et donne naissance à la monarchie de Juillet. Ce sont des événements qui inspireront Delacroix pour la réalisation de sa célèbre toile.

La liberté guidant le peuple (1830)

• Le roi nouvellement porté sur le trône, Louis-Philippe, garantit alors le maintien d'une monarchie constitutionnelle au suffrage censitaire élargi, soutenue par une France bourgeoise et propriétaire. Il n'est pas roi de France mais des Français, adopte le drapeau tricolore et rétablit la liberté de la presse. Mais, dans les années 1830, les idées républicaines se diffusent à nouveau, et un courant d'inspiration socialiste, lié à la Révolution industrielle, apparaît.

DÉFINITION

Socialisme : courant d'idées qui prône l'amélioration du sort des ouvriers par l'extension du droit de vote ou la révolution et moins d'inégalités entre les classes sociales voir la suppression de la propriété privée.

C. La persistance des idées nationales et libérales

• Malgré les répressions, parfois sanglantes, organisées par les monarchies, les idées nationalistes et libérales restent d'actualité dans les années 1820-1830 et se diffusent en Europe. Elles sont soutenues par des artistes (le peintre Delacroix, Chopin) et des écrivains (Victor Hugo) représentatifs du **courant** romantique.

DÉFINITION

Romantisme : mouvement artistique et littéraire de la première moitié du XIXe siècle centré sur les sentiments de l'individu et ses réactions face à la nature.

• Des hommes continuent à lutter pour une Italie unie et démocratique d'abord avec le mouvement des **carbonari** (sociétés secrètes qui luttent pour l'unité italienne et plus de libertés) dans les années 1820, puis celui de **la jeune Italie** (mouvement créé par Giuseppe Mazzini pour l'unité italienne).

• Cependant, la révolution française de 1830 sert d'exemple en Europe : on assiste alors au même moment à des insurrections en Belgique, en Pologne contre le pouvoir russe, dans les États italiens contre l'occupant autrichien. Mais seuls les **Belges** réussissent à obtenir leur **indépendance**. Les **Grecs**, en lutte contre l'empire ottoman depuis 1821, finissent par gagner leur indépendance grâce au soutien militaire de certains pays européens. Les États allemands se regroupent dans une union douanière autour du royaume de Prusse.

2 Une Europe en effervescence : le printemps des peuples

A. Février 1848 ou le foyer parisien

• Les difficultés s'accumulent pour la monarchie de Juillet à la fin des années 1840. Louis-Philippe refuse toute évolution vers le suffrage universel alors que la société française évolue. Il fait face à une agitation sociale, à une crise économique, à la conjonction des oppositions républicaine et conservatrice.

• En quelques jours, **la révolution** met fin à la monarchie parlementaire (**22-24 février 1848**). La France adopte alors un **régime politique républicain** (la IIe République) et **le suffrage universel masculin**.

B. La contagion française

• La révolution de 1848 trouve des échos dans de nombreux pays européens alors qu'une grave crise économique et sociale frappe le vieux continent : c'est **le printemps des peuples**. Le **principe des nationalités** remet en cause l'équilibre de 1815. Le mouvement libéral entraîne la fuite du chancelier autrichien Metternich. L'**empire autrichien** est aussi affecté par l'agitation tchèque, les révoltes des Polonais et des Hongrois. Les libéraux s'imposent dans tous les gouvernements des petits **États allemands** et appellent à la réunion d'une Assemblée nationale constituante à Francfort. Le roi du Piémont cherche à faire l'**unité de l'Italie** et rentre en lutte contre les Autrichiens.

C. Un retour à l'ordre

• En France, la République sociale est éphémère, les conservateurs retrouvent rapidement leur influence. En juin 1848, les ouvriers parisiens révoltés sont écrasés par l'armée. **Louis-Napoléon Bonaparte** est élu Président de la République. Quand, en 1851, il fait un **coup d'État** pour rester au pouvoir, la majeure partie de la population ne se soulève pas pour sauver une République jugée conservatrice. Il conserve le suffrage universel mais établit un pouvoir autoritaire.

• Dans le reste de l'Europe, les monarchies finissent par reprendre le pouvoir en utilisant la force notamment en Autriche. Les Hongrois sont ainsi écrasés avec l'aide de la Russie. Les divisions entre nationalités et la crainte des révolutions sociales parmi les élites favorisent les réactions. L'échec de l'assemblée de Francfort, qui était la première assemblée nationale allemande élue, en est un exemple. Le roi du Piémont est battu par les Autrichiens. Mais certains États obtiennent tout de même des constitutions d'inspiration libérale.

DÉFINITION

Réaction : volonté d'un retour à l'ordre ancien.

3 La fin difficile de l'esclavage et de la traite

A. Les premières avancées

• Le XVIIIe siècle avait vu s'épanouir la traite négrière et le commerce triangulaire au profit de l'économie de plantation américaine, de la Grande-Bretagne et des littoraux français (prospérité des ports de Nantes et Bordeaux). La philosophie des Lumières (Montesquieu, Voltaire) avait déjà remis en cause l'idée de l'esclavage et des associations abolitionnistes avaient vu le jour en France et en Grande-Bretagne. Pourtant les révolutionnaires, à l'exception de l'abbé Grégoire, se préoccupent peu du sujet. Ce n'est qu'en **1794** que la **Convention** avait aboli l'esclavage suite à la révolte des esclaves de Saint-Domingue.

DÉFINITION

Associations abolitionnistes : associations qui militent pour l'abolition de la traite négrière et de l'esclavage.

B. Le rôle moteur de la Grande-Bretagne

• Mais les acquis de la Révolution française sont illusoires : dès 1802, Napoléon rétablit l'esclavage dans les colonies françaises sous la pression des planteurs des Antilles.

• L'initiative vient dorénavant de la **Grande-Bretagne** : les abolitionnistes réussissent à influencer le pouvoir politique qui **décide de l'abolition de la traite en 1807**. Pour eux, l'esclavage et la traite sont en contradiction avec l'essor des idées libérales qui ont marqué le pays depuis le XVIIe siècle. Ils considèrent aussi ce système de travail

DÉFINITION

Libéralisme économique : volonté de développer l'économie par la libre entreprise, la liberté de circulation et la non-intervention dans les rapports sociaux.

comme peu rentable et un frein au libéralisme économique.

- Des navires britanniques luttent contre ce commerce le long des côtes africaines. La sortie anglaise de l'esclavage se fait alors par palier avec l'interdiction de la traite en 1807 et celle de l'esclavage en 1833.

- En **France**, les abolitionnistes se font de plus en plus entendre dans la société, notamment par l'intermédiaire d'écrivains comme Victor Hugo ou Prosper Mérimée. Mais il faut attendre la **révolution de 1848** pour que l'esclavage soit définitivement aboli par l'action de l'homme politique Victor Schoelcher.

C. Des limites

- Malgré l'exemple donné par la France et la Grande-Bretagne, plusieurs pays européens tardent à mettre fin à la **traite**. Celle-ci continue de manière **clandestine** entre l'Afrique et le Brésil, lequel n'abolit l'esclavage qu'en 1888. Les Pays-Bas et l'Espagne, eux aussi, abolissent l'esclavage après 1850. Aux États-Unis, il constitue un motif de division durable entre le Nord et le Sud avant d'entraîner une guerre civile : la guerre de Sécession (1862-1865). Le président Lincoln y met fin en 1863.

- Enfin, si la traite négrière n'existe plus sur la côte atlantique, elle ne disparaît pas du continent africain. En effet, le **trafic d'esclaves** mené depuis le Moyen Âge vers le monde musulman et l'océan Indien persiste.

PIÈGES À ÉVITER

- Le libéralisme vise à obtenir plus de libertés politiques dans la société (presse, expression, réunion, religion) ainsi qu'une Constitution (un partage du pouvoir entre exécutif et législatif) alors que le nationalisme a pour but de réaliser l'unité d'un peuple dans un État indépendant. Certains mouvements furent à la fois libéraux et nationaux (l'Italie).

- La traite négrière est le commerce des esclaves alors que le commerce triangulaire est un ensemble d'échanges commerciaux entre l'Europe, l'Afrique et le continent américain.

Analyser une caricature

CONSEILS

- La caricature est un dessin souvent **humoristique** et sur lequel l'auteur prend partie : c'est un document toujours subjectif.
- Regardez attentivement tous les **détails du dessin**, l'auteur y intègre souvent des **indices** pour la compréhension du message qu'il veut faire passer.

Charles X et la Charte. Caricature, 1830, Musée Carnavalet, Paris.

CONSEIL

En plus du cours, faites des recherches complémentaires pour connaître quelles décisions prend Charles X en 1830.

Question

Observez puis expliquez le sens de ce dessin.

POINT MÉTHODE

- ✓ *Repérez la date et le contexte avec attention : la caricature est souvent liée à un événement précis.*
- ✓ *Repérez le sens général et ce qui paraît exagéré.*
- ✓ *Le dessin a-t-il pour but de faire rire ou de dénoncer une situation ?*
- ✓ *Cherchez le sens caché éventuel des objets représentés.*
- ✓ *Observez les vêtements des personnages : quelle fonction politique, quelle catégorie sociale sont illustrées ?*
- ✓ *Décryptez toutes les inscriptions : elles sont là pour vous aider à comprendre le sens du dessin.*

Proposition de corrigé

Le personnage de gauche est le roi de France sur le trône en 1830, Charles X. Il succède à son frère Louis XVIII en 1824, il est opposé au principe de la monarchie constitutionnelle et à la Charte que celui-ci a accordée en 1814 quand les Bourbons reviennent au pouvoir. Le deuxième personnage est une femme nue qui sort d'un puits et qui brandit un texte « Charte constitutionnelle, droits des Français, liberté de la presse ».

Le roi et la femme sont mis en scène comme dans le théâtre lyonnais de Guignol (rideau rouge), le roi ayant dans les bras le bâton de Guignol et s'apprêtant à battre la femme (symbolise la vérité, nue, sortant du puits). L'auteur a voulu dénoncer, ici, une décision de Charles X. En effet, en juillet 1830, celui-ci remet en cause les acquis de 1814 et suspend la liberté de la presse. C'est une des raisons qui déclenche la révolution de 1830.

TESTEZ VOS CONNAISSANCES

CORRIGÉ p. 138

1. Qu'est-ce que le libéralisme ?

- ☐ **a.** L'essor du commerce des esclaves.
- ☐ **b.** La liberté de la presse.
- ☐ **c.** La libre entreprise et la liberté de circulation des marchandises.

2. Qu'est-ce que les carbonari ?

- ☐ **a.** Une union douanière italienne.
- ☐ **b.** Des sociétés secrètes italiennes pour plus de libéralisme politique.
- ☐ **c.** Des sociétés secrètes italiennes pour réaliser l'unité italienne.

3. Qu'est-ce que la traite ?

- ☐ **a.** Un accord commercial dans le cadre du libéralisme.
- ☐ **b.** L'exportation de produits des plantations.
- ☐ **c.** Le commerce d'esclaves africains.

4. Qu'est-ce que la Restauration ?

- ☐ **a.** Le retour au pouvoir de Napoléon Bonaparte.
- ☐ **b.** La monarchie des Bourbons.
- ☐ **c.** La monarchie orléaniste.

5. Qu'est-ce que le nationalisme ?

- ☐ **a.** La volonté de réaliser l'unité d'un peuple.
- ☐ **b.** Le refus de réaliser des États-nations.
- ☐ **c.** La volonté de rassembler plusieurs nations dans un État.

6. Qu'est-ce que le socialisme ?

- ☐ **a.** Un courant d'idées qui prône le retour à la société d'Ancien Régime.
- ☐ **b.** Un courant d'idées soutenant la libre concurrence.
- ☐ **c.** Un courant d'idées prônant la défense de la classe ouvrière, la fin de la propriété privée.

7. Qu'a décidé le Congrès de Vienne ?

- ☐ **a.** Le retour aux anciennes monarchies.
- ☐ **b.** Le retour de Napoléon Bonaparte sur le trône.
- ☐ **c.** Le refus des revendications nationales.

ENTRAÎNEZ-VOUS

CORRIGÉ p. 138

1 *Analyser une caricature*

30 min

« Citoyenne allant représenter son mari à la Chambre, pendant que son mari la représente à la cuisine », dessin satirique publié dans *L'Illustration*, 24 avril 1849.

QUESTIONS

A. Présentez le document.

B. Cette caricature est-elle féministe ou anti-féministe ? Justifiez.

2 *Rédiger une composition*

●●● 2 h

QUESTION

Traitez le sujet de composition suivant :
« L'essor des idées de liberté en France de 1789 à 1851 ».

CONSEIL

Utilisez les chapitres 9 et 10 pour développer votre propos et trouver des exemples.

Corrigés de *TESTEZ VOS CONNAISSANCES*

1. b. et c. Le libéralisme fut politique et économique. Il tend, au XIXe siècle, à vouloir instaurer plus de droits politiques mais aussi à éviter toute entrave de l'État à la liberté commerciale. Le commerce des esclaves est par contre vu comme une atteinte à la liberté de l'individu.

2. b. et c. Ces sociétés secrètes italiennes ont voulu instaurer des monarchies constitutionnelles et réaliser l'unité politique du pays.

3. c. La traite négrière a été un commerce d'esclaves africains vendus sur le continent américain.

4. b. La Restauration marque la période pendant laquelle les Bourbons, la famille de Louis XVI, revient au pouvoir, c'est-à-dire ses deux frères, Louis XVIII puis Charles X.

5. a. Le nationalisme se développe en Europe au XIXe siècle dans des peuples divisés ou placés sous la domination d'un autre. Ce sentiment d'appartenance à une même culture ou une même histoire les pousse à vouloir se diriger seuls dans un État unifié.

6. c. Les différents socialismes du début du XIXe siècle veulent améliorer le sort de la classe ouvrière qui se développe dans la première révolution industrielle.

7. a. et c. Le Congrès de Vienne rétablit les souverains déposés par Napoléon Bonaparte et refuse d'entendre les revendications nationales et libérales.

Corrigés de *ENTRAÎNEZ-VOUS*

1 *Analyser une caricature*

A. Cette caricature est parue dans le journal « L'Illustration » (célèbre hebdomadaire de l'époque) de 1849. Son auteur se moque des revendications féministes quant à une participation à la vie politique alors que les hommes ont obtenu l'année précédente le droit de vote.

B. La critique transparaît à travers l'inversion des rôles : l'homme aux tâches ménagères (cuisine et garde du nourrisson), l'épouse prête à partir jouer le rôle de député à l'Assemblée nationale. Le dessin se veut humoristique à travers le costume du mari déguisé en femme et sa manière particulière de garder l'enfant. La femme est dotée des attributs masculins : cigare, épée, éperons, col de cravate.

Le but, ici, est de montrer que la participation des femmes à la vie politique est contre-nature. En effet, les mentalités du XIXe siècle ne sont pas prêtes à l'idée d'égalité entre les hommes et les femmes. Le Code civil napoléonien maintient l'épouse sous la domination de son mari et la société la confine aux tâches domestiques et à son rôle de mère. Quelques femmes, à l'instar de George Sand, refusent cette place à laquelle on les assigne et font scandale. Il faudra attendre 1944 pour que la Française accède au droit de vote et à la possibilité de participer à la représentation nationale.

2 *Rédiger une composition*

Introduction et annonce de la problématique

La liberté apparaît comme un des grands thèmes du début de la Révolution. Mais celle-ci est difficilement mise en œuvre dans un contexte de lutte. Les différents régimes politiques qui se succèdent n'ont pas le même rapport avec les idées de liberté. Comment celles-ci s'imposent-elles progressivement ?

1. Les acquis révolutionnaires (1789-1799)

A. L'année 1789, une année clé dans l'obtention des libertés

Mots-clés Fin des privilèges, principe d'égalité entre citoyens (Déclaration des droits de l'Homme et du citoyen), liberté religieuse et d'expression.

B. Des libertés menacées au nom de la défense de la révolution

Mots-clés Arrestations arbitraires (loi des suspects), mise en place du comité de Salut public.

C. Une Révolution à la recherche d'un régime politique stable, entre suffrage censitaire et universel, dictature et souveraineté populaire

Mots-clés Refus du droit de vote pour tous dès 1789, représentativité universelle en 1792 mais jamais réellement appliquée, contexte de guerre civile, influence des sans-culottes.

2. L'Empire : « la révolution est terminée »

A. La préservation de nombreux acquis de la révolution

Mots-clés Liberté religieuse, principe du droit de vote et de la représentativité, Code civil étendu à une partie de l'Europe.

B. L'évolution rapide vers un pouvoir autoritaire et personnel

Mots-clés Fin de la liberté de la presse, concentration des pouvoirs, surveillance policière.

3. Une lente évolution vers plus de démocratie (1815-1851)

A. Restauration, entre réaction et compromis politique

Mots-clés Instauration de la Charte, puis Réaction (restriction de la liberté de la presse, opposition des députés libéraux).

B. Une lente reconquête par des épisodes révolutionnaires

Mots-clés Les trois Glorieuses, plus de libertés lentement étouffées, progression des idées républicaines, Révolution de 1848.

C. 1848, une république éphémère

Mots-clés Le retour du suffrage universel, une République sociale, abolition de l'esclavage, élections qui ramènent une République conservatrice, coup d'État du prince-président (fin des progrès démocratiques sauf suffrage universel).

Conclusion

La révolution de 1789 a établi l'idée de citoyens égaux en droit, le principe de la liberté religieuse, politique, d'expression. Mais, certains de ces droits ont été remis en cause et la conquête du suffrage universel s'est faite par à coups entre 1789 et 1848, les femmes sont toujours des personnes mineures et la liberté du choix du régime politique a été confisquée par le coup d'État de 1851. La conquête d'autres libertés ne se fera en France que progressivement.

Du développement au développement durable

POUR DÉMARRER

- Depuis le XIXe siècle, la planète connaît une accélération de sa population ainsi que de son développement économique et social. Elle abrite aujourd'hui près de **7 milliards d'habitants**.
- Mais les **inégalités** spatiales entre les hommes sont encore nombreuses alors que les prévisions démographiques annoncent plus de **9 milliards d'habitants en 2050**.

1 Un espace mondial au développement inégal

A. Des inégalités à l'échelle planétaire

• La planète connaît une **fracture Nord/Sud** du point de vue du développement. Les pays du Nord sont considérés comme des **pays développés**, c'est-à-dire des États dont le PIB (produit intérieur brut), le niveau de vie, l'IDH sont élevés (supérieur à 0,79). Mais on constate des différences au sein même de ce regroupement. L'Amérique du Nord, une large moitié Ouest de l'Union européenne (UE), le Japon, les Dragons d'Asie (Corée du Sud, Taïwan, Singapour), l'Australie, la Nouvelle-Zélande ont ainsi un IDH et un PIB supérieurs aux anciens satellites de l'URSS et à la Russie. Ces derniers accusent un retard de développement lié à la période communiste et à la transition difficile vers une économie libérale.

DÉFINITION

IDH : l'indice de développement humain intègre sur une échelle de 0 à 1, le RNB/hab, l'espérance de vie à la naissance et la durée moyenne de scolarisation. Il est un indicateur couramment utilisé pour mesurer le degré de développement d'un pays.

• Les pays du Sud sont aussi à des **stades de développement très différents**. Les **PMA** (les pays les moins avancés, classement créé par l'ONU), au nombre de 49, regroupent des États dont l'économie repose essentiellement sur des activités primaires (agriculture, extraction premières), qui sont peu industrialisés et qui souffrent souvent de guerres civiles ou de la corruption. Ils sont majoritairement situés en Afrique subsaharienne ; leur IDH est très faible (inférieur à 0,51).

• Une partie des pays du Sud connaît un **essor de développement** depuis les années 1980 : selon leur stade de développement, ils prennent le qualificatif de **pays émergent** (Brésil) ou de **pays intermédiaire** (Malaisie). Parmi eux, certains sont des géants démographiques comme la Chine, qui atteint les 1,3 milliard d'habitants, ou l'Inde (1,2 milliard). Ces États s'intègrent à la mondialisation et aux échanges ce qui est un des éléments clés de leur développement. Si le Brésil est un géant agricole, la Chine est par exemple considérée comme l'atelier du monde. Mais leur IDH est encore moyen et de **grandes inégalités spatiales** perdurent.

• Pays du Sud à part, les **États du Moyen-Orient** tirent leurs richesses de leurs réserves souterraines en hydrocarbures. Ils dégagent des revenus élevés et leur IDH est de 0,79, bien que cette richesse soit souvent **inégalement répartie** au sein de la population. Le réinvestissement de leurs revenus issus du pétrole et du gaz a néanmoins permis la construction d'infrastructures modernes et la diversification de leurs activités économiques, notamment pour des États comme Dubaï.

B. Des inégalités à d'autres échelles

DÉFINITION

PIB : Le produit intérieur brut est un indicateur économique utilisé pour mesurer la valeur totale de la production d'un pays.

• On constate aussi des **inégalités internes à chaque pays** et dans **chaque espace urbain**. Dans les pays du Nord, les Länder (régions) de la RFA ont des poids économiques contrastés. En Espagne, la Catalogne a un PIB supérieur à celui de l'Andalousie. Les pays du Sud connaissent aussi ces **déséquilibres spatiaux**. Ainsi, le Nordeste du Brésil souffre d'une insécurité alimentaire forte ce qui est moins le cas du Sudeste, beaucoup plus industrialisé. La population brésilienne connaît un des plus grands écarts de richesse au monde ! Autre exemple, la Chine littorale est un espace fortement intégré à la mondialisation avec une population de plus en plus urbaine alors que la Chine de l'intérieur reste majoritairement rurale.

• Les inégalités sont aussi marquées dans les **espaces urbains** de manière encore plus visible au Sud. Ainsi les mégapoles du Sud

Mumbai voient cohabiter **bidonvilles** et **quartiers résidentiels**. Alimentés par l'exode rural et la croissance démographique, ces quartiers pauvres manquent d'infrastructures pour l'assainissement, l'eau potable, les transports, l'énergie, la gestion des déchets. Dans les villes du Nord, la rénovation des centres-villes a tendance à rejeter les classes populaires vers la périphérie où l'on voit aussi émerger des quartiers fermés réservés à une catégorie sociale aisée.

2 Une population mondiale face à de nouveaux besoins

A. Une planète qui voit toujours sa population augmenter

• Depuis le début du XIXe siècle, la **croissance de la population mondiale** est forte : 1 milliard en 1800, 7 milliards en 2012. La projection pour 2050 dépasse les 9 milliards d'habitants. Cela s'explique par la **transition démographique** qui a touché les pays du Nord sur deux siècles puis les pays du Sud au XXe siècle. L'Asie (avec 1,5 enfant par femme en 2001 en Chine) et l'Amérique du Sud (2,1 enfants par femme en 2011) ont achevé cette transition alors que de nombreux pays d'Afrique subsaharienne connaissent encore une forte natalité (7 enfants par femme en 2011 au Niger). Ces chiffres laissent supposer que c'est le continent africain qui connaîtra la plus forte augmentation de population dans les décennies à venir.

• La population des pays du Sud est caractérisée par une **population jeune** : 33 % de celle d'Asie du Sud a moins de 15 ans pour 41 % en Afrique. À l'inverse, les pays du Nord souffrent d'un **vieillissement de leur population** : l'indice de fécondité ne permet plus le renouvellement des générations dans plusieurs pays (1,4 enfant par femme au Japon, en Allemagne, en Ukraine) et la part de la population jeune est assez faible (15 % de la population a moins de 15 ans en Russie ou aux Pays-Bas). La hausse démographique n'est maintenue dans certains États que par les **flux migratoires** issus des pays du Sud.

DÉFINITION

Renouvellement des générations : il est assuré lorsque l'indice de fécondité, c'est-à-dire le nombre d'enfants par femme en âge de procréer, atteint 2,1 enfants par femme, soit le nombre suffisant pour que la génération suivante soit aussi nombreuse que la précédente.

B. Assurer des besoins vitaux

• Le développement des pays du Sud au XXe siècle a fait **progresser le niveau de vie** d'une partie des habitants mais tous ne peuvent toujours pas **satisfaire certains besoins vitaux**. Ainsi environ 1 milliard de personnes n'a ni eau potable ni alimentation suffisante.

• C'est pourquoi l'ONU a lancé en 2000 « les **objectifs du millénaire** ». Au nombre de huit, ils visent à réduire essentiellement la faim et l'extrême pauvreté, à assurer une éducation primaire pour tous, à améliorer la situation sanitaire mais aussi à faire évoluer la planète vers un **environnement durable**.

> **DÉFINITION**
> *Extrême pauvreté : seuil de 1,25 dollar par jour pour vivre.*

• Pourtant des **progrès ont été réalisés** : par exemple, certains pays du Sud se sont lancés au XXe siècle dans la Révolution verte (voir chapitre 12) pour en finir avec les famines. Mais la hausse démographique associée au progrès technique et à la volonté d'adopter un mode de vie occidental augmente les besoins des populations tout comme la difficulté de tous les satisfaire.

3 Comment assurer le développement des populations dans un contexte de hausse démographique ?

A. L'émergence du développement durable

• « Il s'agit d'assurer un développement qui réponde aux besoins des générations actuelles sans compromettre ceux des générations futures. » Lancé dans les années 1980 à l'initiative de l'ONU et des mouvements écologistes, le **développement durable** s'impose comme idée d'avenir dans des grands sommets internationaux (sommet de la Terre de Rio en 1992) et dans des accords comme l'**Agenda 21**. Signé en 1992 par 173 États, cet agenda fixe aux collectivités territoriales des secteurs prioritaires, comme la gestion de l'eau ou des déchets, pour lesquels des pratiques de développement durable doivent être appliquées.

• Il s'agit alors de **concilier trois domaines différents** : l'économie, pour assurer une croissance qui évite la destruction de l'environnement, le social, afin de réduire les inégalités, et l'écologie, afin de préserver les ressources et la biodiversité pour les générations futures.

B. Des réalisations à différentes échelles mais encore limitées

• À l'échelle planétaire, a été signé en 1997 **le protocole de Kyoto** qui avait pour but de limiter les émissions de gaz à effet de serre. Il regroupe aujourd'hui 183 États. Certains pays du Nord se sont aussi engagés sur la voie du développement durable, comme par exemple la Californie : développement des énergies renouvelables (photovoltaïque) avec un objectif ambitieux de 33 % d'électricité issue des énergies renouvelables en 2020.

• Des projets aboutissent aussi à l'**échelle locale** au niveau des collectivités territoriales, comme la **construction d'éco-quartiers** dans la banlieue de Londres. Dans les pays du Sud, les initiateurs sont surtout des ONG qui aident à l'installation d'un puits, d'une école ou d'un dispensaire ou encore favorisent une agriculture équitable qui allie respect de l'environnement et revenu convenable pour les agriculteurs en limitant les intermédiaires.

DÉFINITIONS

Collectivité territoriale : structure administrative distincte de l'État, à qui furent déléguées certaines compétences sur un territoire donné (ex : la commune en France).

ONG : organisation non gouvernementale, association à but humanitaire qui ne dépend d'aucun État.

• Mais le développement durable est **loin d'être la norme planétaire**. Ainsi de gros pollueurs comme les États-Unis n'ont pas ratifié le protocole de Kyoto. Pour les États du Sud, confrontés à d'importantes inégalités ou à un accès difficile aux ressources, le développement durable n'est **pas encore la priorité**. Si la Chine se lance dans l'électricité photovoltaïque, elle n'est pas prête à renoncer à ses centrales thermiques au charbon qui sont très polluantes.

PIÈGES À ÉVITER

- IDH et PIB sont deux indicateurs différents. Le PIB permet d'apprécier seulement le niveau de richesse produite par un pays alors que l'IDH évalue, en plus des richesses produites, l'état sanitaire des populations et le niveau d'éducation. Il permet donc de voir comment sont utilisées ces richesses.
- Pays du Nord ne signifie pas pays de l'hémisphère nord mais pays développé.

Analyser un graphique

CONSEILS

- Analyser ce n'est **pas recopier** des données chiffrées : il faut les confronter aux connaissances du cours.
- N'oubliez pas de chercher la source et la date de ces données statistiques pour vérifier leur **pertinence** et leur **fiabilité**, et dégager le thème du graphique.

→ « ppa » veut dire « en parité de pouvoir d'achat ». Cet indice permet de mieux comparer des États aux niveaux de vie différents.

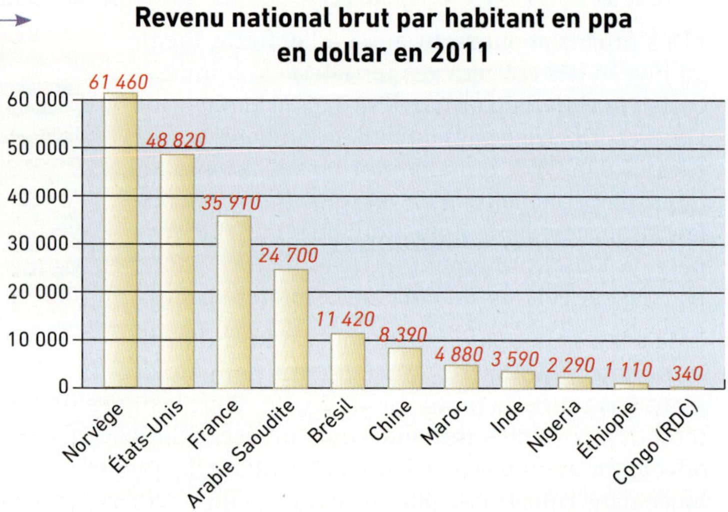

Source : PNUD, 2011.

→ PNUD signifie programme des Nations unies pour le développement.

Question

À partir du graphique ci-dessus, après l'avoir présenté, indiquez en quoi il illustre les inégalités Nord-Sud.

POINT MÉTHODE

✓ *Repérer d'abord de quel genre de graphique il s'agit. Vous pouvez vous trouver face à trois types principaux : les histogrammes (en barres), les graphiques de courbes et les graphiques circulaires.*

✓ *Repérez les valeurs utilisées, les dates. Si c'est un graphique évolutif, repérez bien la période.*

✓ *Faites d'abord une analyse globale : si c'est un graphique qui montre une évolution, dégagez la tendance générale. Le graphique circulaire permet de visualiser facilement des valeurs les unes par rapport aux autres.*

✓ *Ensuite réalisez une analyse détaillée : si c'est un graphique qui montre une évolution, peut-on dégager des phases différentes ? Pour un histogramme, peut-on réaliser un classement ?*

✓ *L'analyse doit être accompagnée d'une référence au graphique et de connaissances supplémentaires.*

Proposition de correction rédigée

Cet histogramme présente le revenu national brut de plusieurs pays dans le monde, classés de manière décroissante. Ce sont des statistiques récentes du PNUD (programme des Nations unies pour le développement), une source officielle, exprimées en parité de pouvoir d'achat ce qui donne une comparaison plus fiable.

L'écart de revenu national brut entre la Norvège (61 460 dollars par an et par habitant) et le Congo (340 dollars par et par habitant) est très important. Il met en évidence une fracture Nord-Sud en matière de création de richesses entre États.

Les trois pays ayant les revenus les plus élevés sont des pays du Nord, c'est-à-dire des pays développés. Leur économie est diversifiée, orientée vers l'industrie et les services, intégrée à la mondialisation.

Les exemples suivants illustrent la diversité des pays du Sud. L'Arabie saoudite (24 700 dollars par habitant et par an) tire l'essentiel de ses revenus de la production et de l'exportation d'hydrocarbures, elle est un des pays du Sud les plus riches. La Chine et le Brésil (8 390 et 11 420 dollars par habitant et par an) sont des pays émergents. Le Brésil a développé une agriculture productiviste tournée vers le marché mondial mais accueille aussi des activités industrielles. La Chine est aujourd'hui la seconde puissance économique mondiale mais le revenu national par habitant est encore faible étant donné la masse de la population. Des pays comme le Maroc (4 880 dollars par habitant et par an) sont en voie de développement, celui-ci mise sur l'agriculture et le tourisme. Les trois derniers pays du graphique sont des exemples de PMA : ils illustrent les difficultés de ces pays.
Le Nigeria possède des richesses pétrolières mais la redistribution au niveau des besoins des populations comme l'éducation, la santé n'est pas correctement assurée. Le Congo et l'Éthiopie (1 110 dollars par habitant et par an) souffrent ou ont souffert de guerres civiles.

DÉFINITION

PMA : pays les moins avancés.

TESTEZ VOS CONNAISSANCES

CORRIGÉ p. 151

1. Combien d'habitants compte la population mondiale ?

- ☐ **a.** 7 milliards.
- ☐ **b.** 100 millions.
- ☐ **c.** 10 milliards.

2. Qu'est-ce qu'un PMA ?

- ☐ **a.** Un produit moins avancé.
- ☐ **b.** Un pays moins avancé.
- ☐ **c.** Un pays moins autonome.

3. Qu'est-ce qu'un pays du Nord ?

- ☐ **a.** Un pays situé dans l'hémisphère nord.
- ☐ **b.** Un pays faisant partie de la Scandinavie.
- ☐ **c.** Un pays développé.

4. Que désigne l'indice de fécondité ?

- ☐ **a.** Le nombre de naissance pour 100 habitants.
- ☐ **b.** Le nombre d'enfants par femme.
- ☐ **c.** Le nombre d'enfants par femme en âge de procréer.

5. Qu'est-ce que l'IDH ?

- ☐ **a.** L'intérêt pour le développement humain.
- ☐ **b.** L'indice de décence humaine.
- ☐ **c.** L'indice de développement humain.

6. Qu'est-ce que le développement durable ?

- ☐ **a.** Un développement économique.
- ☐ **b.** L'essor d'une société.
- ☐ **c.** La volonté de concilier essor économique, écologie et réduction des inégalités.

7. Qu'est-ce que la transition démographique ?

- ☐ **a.** Le passage vers un régime démographique traditionnel.
- ☐ **b.** L'arrivée d'un baby-boom.
- ☐ **c.** L'évolution d'un régime démographique traditionnel vers un régime démographique moderne.

ENTRAÎNEZ-VOUS

CORRIGÉ p. 151

1 *Analyser un diagramme en bâton*

●●○ 30 min

Population et richesse mondiale entre 1950 et 2010

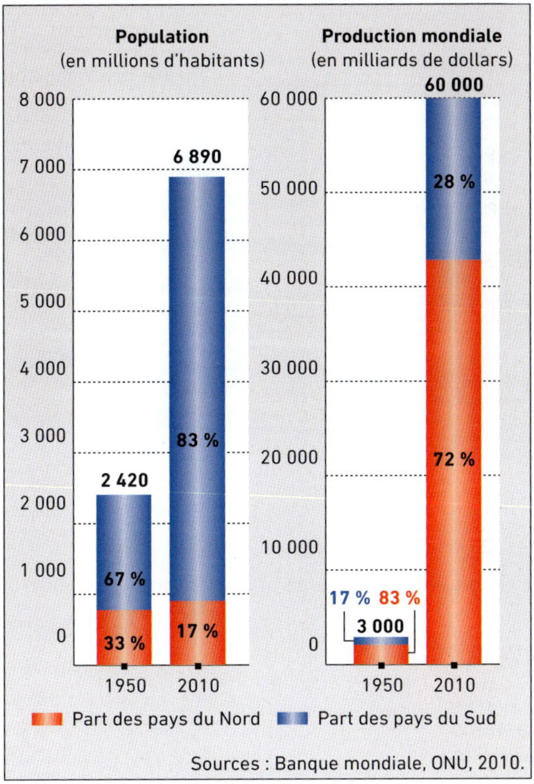

Sources : Banque mondiale, ONU, 2010.

QUESTIONS

A. Présentez le document ci-dessus.

B. Expliquez la situation de 1950 et son évolution en matière de rapport Nord-Sud.

CONSEIL

• *Faites attention aux échelles de valeur.*

• *N'oubliez pas d'intégrer des références au document dans votre analyse !*

2 *Analyser une courbe graphique*

●●○ 30 min

L'évolution de la population mondiale

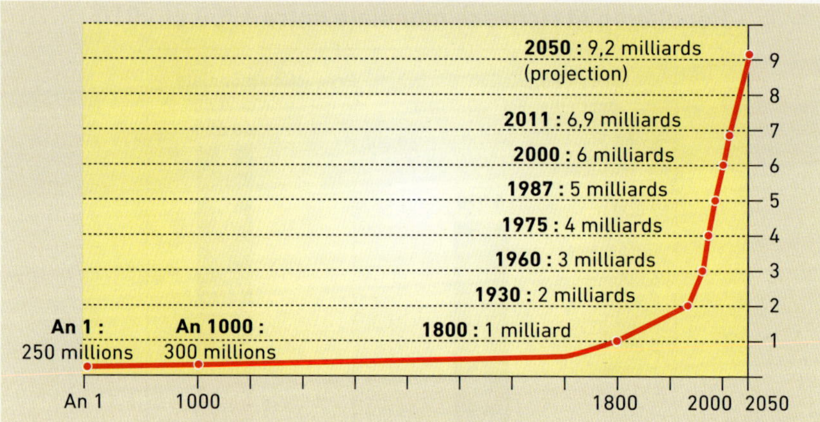

Source : ONU.

QUESTIONS

A. Présentez le document ci-dessus.

B. Dégagez l'évolution générale de la courbe puis expliquez-la.

CONSEIL

N'hésitez pas à vous reporter au chapitre 1 pour analyser une partie du document ! Vous y trouverez plusieurs informations permettant d'étoffer votre analyse.

Corrigés de *TESTEZ VOS CONNAISSANCES*

1. a. La population mondiale a atteint les 7 milliards d'habitants en 2012 et continue sa croissance

2. b. Un PMA est un pays moins avancé. Issu d'un classement de l'ONU, il est caractérisé par un IDH faible (inférieur à 0,5), par une économie essentiellement agricole mais surtout vivrière, souvent de la corruption ou des guerres civiles.

3. c. Un pays du Nord est un pays développé ; il n'est pas obligatoirement situé dans l'hémisphère nord. Par exemple, l'Australie est un pays du Nord situé dans l'hémisphère sud.

4. c. L'indice de fécondité est le nombre moyen d'enfants par femme en âge de procréer.

5. c. L'IDH est l'indice de développement humain, variant d'une échelle de 0 à 1 et intégrant le PIB/hab, l'espérance de vie et le pourcentage d'analphabètes.

6. a. et c. Le développement durable est vu comme un moyen de faire face à l'exploitation des ressources de la planète dans un contexte de hausse démographique. Il a pour ambition de concilier économie, réduction des inégalités et écologie.

7. c. La transition démographique est le passage entre le régime démographique traditionnel et le régime démographique moderne qui se traduit par une forte hausse de la population.

Corrigés de *ENTRAÎNEZ-VOUS*

1 *Analyser un diagramme en bâton*

A. Le document est constitué de deux histogrammes qui présentent l'évolution de la population et de la production mondiale entre 1950 et 2010, à partir de données de la Banque mondiale et de l'ONU, en mettant en avant les différences Nord-Sud.

B. En 1950, la population mondiale a franchi la barre des 2 milliards d'habitants. La population des pays du Nord représente 33 % de la population totale : elle a achevé sa transition démographique alors que les populations des pays du Sud l'ont commencé. Par contre, elle produit l'immense majorité des richesses de la planète (83 %), ses pays entament leur seconde révolution industrielle alors que les pays du Sud commencent à peine à sortir du processus de colonisation et ont une activité essentiellement tournée vers les matières premières et l'agriculture.

En 2010, même si la population des pays du Nord a légèrement augmenté, son poids démographique à l'échelle mondiale a baissé (17 %) : on a assisté entre-temps à l'explosion démographique des Suds grâce à la transition démographique : l'Inde est ainsi passée de 350 millions d'habitants en 1950 à 1,1 milliard en 2010. Les pays du Sud restent minoritaires dans la production mondiale (28 %) mais leur part a progressé aussi bien en pourcentage qu'en valeur puisqu'ils ont produit en 2010 pour 17 000 milliards de dollars de richesses contre 510 milliards en 1950. En effet, on voit que la production mondiale a, elle aussi, explosé entre 1950 et 2010 dans le contexte d'une troisième révolution industrielle, de la mondialisation, de l'essor des services auxquels les Suds participent.

CONSEIL

N'hésitez pas à rajouter des exemples pour étoffer votre analyse.

2 *Analyser une courbe graphique*

A. La courbe, à partir de chiffres de l'ONU, montre l'évolution de la population mondiale de l'Antiquité jusqu'à aujourd'hui. Elle propose aussi une projection possible jusqu'en 2050.

B. On constate une croissance de la population mondiale depuis l'an 1 mais en deux phases : une croissance lente jusqu'aux XVIIIe siècle (250 millions au Ier siècle et 800 millions au début du XVIIIe siècle) puis une croissance exponentielle à partir du XIXe siècle prévue pour durer jusqu'en 2050. En effet, en 1800, la population mondiale était de 1 milliard d'habitants ; elle dépasse aujourd'hui les 7 milliards.

La faible croissance démographique s'explique par des connaissances médicales qui ne permettent pas de faire face aux épidémies, une agriculture à faible rendement, une hygiène à certaines époques très insuffisante. Le régime démographique est alors traditionnel : une forte natalité mais aussi une forte mortalité surtout infantile.
Au cours du XVIIIe siècle, la situation évolue, notamment sur le plan agricole avec l'utilisation d'engrais ou encore la mécanisation des outils de production. Le premier vaccin sur la variole permet aussi d'enrayer une maladie qui faisait de nombreuses victimes. L'Europe et l'Amérique du Nord entrent alors dans une transition démographique consolidée par les progrès médicaux et hygiéniques aux XIXe et XXe siècles. Le reste du monde vit cette transition au XXe siècle mais de manière accélérée, la maîtrise de la natalité étant plus rapide, parfois de manière contrainte par le pouvoir étatique comme en Chine. Aujourd'hui, seul le continent africain n'a pas fini sa transition démographique.

Ce phénomène explique donc la forte croissance de la population mondiale. Le fort pourcentage des classes d'âge jeune dans les populations du Sud explique, quant à lui, les prévisions de croissance pour les décennies futures. La plus ou moins forte augmentation dépendra de la maîtrise de la natalité plus ou moins rapide des populations du Sud, maîtrise souvent liée au développement des structures éducatives et sanitaires.

CONSEIL

Pour mieux quantifier l'augmentation, vous pouvez calculer son coefficient multiplicateur.

Nourrir les Hommes

POUR DÉMARRER

- **L'accès à l'alimentation est un besoin vital de l'Homme. Même si les phénomènes de grande famine ont disparu de la planète, une partie de la population mondiale reste sous-alimentée.**
- **Pourtant l'agriculture a fait, elle aussi, sa révolution ; d'abord dans les pays du Nord à partir de la fin du XVIIIe siècle, puis dans les pays du Sud dans la seconde moitié du XXe siècle avec les Révolutions vertes.**
- **Aujourd'hui, les enjeux restent importants, notamment pour concilier l'alimentation des générations actuelles et futures dans un contexte de hausse démographique avec la protection de l'environnement.**

1 Le Brésil, un géant agricole

A. Une agriculture intégrée à la mondialisation

- Sixième puissance économique mondiale, le Brésil est le premier producteur mondial de café, de sucre et d'oranges, et le second producteur de soja. Il est également le premier exportateur mondial de viande de bœuf (30 % du marché mondial) et de poulet.

DÉFINITION

Front pionnier : espace défriché en vue d'une exploitation agricole, forestière ou minière, et relié au reste du territoire par des axes de transport.

- L'agriculture brésilienne s'est développée grâce à une extension des terres cultivées vers le centre du pays (le Mato Grosso), en transformant des prairies en terres arables, et vers la forêt amazonienne sous la forme de fronts pionniers. En effet, le Brésil bénéficie d'une immense superficie mais aussi d'un accès à l'eau aisé (18 % des ressources mondiales).

- Ces exploitations sont aussi modernes et bénéficient d'une forte productivité grâce à l'irrigation, à la recherche agronomique d'État et à une mécanisation poussée. Elles font souvent le choix de semences **OGM** (organisme génétiquement modifié) notamment pour le soja (50 % des 23 millions d'hectares semés en soja en 2012). Ces exploitations sont vastes : des centaines voire des milliers d'hectares (les *latifundias*) sont consacrés à l'élevage extensif.

- Des infrastructures de transport ont été développées par l'État pour faciliter l'acheminement des produits agricoles de l'intérieur vers le littoral et ainsi les exporter. Des entreprises agroalimentaires sont aussi présentes, brésiliennes ou étrangères, qui assurent la commercialisation de ces productions. Mais elles ne sont pas toutes utilisées pour l'alimentation ; ainsi, une partie de la canne à sucre est transformée en éthanol et intégrée à la filière des agrocarburants.

DÉFINITION

Agrocarburant : production agricole (par exemple la canne à sucre) transformée en carburant.

- L'agriculture brésilienne bénéficie donc d'une filière dynamique en amont (les moyens de production) et en aval (transformation et commercialisation) de la production : c'est ce qu'on appelle l'**agrobusiness**. Le Brésil a ainsi réussi à devenir une puissance agricole mondiale dont les capacités d'expansion sont encore vastes (il y aurait encore près de 90 millions d'hectares de terres disponibles pour l'agriculture). Il est vu comme l'État le plus capable à court terme d'assurer l'accès à l'alimentation pour les populations futures.

B. Mais une situation agricole et alimentaire plus complexe

- L'agriculture brésilienne est à deux vitesses : une agriculture productiviste mais aussi une **agriculture familiale**. Elle se fait sur de petites exploitations, qui représentent la majorité des exploitations mais seulement 25 % des terres cultivées. Pourtant, elle est indispensable à la population brésilienne car elle assure presque 70 % de son alimentation (manioc, haricot). On la trouve surtout dans le Sud et, à moindre échelle, dans le Nordeste, territoire plus pauvre.

- Pourtant, la sécurité alimentaire n'est pas assurée pour tous les Brésiliens. L'essentiel du problème reste **économique** même si les derniers gouvernements (dont celui de Lula da Silva) ont développé un programme de lutte contre la pauvreté : « **programme faim zéro** ».

DÉFINITION

Sécurité alimentaire : possibilités physiques et économiques pour les populations de se procurer une alimentation suffisante et saine.

Ainsi, la sous-alimentation régresse : 10 % des Brésiliens étaient sous-alimentés en 1997 contre 6 % en 2007.

• Le gouvernement doit aussi faire face au problème des paysans sans-terres qui occupent des portions de latifundias et réclament une **réforme agraire**, c'est-à-dire un partage des terres.

C. Un essor agricole également destructeur

• L'essor de la surface cultivée se fait aux dépens de vastes prairies, de savanes arborées, de la zone humide du Pantanal et, de manière plus médiatisé, de la forêt amazonienne. Les défenseurs de l'environnement dénoncent la **destruction de la biodiversité** et d'espaces nécessaires aux tribus indiennes de l'Amazone. Depuis les années 2000, si l'État brésilien a augmenté la superficie de forêt à protéger, il considère néanmoins ces territoires comme un élément essentiel du développement du pays.

• Les terres agricoles sont aussi victimes de cette agriculture productiviste selon les organisations environnementales. Ainsi, la monoculture du soja OGM va de pair avec l'utilisation d'un herbicide très destructeur et pollueur des sols et de l'eau. On voit toutefois des pratiques agricoles de conservation des sols se développer chez les agriculteurs.

2 Les défis alimentaires à l'échelle planétaire

A. Des agricultures productivistes

• Les pays du Nord ont entamé leur révolution agricole à partir de la fin du XVIIIe siècle avec notamment l'essor de l'utilisation d'engrais. Le XXe siècle a vu se développer la mécanisation agricole, entraînant une baisse de la population active agricole, une extension de la surface des exploitations, ainsi que la culture sous serre (Andalousie). L'élevage s'est aussi modernisé : sélection des races, alimentation du bétail, élevage hors-sol, **feed-lots** (parcs d'engraissement).

DÉFINITION

Élevage hors-sol : les animaux sont élevés dans des bâtiments.

• L'agriculture des pays du Nord est donc à haut rendement, appuyée sur une **industrie agroalimentaire dynamique** ainsi que sur des secteurs de recherche agronomique et génétique importants. Les agriculteurs sont un maillon de la chaîne de l'**agrobusiness**. Elle assure l'alimentation des foyers de population et exporte une partie de ses productions (surtout céréalières) jouant ainsi de sa capacité à influer sur la politique d'un État à travers la livraison de produits alimentaires.

• Une partie des pays du Sud s'est aussi lancée dans la modernisation agricole sous le nom de Révolution verte. Les grands foyers de population d'Asie ont en effet voulu assurer la sécurité alimentaire de leurs États. Ainsi, l'Inde a investi, dans les années 1960, dans un programme pour intensifier son agriculture : forages pour améliorer l'irrigation, **intrants** (semences sélectionnées, utilisation plus massive d'engrais et de pesticides). L'**autosuffisance alimentaire** a ainsi été atteinte dans les années 1970 et l'Inde a pu faire face à sa forte croissance démographique.

DÉFINITION

Révolution verte : modernisation des pratiques agricoles lancée en Asie à partir des années 1960 pour faire face à la hausse démographique.

B. Une sécurité alimentaire pour tous ?

• Le nombre de personnes sous-alimentées a baissé dans le monde depuis 20 ans mais on constate une **stagnation** depuis la fin des années 2000. LA FAO, organisation des Nations unies pour l'alimentation, a établi à 868 millions le nombre de personnes sous-alimentées en 2012. L'immense majorité vit **dans les pays en développement** (16 % dans les pays développés). Les régions les plus touchées par la sous-alimentation sont l'Asie du Sud (304 millions) et l'Afrique subsaharienne (234 millions).

• Les causes de la sous-alimentation sont multiples. La **pauvreté** d'une partie de la planète ne permet pas toujours d'acheter une quantité suffisante de nourriture ce qui explique la sous-alimentation dans les pays du Nord. Dans les pays du Sud, la **hausse des prix** des produits alimentaires a déclenché des **émeutes de la faim** dans les années 2007-2008. Des raisons climatiques, conséquences négatives sur les rendements d'une **sécheresse** ou d'une trop forte pluviosité, ou même géopolitiques, lorsque des **conflits** font fuir les populations rurales et laissent les champs à l'abandon, peuvent l'expliquer.

• Enfin, toutes les agricultures ne sont pas productivistes. Il subsiste une **petite agriculture vivrière** (ou de subsistance) qui est restée à l'écart de la modernisation et dont la productivité est insuffisante pour dégager des surplus. L'utilisation des terres pour les agrocarburants et la **spéculation** sur le cours des matières premières agricoles ou encore le **gaspillage** à plusieurs étapes de la chaîne alimentaire sont aussi mis en cause.

• La sécurité alimentaire touche aussi à la **sécurité sanitaire** de la nourriture. Ces dernières années, les pays du Nord, malgré leurs organismes de contrôle, ont dû faire face à des **crises sanitaires** comme la maladie de la vache folle en Europe, causée par de l'alimentation pour bétail contaminée et qui a entraîné l'abattage de nombreux troupeaux.

NE PAS CONFONDRE

Malnutrition (déséquilibre de la ration alimentaire) et sous-nutrition (ration alimentaire insuffisante, inférieure à 2 200 calories par jour).

• La malnutrition est aussi toujours présente : en 2010, 200 millions d'enfants de moins de 5 ans en souffraient.

C. Agricultures productivistes et développement durable

• La nécessité d'augmenter la productivité agricole s'est parfois faite au détriment de l'environnement. Les pays du Nord sont touchés par des problèmes de **pollution** des nappes phréatiques, des cours d'eau, des littoraux, causés par une trop forte concentration d'engrais. L'exploitation intensive des sols entraîne par endroits leur **érosion** (États-Unis). La progression de l'agriculture irriguée entraîne une pression plus forte sur les ressources en eau disponibles (voir chapitre 13). L'utilisation de semences OGM est aussi contestée.

• Les pays du Sud qui ont fait leur Révolution verte sont aussi touchés par ces phénomènes ainsi que par la salinisation des sols (Inde), ou encore le **déboisement intensif** pour conquérir de nouvelles terres (Indonésie) et développer les plantations d'huile de palme.

• Les exportations massives et parfois subventionnées de produits agricoles à bas prix des pays du Nord (États-Unis, Union européenne) ou de grands exportateurs agricoles du Sud (Thaïlande) vers les pays du Sud ont certes favorisé l'alimentation des populations mais ont aussi parfois **concurrencé l'agriculture locale**, entraînant la faillite de petits producteurs comme dans certaines régions d'Afrique de l'Ouest, créant ainsi une situation de **dépendance alimentaire**.

- Des pays (Chine, Arabie saoudite, Inde, etc.), soucieux d'assurer leur sécurité alimentaire, se lancent dans des **achats de terres massifs**, notamment en Afrique, et rapatrient les productions vers leur pays d'origine au grand mécontentement des populations locales.

- Face à ces difficultés, on assiste au développement d'une agriculture plus respectueuse de l'environnement, l'**agriculture biologique**, essentiellement dans les pays du Nord depuis les années 1960, suivi même par quelques pays du Sud (Mexique, Philippines). Marquée par le refus des pesticides et engrais chimiques, elle ne concerne qu'à peine 1 % des terres agricoles mondiales (plus de 4 % des terres agricoles de l'UE).

- On lui reproche une productivité inférieure à l'agriculture productiviste, mais la demande des consommateurs progresse. Ceux-ci sont aussi intéressés par les circuits de vente courts (vente directe de la ferme) qui favorisent ainsi une meilleure traçabilité du produit, moins d'énergie consommée dans les transports, et un meilleur revenu pour l'agriculteur. Depuis 2003, l'UE essaie de promouvoir une **agriculture raisonnée**, c'est-à-dire une production qui limite l'utilisation des intrants chimiques. En lien avec les pays du Sud, le **commerce équitable** essaie d'assurer un revenu correct à de petits producteurs locaux (1,5 million de personnes) : café, thé, etc.

Analyser une image satellite

CONSEILS

- Une image satellite est construite à partir de **données numériques** ; les couleurs choisies sont plus ou moins naturelles.
- Il ne faut pas confondre une **image satellite** avec une **photographie aérienne.**
- Pensez à repérer l'**échelle** utilisée, cherchez une date éventuelle pour voir si elle illustre un phénomène récent ou non.

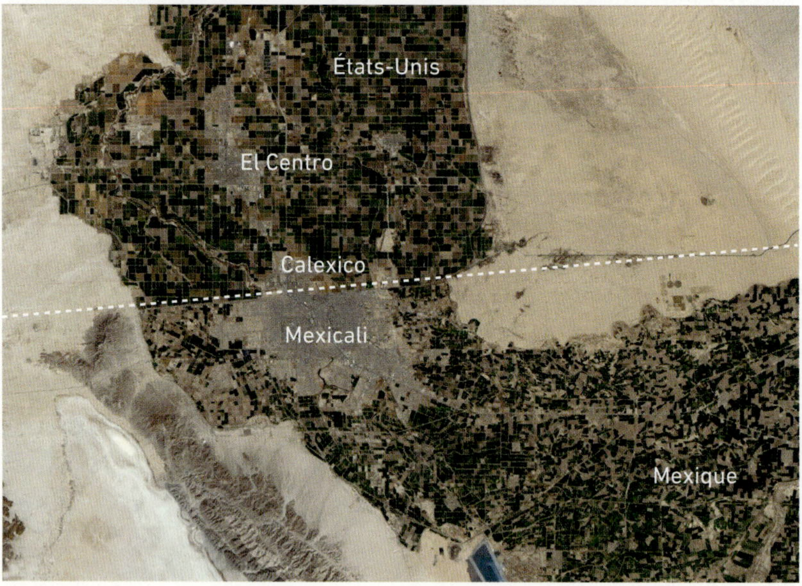

Question

Après avoir présenté le document, dites en quoi il met en évidence deux espaces agricoles différents.

POINT MÉTHODE

✓ *Localisez d'abord l'espace géographique étudié (utilisez un atlas), repérez-vous avec les points cardinaux.*

✓ *Dégagez les principaux éléments de l'image à l'aide d'un croquis rapide.*

✓ *Analysez ensuite en détail chaque élément dégagé : forme et taille des parcelles, extension des villes, éléments présents dans le désert, présence d'eau…*

Comment répondre ?

Il s'agit lors de cette première étape d'analyse de repérer au brouillon les éléments principaux de la photographie ou de l'image satellite : il n'est pas nécessaire de perdre du temps à soigner le travail ou à entrer dans les détails. L'essentiel est de bien se rendre compte de la manière dont s'articulent les différents éléments les uns par rapport aux autres.

Il est possible de mettre des couleurs pour plus de clarté et, surtout, il faut nommer les différents éléments dégagés.

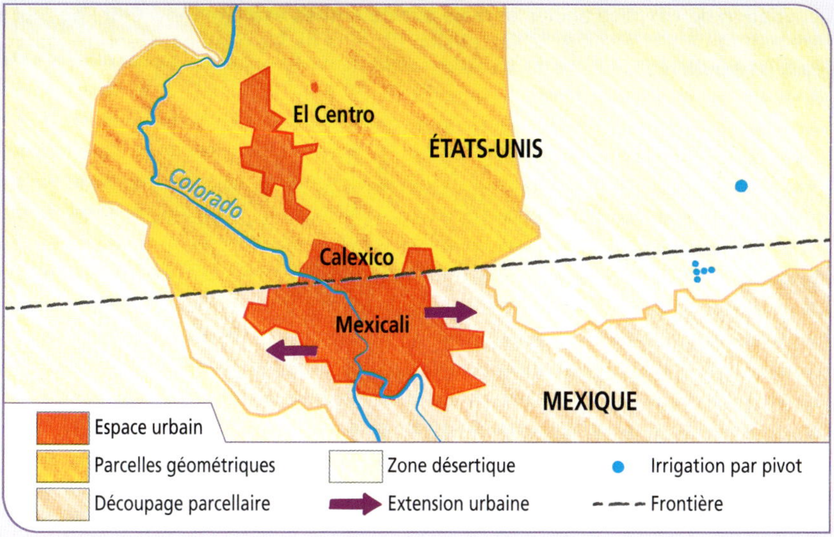

Proposition de corrigé

Cette image satellite a été prise à la verticale de la frontière entre les États-Unis et le Mexique, à une centaine de kilomètres de San Diego. Elle montre l'occupation humaine de cette région frontalière, un des lieux de la limite Nord-Sud.

Cette région possède un climat désertique. Les ressources en eau disponibles viennent donc des cours d'eau et de forages éventuels. Les champs présents de part et d'autre de la frontière bénéficient alors d'une irrigation : l'eau est puisée dans le fleuve Colorado, présent sur l'image et qui traverse la frontière au niveau de Mexicali, pour, ensuite, être dispersée dans les champs par l'intermédiaire de canaux d'irrigation avec essentiellement la technique de l'inondation. On distingue aussi, à droite de l'image, des parcelles circulaires en plein désert des deux côtés de la frontière : l'irrigation se fait par forage dans les nappes phréatiques, les rampes d'arrosage donnant cette forme particulière. On aperçoit, ici, les dernières techniques en matière d'irrigation.

Les parcelles cultivées aux États-Unis et au Mexique n'ont pas les mêmes formes. Aux États-Unis, les champs sont très géométriques, caractéristiques du plan en damier américain adopté à l'époque de la conquête de l'Ouest. Vastes, elles sont adaptées à une agriculture productiviste, mécanisée. Les parcelles mexicaines sont plus petites et irrégulières, donnant un paysage plus morcelé, hérité d'une occupation de l'espace ancienne mais sur de petites exploitations. Cette agriculture est de plus confrontée à l'extension urbaine de Mexicali qui vient grignoter les terres cultivées.

TESTEZ VOS CONNAISSANCES

CORRIGÉ p. 165

1. Qu'est-ce que la Révolution verte ?

- ☐ **a.** La modernisation de l'agriculture dans les pays du Nord.
- ☐ **b.** La modernisation de l'agriculture dans les pays du Sud.
- ☐ **c.** Le passage de l'agriculture productiviste à l'agriculture biologique.

2. Qu'est-ce qu'un *feed-lot* ?

- ☐ **a.** Un parc d'engraissement pour le bétail.
- ☐ **b.** Le découpage en parcelles d'une exploitation agricole américaine.
- ☐ **c.** Une semence OGM.

3. Qu'est-ce qu'un front pionnier ?

- ☐ **a.** Un territoire d'innovation industrielle.
- ☐ **b.** Un territoire de défrichement dans un but agricole, forestier ou minier.
- ☐ **c.** Un espace peu développé.

4. Qu'est-ce que la sous-nutrition ?

- ☐ **a.** Une ration alimentaire insuffisante pour les besoins journaliers.
- ☐ **b.** Une alimentation avec peu de protéines.
- ☐ **c.** Une alimentation pauvre en graisses.

5. Qu'est-ce que l'agriculture biologique ?

- ☐ **a.** Une agriculture hors-sol.
- ☐ **b.** Une agriculture refusant l'utilisation de produits chimiques.
- ☐ **c.** Une agriculture issue des biotechnologies.

6. Qu'est-ce qu'un intrant ?

- ☐ **a.** Un moyen de production agricole.
- ☐ **b.** Le début d'un front pionnier.
- ☐ **c.** La conséquence de la dépendance alimentaire.

7. Qu'est-ce que le commerce équitable ?

- ☐ **a.** Commerce qui, par la suppression de certains intermédiaires, permet de payer plus cher les producteurs locaux.
- ☐ **b.** Commerce qui a pour but de développer une agriculture productiviste dans les pays du Nord.
- ☐ **c.** Commerce fortement intégré à la chaîne de l'*agrobusiness*.

ENTRAÎNEZ-VOUS

CORRIGÉ p. 165

Analyser un texte

45 min

L'insécurité alimentaire en Afrique subsaharienne

« Ce défi est de taille, car l'agriculture est davantage connue pour ses faiblesses que pour ses forces. La persistance de l'insécurité alimentaire en est une illustration. [...] [Néanmoins] les performances agricoles africaines ne sont pas nulles. Les productions de manioc, de riz, de fruits et légumes ont fortement augmenté. Les paysanneries ont globalement réussi à nourrir des consommateurs urbains de plus en plus nombreux dont la dépendance alimentaire à l'égard d'importations ne semble pas accrue à quelques exceptions près dans des pays exportateurs de pétrole ou de minerais, ou gros consommateurs de riz comme le Sénégal. L'agriculture a donc profondément évolué, mais inégalement selon les pays, les régions, les secteurs et les exploitations. Les crises alimentaires des années 2000 éclairent l'autre difficulté agricole. Ce sont des crises d'accessibilité, qui relèvent [...] de la pauvreté qui touche principalement les ruraux et les paysans. Elles interrogent [...] l'évolution des prix et le fonctionnement des marchés agricoles dans une économie libérale et mondialisée. »

Alain **Dubresson**, Sophie **Moreau**, Jean-Pierre **Raison** et Jean-Fabien **Steck**,
L'Afrique subsaharienne, une géographie du changement,
Armand Colin, Coll. U Géographie, 2011.

CONSEILS

- *Insécurité alimentaire est simplement le contraire de sécurité alimentaire ! Pensez à rappeler les définitions des mots-clés dans la rédaction des réponses.*
- *Utilisez le cours pour retrouver les aspects non évoqués dans le texte.*

QUESTIONS

A. Présentez le document

B. Quelle est la situation de la dépendance alimentaire en Afrique ?

C. Comment expliquer les crises alimentaires ?

D. Quels autres aspects de l'insécurité alimentaire n'apparaissent pas ici ?

Corrigés de *TESTEZ VOS CONNAISSANCES*

1. b. La Révolution verte est la modernisation de l'agriculture lancée en Asie dans les années 1960 afin d'assurer l'alimentation de foyers de population en expansion.

2. a. Un *feed-lot* est un parc d'engraissement pour le bétail, très présent dans l'agriculture productiviste, surtout aux États-Unis. L'alimentation est pesée pour faire prendre des kilos rapidement au bétail.

3. b. Un front pionnier est un espace défriché en vue d'une exploitation agricole, forestière ou minière, et relié au reste du territoire par des axes de transport. Ils sont très présents au Brésil et en Indonésie (exploitation forestière et plantations d'huiles de palme).

4. a. La sous-nutrition est caractérisée par une ration alimentaire insuffisante (moins de 2 200 calories par jour) de manière prolongée.

5. b. L'agriculture biologique a pour objectif de protéger l'environnement en n'utilisant ni pesticide ni engrais chimiques.

6. a. Un intrant est un moyen de production agricole : engrais, pesticides, semences mais aussi matériel agricole (tracteurs).

7. a. Le commerce équitable a pour but de limiter le nombre d'intermédiaires entre le producteur et le consommateur, permettant ainsi de payer plus cher les produits des agriculteurs et de leur dégager un revenu décent dans les pays du Sud. Il s'accompagne de plus en plus d'engagements autour d'une agriculture biologique respectueuse de l'environnement.

CONSEIL

Pensez à apprendre vos définitions au fur à mesure du cours pour une meilleure mémorisation en vue du devoir bilan !

Corrigés de *ENTRAÎNEZ-VOUS*

Analyser un texte

A. L'extrait de ce manuel universitaire très récent sur l'Afrique subsaharienne fait un bilan de l'agriculture et des problèmes qu'elle connaît dans un contexte de croissance démographique de cette région du monde.

B. Dans l'ensemble, la dépendance alimentaire, c'est-à-dire le fait de dépendre d'importations de produits agricoles pour nourrir la population, n'a pas augmenté grâce aux progrès agricoles locaux. Ainsi, les auteurs disent que « les paysanneries ont globalement réussi à nourrir des consommateurs urbains » de plus en plus nombreux à cause de l'exode rural. Mais on constate des exceptions : le Sénégal « gros consommateur de riz ». Ceci s'explique par des importations massives de riz thaïlandais à bas prix depuis les années 2000 qui ont concurrencé le riz sénégalais. Autre exception, celle des « pays exportateurs de pétrole ou de minerais ».

C. Les crises alimentaires récentes s'expliquent par l'augmentation des prix agricoles mondiaux qui ont déclenchés des émeutes de la faim à partir de 2008 (« évolution des prix… dans une économie libérale et mondialisée »). L'autre raison est le manque de revenus d'une partie de la population (« la pauvreté »).

D. L'Afrique subsaharienne est aussi touchée par des phénomènes de guerres civiles (Soudan) et leurs flots de réfugiés qui entraînent des sous-nutritions. Mais elle est aussi marquée par endroits par des problèmes de sécheresse (corne de l'Afrique).

L'eau, ressource essentielle

POUR DÉMARRER

- La terre est surnommée la **planète bleue** : plus de **70 %** de sa surface en est constituée, mais l'immense majorité de cette eau est salée.
- L'**eau douce** est indispensable à la vie et aux activités humaines, à commencer par l'agriculture qui, à l'échelle planétaire, en monopolise presque 70 %.
- Mais les **ressources** en eau sont souvent **mal réparties**, loin des foyers de population. Bien plus, dans un contexte de hausse démographique, l'accès à l'eau est un enjeu majeur, parfois source de **conflits**.

1 L'exemple du fleuve Colorado, une ressource en eau indispensable mais fragile

A. Un fleuve vital pour deux espaces

• Le Colorado prend sa source dans les montagnes Rocheuses aux États-Unis. Long de 2 320 km, il finit sa course dans le golfe de Californie au Mexique. Il traverse plusieurs États du Sud-Ouest des États-Unis dans un climat majoritairement désertique, de même qu'au Nord-Ouest du Mexique. Le fleuve est, pour les populations de ces régions, la principale voire la seule **ressource en eau douce** disponible.

• Ces deux régions ont vu ces dix dernières années leur population urbaine fortement augmenter (Phœnix, Los Angeles, Mexicali) : dynamisme de la *sunbelt* américaine, attractivité de la région transfrontalière pour les populations latinos du Sud. Traversant la limite Nord-Sud (Californie, PIB par habitant et par an de plus de 30 000 dollars ; Nord-Ouest du Mexique entre 8 600 et 15 000 dollars par habitant et par an), le fleuve Colorado illustre les **différences d'accès à l'eau** entre Nord (Californie, plus de 1 000 litres d'eau potable consommée par jour/habitant) et Sud (Nord-Ouest du Mexique avec 600 litres par habitant).

DÉFINITION

Sunbelt : ceinture du Sud en français, désigne les États du Sud et de l'Ouest des États-Unis connaissant un fort dynamisme économique et un cadre de vie agréable.

B. Des aménagements différents

• Aux États-Unis, l'eau du Colorado sert à alimenter en eau potable des **espaces urbains** comme Denver ou San Diego. Elle est indispensable aux **cultures irriguées**, comme la région de la Vallée impériale où se pratique une agriculture productiviste (betterave à sucre, luzerne...) avec plusieurs récoltes par an. La population américaine utilise aussi cette eau pour les **loisirs** (piscines, golfs) et l'**amélioration du cadre de vie** (création d'espaces verts en plein désert, fontaines). Côté mexicain, le Colorado est tout aussi crucial pour des villes comme Mexicali et l'agriculture irriguée (voir p. 160).

DÉFINITION

Grande hydraulique : grands équipements construits dans le but de distribuer l'eau sur de vastes territoires.

• Pour faire face à ces besoins en eau, les aménagements de **grande hydraulique**, commencés au début du XXe siècle, sont importants, surtout sur le territoire américain. Le fleuve subit de nombreuses dérivations très tôt sur son cours : **tunnels** à travers les Rocheuses vers Denver, **aqueducs** vers Phœnix et la Californie du Sud, **barrages** (comme celui d'Hoover Dam en 1935) avec **lacs-réservoirs** et **canaux** (Alamo canal) vers des terres agricoles.

Le barrage Hoover Dam sur le fleuve Colorado (États-Unis)

C. Une ressource disputée

• L'essor économique et démographique de la seconde moitié du XXᵉ siècle a créé des **tensions** autour du partage de l'eau entre les différents acteurs. Le Mexique reproche aux États-Unis de confisquer une large part des eaux du Colorado. Quand il franchit la frontière, son débit a considérablement diminué et est insuffisant pour répondre aux besoins des populations. L'État mexicain veut ainsi renégocier le **traité de partage des eaux** de 1944.

• Les tensions sont aussi fortes aux États-Unis **entre les grandes villes et les agriculteurs**, qui consomment plus de 80 % des eaux prises dans le fleuve. Les villes recherchent de nouveaux approvisionnements pour faire face à la hausse de leurs besoins, multiplient les aménagements (usines de dessalement, lacs artificiels) et les achats d'eau dans le Nord de la Californie ou auprès des agriculteurs comme ceux de la Vallée impériale, qui sont propriétaires de l'eau qu'ils prennent dans le Colorado.

DÉFINITION

Usine de dessalement : usine fabriquant de l'eau douce par processus de distillation mais très gourmande en énergie.

• Les tensions existent aussi entre les États de l'Union : l'État du Colorado s'est ainsi fait condamner par la Cour suprême, sur plainte de l'Arizona, pour avoir pompé trop d'eau dans le fleuve.

D. Quel bilan ?

• Aujourd'hui, le Colorado est un fleuve pratiquement **asséché** quand il arrive à son embouchure ; il est aussi confronté à de graves problèmes de **pollution**.

• Le **gaspillage** reste malgré tout présent : aménagements (canaux, lacs-réservoirs) soumis à l'évaporation, agriculture grosse consommatrice lorsqu'elle pratique des inondations, arrosage de nombreux espaces verts, etc.

• Quelques efforts ont été faits comme la plantation d'espèces désertiques, l'incitation à réduire la consommation (la consommation d'eau à Los Angeles par habitant a ainsi diminué depuis 20 ans) mais la région est en état de stress hydrique.

NE PAS CONFONDRE

La pénurie est une situation d'insuffisance caractérisée par une disponibilité en eau inférieure à 1 000 m³/hab./an, alors que le stress hydrique est une situation critique caractérisée par une disponibilité en eau comprise entre 1 000 et 1 700 m³/hab./an.

2 L'accès à l'eau douce, un enjeu planétaire vital

A. Une ressource faussement abondante et mal répartie

NE PAS CONFONDRE

Les nappes phréatiques sont des nappes d'eau souterraines renouvelables alors que les aquifères fossiles ne le sont pas.

• 97,4 % de l'eau de la planète n'est **pas consommable directement** puisque salée. Sur les 2,6 % restant, seulement 0,6 % est facilement accessible. En effet, une partie de l'eau douce est piégée dans les glaciers, les marais ou encore les nappes aquifères fossiles profondes coûteuses pour être aménagées.

• Les ressources en eau sont aussi **mal réparties à l'échelle planétaire** par rapport à certains foyers de population. Six États (Brésil, Russie, Chine, Canada, Indonésie, États-Unis) se partagent 50 % des ressources d'eau douce de la planète. Ils ne sont pas tous des géants démographiques et leurs ressources en eau peuvent être éloignées des concentrations de population.

• À l'échelle des continents, le constat est le même : l'Amérique du Sud concentre 30 % des ressources annuelles pour 6 % de la population mondiale. À l'inverse, certaines régions sont en situation de **pénurie**, comme c'est le cas pour plusieurs pays du Moyen-Orient ou le Nord de l'Afrique.

• D'autres sont en situation de **stress hydrique** comme en Asie du Sud ou en Afrique orientale. Ces pays du Sud doivent faire face à une augmentation de leur population dans les années à venir et donc à des besoins en eau plus importants.

B. Des aménagements pour un accès à une eau douce et potable

• Les aménagements pour accéder à l'eau sont anciens que ce soit dans la civilisation égyptienne ou romaine (voir chapitre 2). Les pays du Nord ont lancé de vastes aménagements de grande hydraulique à partir du XIXe siècle (voir chapitre 1) avec les **circuits de distribution** d'eau potable. Ceux-ci ont continué au XXe pour répondre à l'essor urbain, aux besoins industriels et domestiques et à de nouvelles normes d'hygiène et de protection de l'environnement.

• Mais le **coût** des aménagements a augmenté : construction d'usines de dessalement et de lacs-réservoirs en Espagne, traitement des eaux usées (**assainissement**) de plus en plus systématique. Des problèmes de **pollution** subsistent liés aux industries (pollution de fleuves en Europe orientale), à une agriculture grosse consommatrice d'engrais et de pesticides (problème des algues vertes en Bretagne), et à des rejets domestiques non traités (500 000 en France).

• Les pays du Sud ont eux aussi réalisé des aménagements importants comme en Chine : barrage hydroélectrique des Trois Gorges (le plus grand du monde) et aqueducs pour transférer l'eau du fleuve Bleu vers le Nord (Pékin). Le Pakistan a construit de nombreux barrages pour aménager la vallée de l'Indus en vue du développement d'une agriculture irriguée. L'Égypte construit quant à elle ce qu'on appelle déjà une « deuxième vallée » dans le désert, à l'Ouest du Nil.

• Mais les aménagements hydrauliques ne couvrent pas encore la totalité de la population du Sud : **1,5 milliard d'individus** n'ont toujours pas un accès direct à l'eau potable. Les régions les plus touchées sont l'Afrique subsaharienne, l'Asie centrale et l'Asie du Sud-Est et, de manière générale, les populations rurales davantage que les populations urbaines. Lié à un développement insuffisant, le manque d'accès à l'eau potable favorise certaines **maladies** (choléra) et freine la scolarisation. Devant de tels problèmes, le traitement des eaux usées n'est pas la priorité (90 % n'est pas traitée).

C. Une situation de plus en plus complexe

• Les **besoins en eau augmentent** à la fois à cause de la hausse de la population mondiale mais aussi en raison des attentes des sociétés. L'agriculture doit augmenter ses productions pour faire face à l'essor démographique. Les processus industriels sont plus consommateurs d'eau qu'avant (surtout dans les pays du Nord) et la hausse du niveau de vie couplée à l'émergence d'une société de loisirs augmente aussi la consommation d'eau.

• Les aménagements hydrauliques tentent d'y répondre mais parfois au risque d'épuiser la ressource, comme en Libye ou dans la péninsule arabique, en forant dans les nappes aquifères fossiles. Ces aménagements portent aussi parfois **atteinte à l'environnement** : salinisation des sols, déplacement de population, perturbation des écosystèmes et des flux sédimentaires, disparition des terres agricoles liées à la construction de barrages.

DÉFINITION

Projet GAP : projet d'Anatolie du Sud mené par le gouvernement turc afin d'irriguer 1,7 million d'hectares de terres arides à partir de 22 barrages construits sur le Tigre et l'Euphrate.

• Des **tensions se créent au sein des États** (conflits d'usage entre agriculteurs et individus en été dans les pays du Nord) ou entre États voisins. Ainsi la Turquie poursuit depuis les années 1980 l'aménagement hydraulique du Sud-Est anatolien (projet GAP) sur les bassins du Tigre et de l'Euphrate avec la construction de nombreux barrages. Mais l'Irak a vu depuis le volume d'eau de ces fleuves diminuer de même que la superficie de ses surfaces cultivées. La Syrie s'estime également lésée.

• La **ressource en eau par habitant diminue** donc. Pourtant des solutions existent pour une gestion durable de l'eau : essor de l'irrigation agricole avec la technique du goutte à goutte, développement de productions moins gourmandes en eau, stations d'épuration écologiques, limitation de la consommation domestique, recyclage...

Utiliser des figurés pour un croquis

CONSEILS

- Sélectionner les figurés de manière **pertinente** en fonction de l'idée à représenter : on ne localise pas une ville avec un figuré linéaire.
- Soigner leur **représentation** : utiliser des pointes fines pour les traits.
- Pensez aux **superpositions** éventuelles entre certains figurés : cela doit rester lisible !

Entre mer Noire et mer Rouge, une région du monde où la pression hydrique est très forte

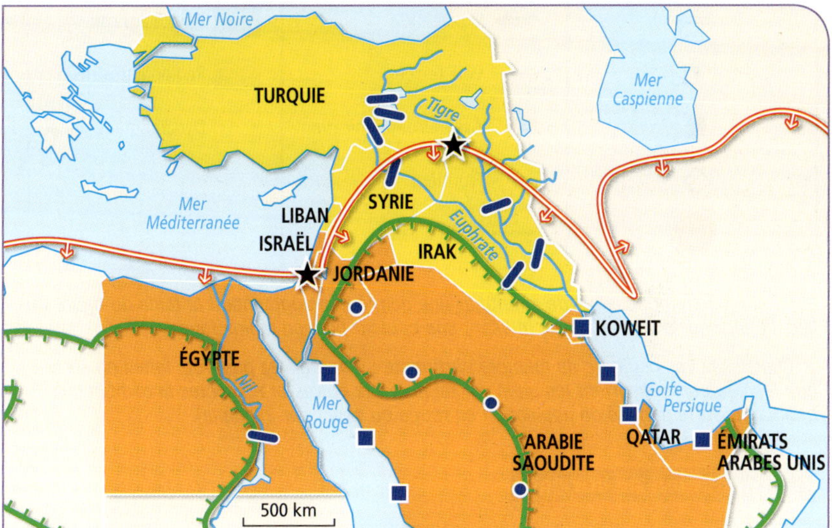

Des ressources en eau inégales

.... Fleuve

.... Nappes aquifères fossiles

.... Précipitations insuffisantes au Sud

Aménagements qui favorisent l'accès à l'eau

.... Barrage

.... Usine de dessalement

.... Forage dans les aquifères

Mais toujours des difficultés

.... Pays où la ressource est surexploitée

.... Pays où la ressource reste maîtrisée

.... Tensions entre États pour le partage de la ressource

Question

À partir du croquis ci-dessus, complétez la légende correspondante.

POINT MÉTHODE

✓ Il existe trois grandes familles de figurés : les figurés ponctuels, qui permettent de localiser, les figurés linéaires, qui rejoignent des espaces, et les aplats de couleurs, qui définissent des espaces. Certains sont conventionnellement utilisés (trait noir pour les voies ferrées par exemple) mais il est possible de les adapter à la carte ou au croquis.

FIGURÉS PONCTUELS	FIGURÉS LINÉAIRES	APLATS
	Flux migratoires	Zone peuplée
	Exportation	Espace agricole
	Voie ferrée	Région industrielle
	Axe de communication	Dynamisme régional
	Frontière	
	Cours d'eau	

✓ Il est également possible de quantifier une donnée en augmentant la taille du figuré utilisé, l'épaisseur d'un trait ou en utilisant une couleur plus ou moins foncée.

✓ Choisissez vos couleurs de manière pertinente : n'en utilisez pas trop, faites en sorte que les couleurs ressortent les unes par rapport aux autres et respectez la codification habituelle (forte densité de population en rouge ou violet par exemple).

Proposition de corrigé

Des ressources en eau inégales	Aménagements qui favorisent l'accès à l'eau	Mais toujours des difficultés
Fleuve	Barrage	Pays où la ressource est surexploitée
Nappes aquifères fossiles	Usine de dessalement	Pays où la ressource reste maîtrisée
Précipitations insuffisantes au Sud	Forage dans les aquifères	Tensions entre États pour le partage de la ressource

TESTEZ VOS CONNAISSANCES

CORRIGÉ p. 179

1. Quel est le pourcentage d'eau que l'on trouve à la surface de la terre ?

- ☐ **a.** 50 %.
- ☐ **b.** 70 %.
- ☐ **c.** 90 %.

2. Qu'est-ce que la grande hydraulique ?

- ☐ **a.** Une grande roue qui amène de l'eau.
- ☐ **b.** L'autre nom du barrage des Trois Gorges en Chine.
- ☐ **c.** Des aménagements importants pour gérer l'accès à l'eau sur de grands espaces.

3. Combien y a-t-il d'eau douce facilement disponible sur Terre ?

- ☐ **a.** 0,6 %.
- ☐ **b.** 5 %.
- ☐ **c.** 8,5 %.

4. Qu'est-ce que le stress hydrique ?

- ☐ **a.** La peur de manquer d'eau.
- ☐ **b.** C'est une situation critique caractérisée par une disponibilité en eau comprise entre 1 000 et 1 700 m^3/hab./an.
- ☐ **c.** C'est une situation critique caractérisée par une disponibilité en eau comprise entre 0 et 1 000 m^3/hab./an.

5. Combien d'États possèdent à eux seuls 50 % des ressources en eau disponible ?

- ☐ **a.** 3.
- ☐ **b.** 6.
- ☐ **c.** 12.

6. Laquelle de ces activités humaines est la plus grande consommatrice d'eau douce ?

- ☐ **a.** Les activités industrielles.
- ☐ **b.** Les activités domestiques.
- ☐ **c.** Les activités agricoles.

7. Combien d'habitants dans le monde n'ont toujours pas accès à l'eau potable ?

- ☐ **a.** 500 millions.
- ☐ **b.** 1 milliard.
- ☐ **c.** 1,5 milliard.

ENTRAÎNEZ-VOUS

CORRIGÉ p. 179

1 Compléter un croquis

30 min

Titre : ....

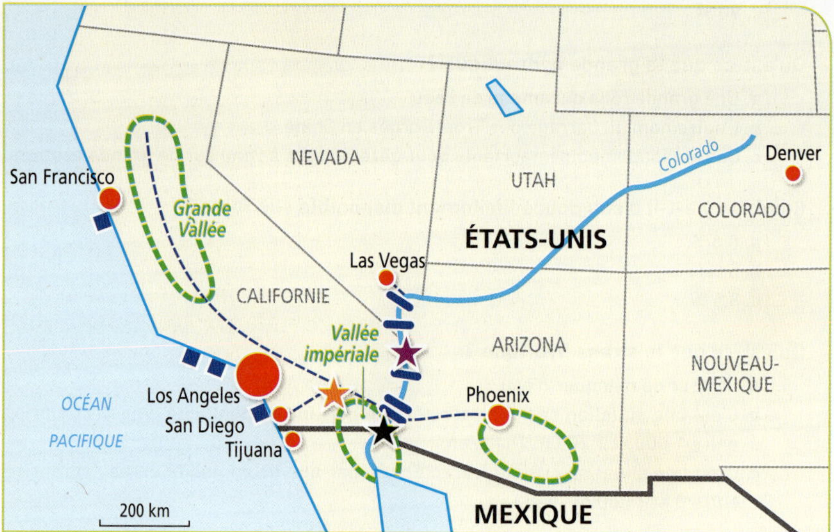

Un fleuve vital pour la région	Grands aménagements hydrauliques	Une gestion difficile
.... Le Colorado, une ressource en eau indispensable	.... Barrage	.... Conflits d'usage entre agriculteurs et urbains
.... Une agriculture irriguée importante	.... Aqueduc	.... Conflits entre États
.... De grands centres urbains	.... Usine de dessalement	.... Conflit entre le Mexique et les États-Unis

CONSEILS

• Tous les figurés de la 2e partie de la légende ont la même couleur, pour plus de cohérence.

• Les figurés sont identiques dans la 3e partie, cela rend le croquis plus lisible, mais de couleurs différentes pour être bien différenciés.

QUESTIONS

A. Donnez un titre à ce croquis.

B. Complétez la légende correspondante à ce croquis.

2 Confronter deux textes

●○○ 40 min

La catastrophe écologique de la mer d'Aral

« Il y a cinquante ans, la mer d'Aral, en Asie centrale, était considérée comme le quatrième plus grand lac du monde. Alimentée par deux grands fleuves – l'Amoudaria et le Syrdaria – elle s'étendait sur 66 000 km^2, et ses eaux fournissaient 40 000 tonnes de poisson par an aux pêcheries locales. Mais, dans les années 1960, les planificateurs de l'Union soviétique ont attribué à l'Asie centrale le rôle de fournisseur de coton. En raison du climat désertique, ils firent appel massivement à l'irrigation [...]. La faible efficacité de l'irrigation – imputable au non-revêtement des canaux et à un mauvais réseau de drainage – a conduit à l'engorgement et à la salinisation des sols sur environ 40 % des terres irriguées. La mer d'Aral, quant à elle, a vu son niveau passer de 53 mètres au-dessus du niveau de la mer, à 36 mètres. Sa surface s'est réduite de moitié, et son volume des trois quarts. Quant aux activités de pêche commerciale, elles ont cessé en 1982. »

Le Monde, 19 juillet 2003.

Vers une renaissance de la mer d'Aral ?

« "Aujourd'hui, le niveau de l'eau dans la partie Nord de la mer d'Aral atteint 42 mètres. Si nous arrivons à le faire remonter jusqu'à 50 mètres, nous garantirons la navigation des bateaux dans le port de la ville", affirme Seribaï Smaïlov, coordinateur des projets de renaissance de la mer au ministère kazakh de l'Agriculture. Avec l'aide de la Banque mondiale, Astana a déjà fait construire, à l'endroit où se jette le Syrdaria, le grand fleuve qui baigne la mer d'Aral, une digue longue de 17 kilomètres et haute de 6 mètres. L'objectif : permettre aux eaux du Syrdaria de stagner dans la partie Nord de la mer d'Aral et éviter qu'elles ne s'échappent dans l'immense partie Sud qui, elle, est définitivement condamnée. Sauf à vouloir remplir une piscine olympique avec un dé à coudre. [...] Les pêcheurs de l'Aral attendant avec autant d'espoir que d'incrédulité la renaissance de leur outil de travail. "La quantité de poissons continue à baisser et c'est toujours les mêmes espèces que nous capturons", constate Jakkcilik Dimjalov. "Avec mes 60 000 tenges mensuels (285 euros), je gagne de quoi faire vivre ma famille". Plus en aval, à proximité de la digue érigée par les autorités kazakhes, la situation se révèle plus précaire. À ce barrage a été ajouté un déversoir, une structure construire à la même hauteur, et destinée à évacuer vers le Sud de la mer le trop-plein d'eau. Les poissons sont ainsi aspirés dans cette goulotte et entraînés vers l'Ouzbékistan, soit hors de portée des pêcheurs kazakhs. »

Pierre **Avril**, *Le Figaro*, 31 octobre 2011.

QUESTIONS

A. Que s'est-il passé pour la mer d'Aral ? Quelles en furent les conséquences ?

B. Montrez que la situation s'est améliorée depuis la date du premier document.

C. Quels conflits existent aujourd'hui autour de la mer d'Aral ?

Corrigés de *TESTEZ VOS CONNAISSANCES*

1. b. La surface de la planète est recouverte d'eau à 70 %.

2. c. La grande hydraulique consiste en des aménagements importants pour gérer l'accès à l'eau sur de vastes territoires, comme l'aménagement de la vallée de l'Indus au Pakistan, ou dans le Sud-Est anatolien en Turquie.

3. a. Le pourcentage d'eau douce facilement disponible est très faible : 0,6 %. En effet, 2 % de l'eau est retenue dans des glaciers.

4. b. Le stress hydrique est une situation critique caractérisée par une disponibilité en eau comprise entre 1 000 et 1 700 m^3/hab./an.

5. b. Au nombre de 6, ce sont souvent des États avec peu de population, ainsi le Canada dépasse les 34 millions d'habitants pour 7,2 % des ressources mondiales, ou avec des ressources mal réparties, comme la Chine.

6. c. L'agriculture est l'activité qui consomme le plus d'eau à l'échelle planétaire. Des différences existent entre les pays du Nord et les pays du Sud. Au Nord, l'agriculture consomme moins d'eau qu'au Sud.

7. c. 1,5 milliard d'habitants n'ont toujours pas un accès à l'eau potable à domicile. En milieu rural, il leur faut souvent effectuer plusieurs kilomètres pour aller la chercher, travail effectué en partie par les enfants, ce qui freine leur scolarisation.

Corrigés de *ENTRAÎNEZ-VOUS*

1 *Compléter un croquis*

Titre : Les enjeux de l'exploitation du fleuve Colorado

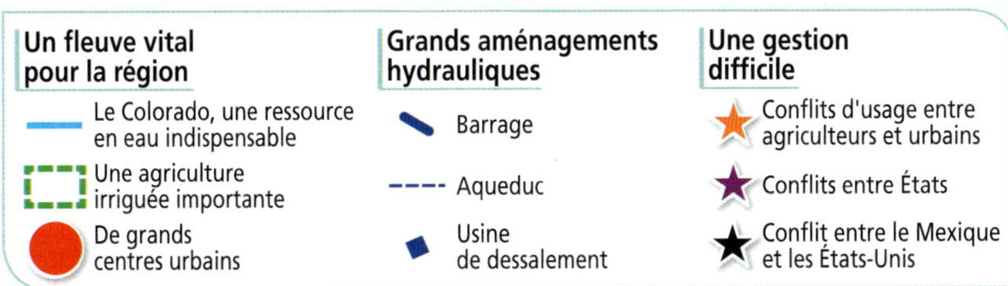

2 *Confronter deux textes*

A. La mer d'Aral, située en milieu désertique, est alimentée « par deux grands fleuves-l'AmouDaria et le SyrDaria ». Mais l'URSS a, dans les années 1960, décidé de transformer une partie du désert d'Asie centrale en terres agricoles (« fournisseurs de coton ») qui ont été irriguées par ces fleuves. Le débit des fleuves a alors diminué entraînant la baisse du niveau de la mer et la réduction de sa surface (« s'est réduite de moitié »). « La pêche commerciale » a aussi disparu. Enfin, la salinisation des sols est à déplorer (40 %) du fait d'une mauvaise gestion de l'irrigation et des canaux.

B. La partie Nord de la mer d'Aral a vu sa surface et sa hauteur à nouveau augmenter (« 42 mètres ») grâce à la construction d'un aménagement hydraulique (« une digue longue de 17 km ») qui empêche les eaux du Syrdaria de s'enfoncer vers le Sud. Il y a donc une mer d'Aral divisée en deux. Les pêcheurs ont pu recommencer leur activité.

C. Mais il y a des conflits entre les pêcheurs et les autorités kazakhs à propos d'un déversoir et surtout avec les États voisins de l'Aral. Les tensions liées au manque de poissons ou au faible renouvellement des espèces rendent la concurrence rude entre les pêcheurs, au revenu déjà faible, et alimente les insatisfactions.

L'enjeu énergétique

POUR DÉMARRER

- La consommation énergétique a connu son essor avec les **Révolutions industrielles** qui se sont appuyées sur les ressources de **charbon**, de **pétrole** et de **gaz** et ont maîtrisé la production d'**électricité** puis de la filière **nucléaire**.
- Aujourd'hui, il faut concilier la hausse démographique, l'augmentation des besoins énergétiques, les problèmes de pollution et les tensions engendrées pour la mainmise des lieux de production : l'énergie est bien devenue un **enjeu planétaire majeur**.

1 La Chine, les choix énergétiques d'une puissance mondiale

A. Une consommation énergétique qui explose

- Depuis l'ouverture au monde de l'économie chinoise, en 1978, le pays a connu une croissance économique forte (souvent plus de 10 % par an) qui en fait aujourd'hui un **pays émergent** et, depuis 2011, la seconde puissance économique mondiale.

- Son développement industriel et la hausse du niveau de vie d'une partie de la population (boom des ventes de voitures, premier marché mondial depuis 2009) ont entraîné une forte hausse de ses besoins énergétiques, hausse qui va croissante.

- Elle est, depuis 2009, le **premier consommateur d'énergie** de la planète (2 300 millions de tep) devant même les États-Unis, même si la consommation énergétique par habitant est largement inférieure à eux. Elle est le premier producteur de charbon et d'électricité mais aussi, depuis 2011, le premier importateur de charbon, et de pétrole depuis 2012.

DÉFINITION

Tonne équivalent pétrole (Tep) : unité de mesure qui permet de comparer les énergies entre elles (1 tep équivaut à 1 000 m³ de gaz).

B. Assurer sa sécurité énergétique

• La Chine est ainsi **dépendante de ses importations** (Moyen-Orient) et a le souci de préserver ses approvisionnements. Pour cela, elle investit à l'étranger via ses entreprises (Sinapec) et oriente souvent sa politique étrangère en fonction de ses intérêts énergétiques. La Chine est ainsi devenue un partenaire financier et commercial de pays africains producteurs de pétrole comme le Nigeria ou l'Angola. Elle consolide aussi ses relations avec la Russie, premier pays producteur d'énergie au monde. Depuis 1997, elle investit dans la construction de réseaux de tubes en Asie centrale pour importer gaz et pétrole vers son territoire. Dernier territoire qui intéresse le gouvernement chinois, l'Arctique, potentiellement riche en hydrocarbures.

NE PAS CONFONDRE

Sécurité énergétique : politiques menées par un État pour éviter une rupture de ses approvisionnements en énergie.

Indépendance énergétique : capacité pour un État à produire l'énergie nécessaire sur son territoire. Plus il doit importer de l'énergie, plus son indépendance énergétique est faible.

• La hausse de sa consommation est en partie assurée par un **fort investissement** dans l'exploration de son sous-sol (2 600 milliards de mètres cubes de gaz découverts entre 2008 et 2011). En effet, la majorité des gisements sont situés à l'intérieur du pays (Xinjiang) et entraînent la construction de gazoducs et oléoducs pour les amener vers le littoral urbanisé et développé. Mais l'investissement dans les énergies renouvelables est un autre moyen de faire progresser son indépendance énergétique.

C. Une Chine tournée vers des solutions d'avenir ?

• Avec sa très forte consommation de charbon (50 % de la consommation planétaire surtout pour ses centrales thermiques), la Chine est le **premier émetteur de CO_2**. Elle se tourne, pourtant, vers les **énergies renouvelables** : hydroélectricité, éolien, solaire. Avec la construction de barrages sur le Yangzi comme celui des Trois Gorges (le plus long du monde) et sur le fleuve jaune, elle est le premier producteur mondial de houille blanche.

DÉFINITIONS

Houille blanche : nom donné à la production hydroélectrique.

Éthanol : biocarburant fabriqué à partir de végétaux comme la canne à sucre, le colza, etc.

• Son industrie a aussi massivement investi dans la fabrication des panneaux solaires photovoltaïques (plus de 50 % de la production mondiale) au détriment de la production européenne. Les équipements domestiques en chauffe-eau solaire progressent et elle installe des champs d'éoliennes. Le gouvernement a également lancé la production d'éthanol (3e rang mondial) mais celle-ci se révèle très gourmande en eau, ce qui aggrave les tensions sur son accès.

• Son objectif est d'atteindre 40 % d'énergies renouvelables d'ici 2040. Mais, pour 2015, ses prévisions ne sont que de 11 %. Son défi doit être d'arriver à maîtriser sa consommation énergétique et à gérer ses problèmes de pollution de l'air, objectifs présents dans son plan quinquennal de 2011-2015.

NE PAS CONFONDRE

Les énergies fossiles (pétrole, gaz) seront épuisées une fois tous les gisements exploités, tandis que les énergies renouvelables utilisent des phénomènes naturels toujours existants pour créer de l'énergie.

2 Les ressources énergétiques, un enjeu planétaire

A. Une planète gourmande en énergies

• Depuis le XIXe siècle, la demande en énergies est en **augmentation**. Les crises pétrolières ont fait prendre conscience aux pays du Nord du coût énergétique mais la croissance des pays émergents a relancé la demande. Ainsi, la consommation énergétique est passée de 6 107 millions de tep en 1973 à 12 717 en 2010. La hausse devrait continuer surtout du fait de la Chine, de l'Inde et du Moyen-Orient.

DÉFINITIONS

Crises pétrolières : hausse brutale du prix du pétrole brut en 1973 puis en 1979.

Bouquet énergétique : composition des différentes énergies consommées par un État.

• Les **hydrocarbures** et le **charbon** sont les principales énergies consommées à l'échelle mondiale : **71,1 %** de la consommation énergétique planétaire en 2010. Le pétrole est majoritairement consommé par le secteur des transports. Ainsi les énergies fossiles sont loin devant les énergies renouvelables. On assiste pourtant à un bouquet (ou mix) énergétique de plus en plus varié, différent selon les pays.

• Pourtant, près de 1,3 milliard d'habitants n'ont toujours pas accès à l'électricité, notamment dans les pays d'Afrique subsaharienne.

B. Des États soucieux de la facture énergétique

• La **répartition** des gisements d'énergie fossile est **très inégale** à l'échelle planétaire. La **Russie** est le **premier producteur mondial d'énergies** grâce à ses nombreux gisements sibériens de gaz, de pétrole. Le Moyen-Orient est un acteur incontournable pour le pétrole. Les gisements de charbon sont importants en Chine, aux États-Unis, en Australie. Les réserves planétaires d'énergie fossile connues sont surtout situées en Russie, Asie centrale et Moyen-Orient pour le gaz naturel.

• Les progrès de la prospection ont permis la découverte de vastes gisements offshore (extraction d'hydrocarbures dans le sous-sol marin) dans le golfe du Mexique et au Brésil. La fonte de la banquise rend l'Arctique attractif. La découverte des gaz et pétrole de schiste aux États-Unis risque de modifier la hiérarchie mondiale à brève échéance en en faisant les premiers producteurs mondiaux de pétrole et de gaz mais aussi à nouveau des exportateurs majeurs.

• Face à cette situation inégalitaire, les **États du Nord** ont développé des **politiques différentes** pour assurer leur **sécurité énergétique**. Ainsi, la France, très pauvre en énergie fossile exploitable, a fait le choix de l'électricité nucléaire dès les années 1970 (80 % de son électricité) et s'est assurée de ses approvisionnements en uranium au Niger. Les États-Unis, gros producteurs mais aussi gros consommateurs, ont toujours veillé sur les gisements du Moyen-Orient par l'entremise de sociétés pétrolières, comme Exxon Mobil, ou par une politique étrangère très présente allant parfois jusqu'à des interventions militaires (guerre du Golfe).

• Les pays émergents comme la Chine mettent en place aussi leurs propres stratégies. La hausse de la piraterie au large de la mer Rouge a poussé plusieurs flottes de guerres à y sécuriser le transport maritime des hydrocarbures. Les énergies sont aussi un **enjeu géopolitique**.

C. Vers des politiques énergétiques plus durables ?

• La hausse du coût des hydrocarbures depuis le choc pétrolier de 1973, la prise de conscience des risques sanitaires causés par la pollution de l'air ou par un accident nucléaire, la saturation des espaces urbains, le réchauffement climatique, la dépendance énergétique amènent les États à un début d'**inflexion de leurs choix énergétiques**. On assiste, surtout dans les pays du Nord, à des stratégies d'**économie d'énergie** (bâtiments basse consommation, voitures économes en carburant) et à l'**essor des énergies renouvelables**.

- L'épuisement inévitable des énergies fossiles et la question du nucléaire nécessitent une orientation vers les énergies renouvelables. Elles sont **très diverses** : solaire, éolien, hydroélectricité mais aussi bois, géothermie (énergie puisée dans le sol pour le chauffage), biomasse (utilisation de végétaux et de déchets), biocarburants (distillation de plantes pour obtenir du carburant) ou encore courants océaniques (installation de turbines sous-marines). Elles font appel à de nouvelles technologies qui pourraient donner naissance à une économie verte.

- La recherche d'énergie verte et d'une meilleure efficacité énergétique se fait à différentes échelles : du particulier à l'échelle mondiale mais avec des intensités différentes. En 2006, la Californie s'est engagée à réduire ses émissions de gaz à effet de serre en 2020 à son niveau de 1990 en passant à 33 % d'électricité fabriquée en énergie renouvelable et en diminuant sa pollution automobile (incitations pour les véhicules électriques). Mais, à l'échelle des États-Unis, on assiste à l'exploitation des gaz et pétroles de schiste dont la fracturation hydraulique fait tant débat en Europe. L'Union européenne, quant à elle, s'est fixée des objectifs d'économie d'énergie d'ici 2020.

> **DÉFINITIONS**
>
> *Efficacité énergétique* : meilleure production et/ou consommation de l'énergie par un État.
>
> *Énergie verte* : autre nom donné aux énergies renouvelables.

- Mais les **objectifs du protocole de Kyoto sont loin d'être atteints** (stagnation), 60 % des gaz à effet de serre sont encore issus de l'énergie. En cause, la hausse de l'utilisation du charbon et des investissements dans les énergies durables moindres que dans les énergies fossiles. Les politiques énergétiques devront aussi dans l'avenir prendre en compte les contraintes liées à l'eau pour la production électrique et les biocarburants.

Analyser des statistiques

CONSEILS

- Des **connaissances** sur le sujet traité sont indispensables pour comprendre des statistiques.
- Ne pas négliger le **contexte** surtout pour des statistiques qui mettent en évidence un **phénomène historique** particulier.

Producteurs, exportateurs et importateurs de pétrole brut

Producteurs	Mt (Millions de tonnes)	% du total mondial
Arabie saoudite	517	12,9
Fédération de Russie	510	12,7
États-Unis	346	8,6
Répub. islamique d'Iran	215	5,4
République populaire de Chine	203	5,1
Canada	169	4,2
Émirats arabes unis	149	3,7
Venezuela	148	3,7
Mexico	144	3,6
Nigeria	139	3,5
Reste du monde	1 471	36,6
Monde	4 013	100,0

Exportateurs net	Mt
Arabie saoudite	333
Fédération de Russie	246
Nigeria	129
Répub. islamique d'Iran	126
Émirats arabes unis	105
Iraq	94
Venezuela	87
Angola	84
Norvège	78
Mexico	71
Autres	609
Total	1 962

Importateurs net	Mt
États-Unis	513
Répub. populaire de Chine	235
Japon	181
Inde	164
Corée	119
Allemagne	93
Italie	84
France	64
Pays-Bas	60
Singapour	57
Autres	483
Total	2 053

Question

Quelles hiérarchies mondiales ces tableaux reflètent-ils ?

POINT MÉTHODE

✓ *Repérez la source, la date et le contexte du document.*

✓ *Ne cherchez pas à analyser chaque donnée, sélectionnez plutôt ce qui paraît intéressant ou qui témoigne de grandes évolutions.*

✓ *N'hésitez pas, quand c'est nécessaire, à faire des calculs pour quantifier une évolution, soit avec le coefficient multiplicateur soit avec des pourcentages.*

✓ *Quand le tableau est à double entrée, effectuez une lecture horizontale et verticale des données.*

✓ *Pensez à intégrer des données du tableau dans l'analyse.*

✓ *Confrontez les phénomènes relevés à vos connaissances et effectuez au besoin une analyse critique à la fin.*

Proposition de corrigé

Les 10 premiers producteurs mondiaux reflètent l'inégale répartition des gisements de pétrole : une concentration au Moyen-Orient (Arabie saoudite, Iran, Émirats arabes unis pour respectivement 12,9 %, 5,4 %, 3,7 % de la production mondiale) et d'autres gisements éclatés sur les continents (États-Unis, Nigeria, Chine). L'Arabie saoudite reste le premier producteur de pétrole grâce à ses énormes réserves identifiées. La Russie (12,7 % de la production mondiale) est un pays très riche en ressources énergétiques, surtout en Sibérie.

Les principaux exportateurs sont des pays pour lesquels le pétrole est une rente (Arabie saoudite, 1er rang mondial en 2010), ou qu'ils ne consomment qu'une part faible de leur production, ou qu'ils n'ont que peu développé leur industrie (Nigeria, Venezuela). La Norvège est un cas à part : pays au très fort IDH, elle investit ses revenus issus des hydrocarbures dans le développement du pays.

Les principaux importateurs sont soit des pays développés du Nord (Japon, 181 millions de tonnes), soit des pays émergents (Inde). Les pays du Nord sont dépendants du pétrole pour les transports (importance du trafic routier), leurs activités industrielles notamment pétrochimiques et l'alimentation des centrales thermiques. Ainsi, les États-Unis (513 millions de tonnes), avec leur vaste superficie et ses *suburbs* (banlieues) consomment beaucoup de carburant. Les pays émergents deviennent de gros importateurs avec une consommation dopée par leur forte croissance économique. Le cas de la Chine est représentatif : 5e producteur mondial en 2011, elle était aussi le second importateur mondial en 2010.

Mais les chiffres de l'AIE (agence internationale de l'énergie) sont déjà dépassés pour les États-Unis et la Chine.

TESTEZ VOS CONNAISSANCES

CORRIGÉ p. 191

1. L'énergie nucléaire est une énergie :

☐ **a.** Sans risque.
☐ **b.** Inépuisable.
☐ **c.** Qui permet la fabrication d'électricité.

2. Les hydrocarbures sont constitués :

☐ **a.** De pétrole.
☐ **b.** De bois.
☐ **c.** De gaz.

3. Les énergies fossiles sont :

☐ **a.** Épuisables.
☐ **b.** Renouvelables.
☐ **c.** Polluantes.

4. Le bouquet énergétique est :

☐ **a.** La composition des énergies utilisées par un pays.
☐ **b.** L'ensemble des énergies renouvelables utilisées par un pays.
☐ **c.** L'ensemble des énergies fossiles utilisées par un pays.

5. La sécurité énergétique désigne :

☐ **a.** Le contrôle des centrales nucléaires.
☐ **b.** Le contrôle technique des supertankers.
☐ **c.** Un politique visant à éviter les ruptures d'approvisionnement.

6. Le photovoltaïque est :

☐ **a.** La production d'eau chaude solaire.
☐ **b.** La production d'électricité solaire.
☐ **c.** La production de chaleur par récupération de l'air.

7. Le bois est :

☐ **a.** Une énergie renouvelable.
☐ **b.** Une énergie fossile.
☐ **c.** Une énergie polluante.

TESTEZ VOS CONNAISSANCES

CORRIGÉ p. 191

1 *Analyser un tableau*

●●○ 45 min

Offre et demande mondiales de pétrole, en millions de barils/jour

	2008	2009	2010	2011
Demande OCDE	47,6	45,46	45,1	45,6
Demande non-OCDE	38,6	39,55	41,8	43,5
dont Chine	8	8,37	9,4	9,5
Autre Asie	9,6	10,1	10,4	10,7
Moyen-Orient	7,3	7,5	7,8	8
Demande totale	86,6	85,6	88,3	89,1
Offre totale	86,7	85,5	87,3	88,4
Écart offre-demande	0,1	– 0,1	– 1,0	– 0,7

Source : AIE, Oil Market Report, 12 avril 2012.

REMARQUE

- *L'OCDE, organisation de coopération et de développement économique, regroupe 34 pays (Union européenne, États-Unis, Canada, Australie, Japon, Corée du Sud et des pays émergents).*
- *L'AIE est l'agence internationale de l'énergie.*

QUESTION

Après avoir présenté le document, analysez l'évolution du marché du pétrole entre 2008 et 2011.

2 *Confronter deux textes*

●●○ 1 h

DOCUMENT 1

« Le barrage d'un coût de près de 13 milliards de dollars est le plus important en cours d'édification au Brésil et le troisième du monde. Il fournira 11 233 MW, soit 11 % de la capacité installée du pays, de quoi alimenter 20 millions de foyers. La présidente, Dilma Rousseff, fait valoir que le barrage est indispensable pour répondre aux besoins énergétiques du pays, qui doivent être multipliés par 2,5 d'ici à 2030.

Sa construction entraînera l'inondation de 502 km^2 (soit cinq fois la superficie de Paris). Et même si les terres des populations indiennes locales ne sont pas inondées, leur mode de vie risque d'être affecté car elles tirent leur subsistance de la pêche. Le gouvernement, qui prévoit la création de 80 000 emplois indirects, avance que le projet va développer une région qui demeure une des plus pauvres du Brésil alors que les opposants s'inquiètent de la pression démographique engendrée par cet afflux de travailleurs.

Cet ouvrage gigantesque symbolise les dilemmes de la sixième économie mondiale. Le Brésil a réduit drastiquement la déforestation de l'Amazonie et affirme avoir la source d'énergie la plus propre parmi les grandes économies. Mais il s'est aussi lancé dans de gigantesques projets d'infrastructures, dont des barrages et des routes en Amazonie pour accompagner son développement. »

« La justice brésilienne exige à nouveau l'arrêt du chantier du barrage géant de Belo Monte », Le Monde.fr, 15 août 2012.

DOCUMENT 2

« Le développement spectaculaire des biocarburants prête le flanc à de nombreuses critiques. La conversion d'étendues de terre immenses à la plantation de la canne à sucre (et d'autres cultures) suscite l'inquiétude de ceux pour qui le recours à la monoculture est contraire aux principes de la sécurité alimentaire. [...]

Second producteur d'éthanol au monde, derrière les États-Unis, le Brésil n'est donc pas exempt de critiques en la matière. D'autant plus que la canne à sucre s'est immiscée dans la région amazonienne ces dernières années, déclenchant l'ire des écologistes.

Le Brésil s'avère être le premier exportateur de biocarburants (environ 15 % de sa production d'éthanol). Le géant sud-américain a été soupçonné de vouloir inciter les pays se consacrant à ce type de cultures à constituer une "OPEP de l'éthanol". »

Yann Le Houelleur, « Les Brésiliens prônent le développement des biocarburants », Usinenouvelle.com, 18 août 2010.

QUESTIONS

Présentez les deux documents puis montrez en quoi les énergies renouvelables peuvent avoir des avantages et des inconvénients.

Corrigés de *TESTEZ VOS CONNAISSANCES*

1. c. Le nucléaire permet de produire de l'électricité par l'intermédiaire de centrales mais la sécurité doit y être maximum pour éviter des accidents de type Tchernobyl. Il pose aussi le problème de la gestion des déchets des centrales, qui restent radioactifs une centaine d'années.

2. a et b. Les hydrocarbures sont constitués du gaz et du pétrole enfouis dans le sol, ils se sont formés à l'ère géologique.

3. a et c. Les énergies fossiles extraites du sous-sol sont épuisables. La question se pose de la fin de ces gisements dont certains viennent d'être découverts (pétrole au Brésil). Leur utilisation est source d'émissions importantes de gaz à effet de serre (GES), responsables du réchauffement climatique.

4. a. On constate que les bouquets énergétiques des États, c'est-à-dire les types d'énergies utilisés, sont plus variés depuis les crises pétrolières et ceci pour limiter la dépendance énergétique et assurer la sécurité énergétique du pays.

5. c. Elle permet d'éviter les ruptures d'approvisionnement de pays pour lesquels l'énergie est vitale pour l'économie.

6. b. Les panneaux constitués de cellules photovoltaïques permettent de fabriquer de l'électricité. La Chine est devenue le leader mondial dans leur fabrication.

7. a. Le bois est une énergie renouvelable dans la mesure où l'on replante les forêts exploitées. On considère que le CO_2 émis lors de la combustion du bois est contre-balancé par son stockage tant que le végétal n'a pas été coupé.

Corrigés de *ENTRAÎNEZ-VOUS*

1 *Analyser un tableau*

Ce tableau de statistiques récapitule l'offre et la demande mondiale de pétrole entre 2008 et 2011 c'est-à-dire depuis l'éclatement de la crise économique. Ces chiffres sont issus d'une source institutionnelle, l'agence internationale de l'énergie (AIE).

Les pays de l'OCDE (Organisation de coopération et de développement économique) ont vu leur demande de produits pétroliers diminuer entre 2008 et 2009 (de 47,6 à 45,46 millions de barils/jour) puis stagner, ce qui s'explique par l'impact de la crise sur leur économie. En effet, l'OCDE est majoritairement constituée de pays développés, pays qui ont été les plus touchés et ont vu leur croissance ralentir. Par contre, d'autres régions du monde ont continué à bénéficier d'une réelle croissance économique.

Ainsi, la Chine a vu sa consommation de pétrole augmenter (de 8 à 9,5 millions de barils/jour) en raison de la hausse de niveau de vie de sa population, d'une consommation intérieure importante avec son foyer de population, atelier du monde.

Les producteurs de pétrole se sont globalement adaptés au marché même si l'écart entre l'offre et la demande correspond à une baisse de 0,7 million de barils/jour en 2011, d'où une hausse des prix sur cette période.

2 Confronter deux documents

Les deux documents sont des articles de presse récents qui traitent de deux sources énergétiques différentes que le Brésil, pays émergent, s'efforce de développer : l'hydroélectricité et les biocarburants.

Ces deux énergies entrent dans la catégorie des énergies renouvelables, car elles évitent l'émission de gaz à effet de serre. Pour les produire, le Brésil tire partie de ses atouts : vaste bassin amazonien développé (« création de 80 000 emplois indirects » avec Belo Monte) grâce à la construction d'infrastructures (barrages, routes), nombreuses terres agricoles qui permettent la culture de la canne à sucre utilisée pour fabriquer l'éthanol. Ceci permet aussi au Brésil d'assurer sa sécurité énergétique : le barrage de Belo Monte devrait alimenter 20 millions de foyers en électricité dans un contexte de hausse des besoins énergétiques du pays. Les voitures roulant à l'éthanol évitent quant à elles la consommation de pétrole.

Mais ces énergies sont aussi soumises à des critiques : le barrage de Belo Monte va noyer « 502 km^2 » de forêt amazonienne, impacter le quotidien des tribus et endommager son écosystème. La culture de la canne à sucre est aussi critiquée pour son rôle dans la déforestation et la crainte que la culture des biocarburants se fasse au détriment de l'alimentation humaine.

REMARQUE

La citation d'éléments utiles tirés des textes permet de montrer à votre correcteur que vous ne vous en éloignez pas. Évitez toutefois la paraphrase en apportant des éléments explicatifs à vos citations.

Aménager la ville

POUR DÉMARRER

- **Les villes rassemblent aujourd'hui plus de 50 % de la population mondiale et la croissance urbaine continue en Asie comme en Afrique.**
- **Les villes sont confrontées à des problématiques d'aménagement. Elles sont aussi le reflet des inégalités sociales.**
- **Dans un contexte de hausse démographique, se pose aussi la question de l'aménagement de villes plus respectueuses de l'environnement.**

1 Deux villes mondiales : Londres et Mumbai

A. Mumbai, une mégapole d'un pays émergent

• Mumbai (ou Bombay) est une mégapole de 21 millions d'habitants, agglomération (ville-centre avec ses banlieues) comprise, ce qui en fait la quatrième plus grande mégapole mondiale. Elle est aujourd'hui la capitale économique de l'Inde, essor qui a commencé avec la colonisation britannique et le développement portuaire. C'est aussi un centre industriel, financier et cinématographique (Bollywood).

DÉFINITION

Mégapole : très grande agglomération qui dépasse les 8 millions d'habitants.

• Sa croissance a explosé après la Seconde Guerre mondiale : elle est passée de 2 millions d'habitants à 12,5 millions pour la ville-centre en 2010. 28,5 millions d'habitants sont prévus pour 2025. En cause l'**attractivité** de la ville qui voit converger des populations rurales pauvres mais aussi des populations qualifiées.

• Même si Mumbai est le **principal centre économique** de l'Inde, la ville est marquée par de grandes disparités spatiales : 60 % de la population vit dans des **slums** (les bidonvilles) parfois en plein centre comme le plus vaste d'entre eux, Dharavi. S'y juxtaposent des quartiers résidentiels aisés et des centres d'affaires. L'explosion urbaine a entraîné un **étalement urbain** sur l'île puis les littoraux, le long des axes de transport.

• Une partie de cette extension est **incontrôlée** mais les pouvoirs publics cherchent de plus en plus à maîtriser l'espace urbain, à l'image de la **ville nouvelle** « Navi Mumbai » créée de toutes pièces au Sud. Le site naturel particulier de Mumbai (c'est une île) et la densité urbaine rendent les déplacements difficiles en son sein. La circulation est engorgée malgré les bus et les trains qui circulent.

• De **grands travaux** ont alors été engagés : ponts pour traverser les baies, métro. La municipalité est aussi confrontée aux problèmes d'accès à l'eau, à la pollution, au ramassage des ordures. Un projet vise à faire disparaître certains bidonvilles en relogeant les habitants ailleurs pour récupérer des terrains et y mettre des constructions verticales, solution au manque de logement.

B. Londres, une ville mondiale de pays développé

• Autre mégapole, Londres compte 8,6 millions d'habitants en 2010 (le grand Londres). Cette capitale politique a été la première ville européenne à connaître une forte croissance au XIXe siècle. Les densités urbaines y sont élevées. Classée première **place financière mondiale** avec le quartier d'affaires de la **City**, les écarts de richesse sont toutefois très importants dans l'*inner* London (la ville-centre) : les catégories les plus pauvres y côtoient les plus riches. De violentes émeutes ont éclaté en 2011.

• Londres est considérée comme une **ville multi-ethnique** composée de communautés issues de l'ancien empire britannique comme les Indiens ou les Pakistanais. Certains quartiers voient parfois y vivre plus de 60 % d'une même minorité.

• Les autorités ont lancé au XXe siècle des **politiques d'aménagement** : le plan de 1969 a incité à un desserrement des populations et des emplois vers les banlieues, une ceinture verte a été instaurée, des centres secondaires sont apparus (création de villes nouvelles). Mais cela a intensifié les flux pendulaires plus longs et les difficultés de transports. Depuis les années 1980-1990, on assiste à une volonté d'**intensification urbaine** dans la ville-centre pour limiter

DÉFINITION

Flux pendulaires : déplacements réguliers domicile-lieu de travail.

l'étalement urbain. De nouveaux quartiers d'affaires ont été créés : les ***Docklands*** sur des friches industrielles, le *London Bridge Quarter* en face de la City. Mais ces espaces sont dédiés à des catégories aisées et accentuent la ségrégation socio-spatiale.

- Face aux flux de transports générateurs de problèmes (embouteillage, pollution), Londres a cherché des solutions. Un métro léger automatique a été lancé. En 2003, un péage routier a été créé pour l'hyper-centre qui a eu pour conséquence une plus grande utilisation des **transports en commun**. Le statut de ville mondiale contribue à l'engorgement de son aéroport principal : Heathrow. Une nouvelle piste est prévue pour 2015 suscitant l'opposition des écologistes. Des écoquartiers ont vu le jour en banlieue : Greenwich Millenium village, BedZed. Mais ils sont majoritairement destinés à des familles aisées. L'organisation des Jeux Olympiques en 2012 a voulu se faire sous l'angle du développement durable mais s'est aussi inscrite dans le but de développer l'Est londonien.

DÉFINITION

Écoquartier : quartier d'une ville aménagé selon les objectifs du développement durable.

2 Une planète urbaine

A. Une croissance urbaine mondiale

- En 2025, la **population urbaine** atteindra 70 % des habitants de la planète. Dans les pays du Nord, l'urbanisation (plus de 75 % de la population est urbaine) est ancienne et aujourd'hui très ralentie. En effet, l'exode rural y est terminé et l'accroissement naturel faible. Mais l'étalement urbain continue. Par contre, les pays du Sud voient leur **population urbaine exploser** (exode rural et accroissement naturel importants) : en 1950, 14,4 % des Africains habitaient en ville contre 40 % en 2010. Ils sont dans une situation de transition urbaine.

DÉFINITION

Transition urbaine : passage d'une société rurale à une société urbaine.

- Les mégapoles sont également plus nombreuses et voient leur population augmenter. Parmi les 10 premières agglomérations mondiales, **7 sont en Asie**. La majorité sont dans des pays du Sud. Au Nord comme au Sud, elles sont confrontées au problème de l'étalement urbain : vastes banlieues pavillonnaires (habitat individuel des ***suburbs***, banlieues) aux États-Unis, extension non contrôlée par les pouvoirs publics des ***favelas*** brésiliennes, etc.

• Les villes du Nord et du Sud connaissent aussi des **disparités spatiales** liées aux contrastes sociaux. Plus marquées et visibles au Sud, notamment par la juxtaposition des bidonvilles et des quartiers aisés, elles existent aussi dans des villes du Nord : quartiers défavorisés dans certains centres-villes (ghettos) ou rejetés en périphérie à la suite du processus de gentrification. On voit aussi se développer des quartiers fermés et protégés (les ***gated communities***) construits en banlieue pour les classes aisées dans les pays du Nord (États-Unis) mais aussi dans les pays émergents (Afrique du Sud par exemple).

DÉFINITIONS

Gentrification : rénovation des quartiers des centres-villes, qui voient revenir les classes moyennes supérieures.

Ghetto : quartier composé d'une même minorité ethnique ou religieuse. Plus récemment, ce terme est aussi utilisé pour nommer un quartier pauvre.

B. Les enjeux des transports urbains

• L'étalement urbain et la hausse de la population urbaine posent la **question des transports** et de la **mobilité**. Se déplacer en ville dans les pays du Nord est devenu, depuis les années 1960, de plus en plus compliqué à cause de l'essor de l'automobile, de la hausse des flux pendulaires mais aussi de celui des marchandises et parfois de réseaux de transports en communs insuffisants ou mal connectés entre eux. Pour les pays du Sud, on retrouve les mêmes problèmes depuis les années 1990 avec la hausse du niveau de vie d'une partie de leur population qui accède à un meilleur niveau de vie et donc à la voiture. S'y rajoutent des **transports publics insuffisants**, saturés.

• Les problèmes d'engorgement de la circulation et de **pollution** (risque sanitaire) sont donc importants dans les villes du Nord et du Sud. Pour y faire face, certaines villes du Nord ont engagé des politiques de développement des **transports en commun**, du covoiturage et de mise à l'écart de la voiture dans les centres-villes. On assiste aussi à l'essor du vélo (location). La France voit le tramway à nouveau présent dans le paysage urbain, le coût du stationnement en ville incite à laisser sa voiture en périphérie (développement de plates-formes multimodales urbaines), extension des métros (projet parisien d'une liaison banlieue à banlieue). Les **rénovations** des centres-villes contribuent aussi à y retenir la population et à limiter les flux pendulaires. Ces nouvelles politiques urbaines sont surtout présentes dans les villes européennes. Les villes nord-américaines restent énergivores : l'automobile y règne encore.

> **DÉFINITION**
> *Plate-forme multimodale : espace où se concentrent plusieurs modes de transport et où l'on peut en changer aisément (rail/route/terre/mer).*

- Les villes du Sud sont confrontées à de **gros problèmes de pollution** (en 2009, sur les 10 villes les plus polluées au monde, 7 étaient dans des pays du Sud) liés au trafic routier et à l'industrialisation massive. On constate quelques initiatives, encore timides, pour améliorer les transports. En Amérique latine, l'accès aux bidonvilles de certaines villes a été amélioré à l'initiative des municipalités : ainsi en Colombie, Bogota a développé un réseau de bus, Medellin, s'adaptant au terrain très en pente, et a construit un téléphérique urbain.

C. Le défi des villes durables

- La **dégradation de l'environnement** (nombreux smogs dans les grandes villes), la multiplication des nuisances, les fractures sociales apparentes ont conduit à une prise de conscience et à élaborer le concept de ville durable, né en 1994.

> **DÉFINITIONS**
> *Smog : nuage de pollution urbaine.*
> *Ville durable : ville qui assure des conditions de vie favorables en terme environnemental, social, etc.*

- Plusieurs **écoquartiers** ont vu le jour en Europe (Fribourg, Stockholm, Lyon, etc.). Parfois construits sur des friches industrielles, ces écoquartiers ont pour but de limiter la consommation d'énergies et d'eau potable, de réduire les déchets, de favoriser la mixité sociale, de développer les espaces verts. Les pays développés essaient aussi de repenser les villes pour améliorer la qualité de vie en détruisant de vastes ensembles construits dans les années 1960 et en lançant des politiques de rénovation.

- Les **priorités** entre les villes du Sud et celles du Nord **sont différentes**. Les priorités des villes du Sud sont de faire face à l'explosion urbaine, de limiter les bidonvilles (1 milliard d'habitants dans le monde), d'assurer un meilleur accès à l'eau potable, à l'**assainissement**. Les initiatives viennent souvent d'ONG. Quelques projets publics ont toutefois vu le jour : Curitiba au Brésil, Masdar City aux Émirats arabes unis. La Chine a des projets de ville durable mais celui qui devait voir le jour pour l'exposition universelle de 2010 a été abandonné.

PIÈGE À ÉVITER

- Une mégapole est une très grande agglomération qui dépasse les 8 millions d'habitants alors qu'une mégalopole est un espace urbanisé s'étendant sur plusieurs centaines de kilomètres constitué de plusieurs aires urbaines.

Réaliser un schéma

CONSEILS

- Un bon schéma est une **représentation simplifiée** d'une carte, oubliez donc les détails qui le surchargeraient !
- Il peut être utilisé dans une **composition de géographie** pour représenter un phénomène, n'hésitez pas à en intégrer à bon escient, ce sera fortement valorisé dans la notation.

Mumbai, une extension urbaine récente

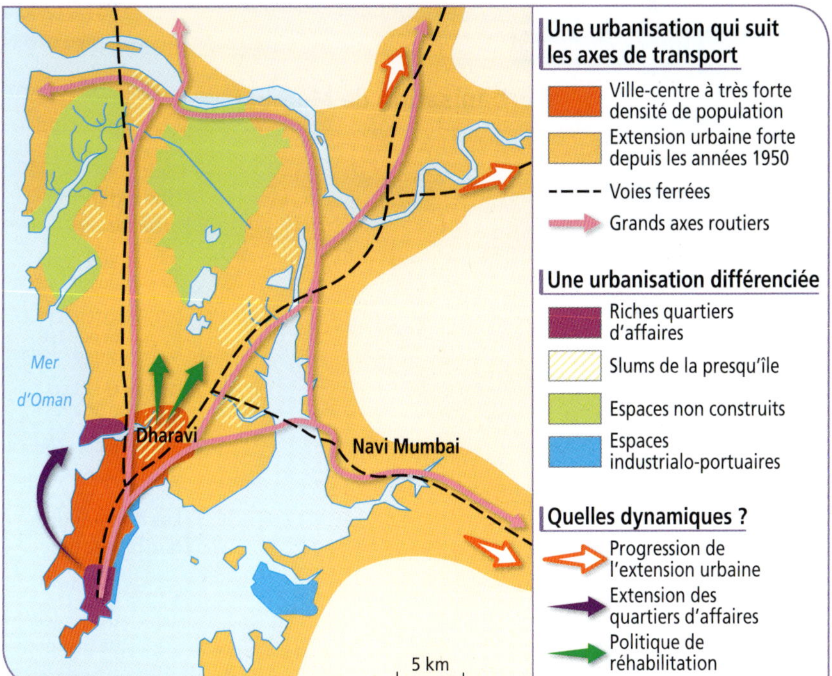

Question

Transformez ce croquis de Mumbai en schéma.

POINT MÉTHODE

✓ *Les contours de l'espace traité doivent être simplifiés.*

✓ *Une partie des informations doit être laissé de côté, seuls les éléments les plus importants doivent être gardés.*

✓ *Comme le croquis, un schéma possède une légende organisée explicative.*

✓ *Il faut donner un titre qui peut être différent de la carte originale.*

✓ *Faites ressortir les éléments importants en jouant sur les couleurs et le choix des figurés.*

✓ *N'oubliez pas la nomenclature des données lors de l'élaboration de votre légende.*

Proposition de corrigé

L'urbanisation de Mumbai

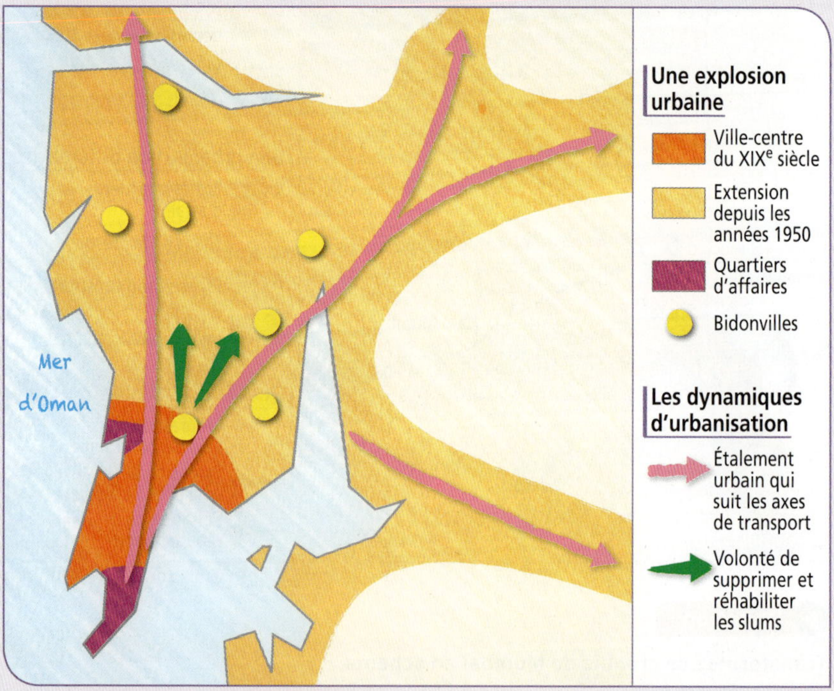

TESTEZ VOS CONNAISSANCES

CORRIGÉ p. 205

1. Qu'est-ce qu'une mégapole ?

☐ **a.** Un espace urbain long de centaines de kilomètres et constitué d'aires urbaines.
☐ **b.** Une vaste agglomération d'un million d'habitants.
☐ **c.** Une vaste agglomération de plus de huit millions d'habitants.

2. Qu'est-ce que la transition urbaine ?

☐ **a.** Le passage d'une société rurale à une société urbaine.
☐ **b.** Le passage d'une société urbaine à une société rurale.
☐ **c.** La réalisation de nouveaux transports.

3. Qu'est-ce qu'un écoquartier ?

☐ **a.** Un quartier pauvre.
☐ **b.** Un petit quartier.
☐ **c.** Un quartier organisé selon les exigences du développement durable.

4. Qu'est-ce qu'un ghetto ?

☐ **a.** Le nom d'un écoquartier.
☐ **b.** Le nom donné à un quartier abritant une même minorité.
☐ **c.** Le nom donné à un quartier défavorisé.

5. Qu'est-ce que l'étalement urbain ?

☐ **a.** Une extension spatiale du tissu urbain.
☐ **b.** Une extension verticale du tissu urbain.
☐ **c.** Le déplacement de villes.

6. Qu'est-ce qu'une plate-forme multimodale ?

☐ **a.** Un quartier d'affaires.
☐ **b.** Un espace où l'on change de mode de moyens de transport.
☐ **c.** Une zone industrielle.

7. Qu'est-ce qu'un bidonville ?

☐ **a.** Un habitat précaire.
☐ **b.** Une ville à la campagne.
☐ **c.** Une ville aménagée par les pouvoirs publics.

ENTRAÎNEZ-VOUS

CORRIGÉ p. 205

1 *Analyser un texte*

50 min

Hambourg convertit son île d'Elbe en quartier futuriste et tout-écolo

« Déjà élue capitale verte de l'Europe en 2011, Hambourg doit terminer en 2013 le vaste chantier de réhabilitation et de réaménagement urbain du quartier Wilhelmsbourg, laissé en déshérence depuis des années et situé sur l'île de l'Elbe, en face de la vieille ville. La seconde ville d'Allemagne entend par la même occasion répondre à un besoin croissant d'habitations et en faire une vitrine futuriste. [...] Entre 2007, date de lancement, et aujourd'hui, la ville a injecté près de 400 millions d'euros. Les investisseurs privés ont déjà apporté 625 millions d'euros, et doivent remettre encore un demi-milliard au cours des cinq prochaines années. Jusqu'ici les projets immobiliers ont permis, entre autres, la construction de 1 125 appartements, la modernisation et la mise aux normes écologiques de 450 autres et la construction d'un nouveau centre d'innovation et de recherche, la Center for Green Technologies, comprenant plusieurs instituts (business, recherche, langues...). Revendiquant une approche futuriste, l'IBA a souhaité repenser l'organisation de l'espace urbain et le quotidien des habitants. Traditionnellement séparés, les lieux de travail, l'habitat et les espaces de loisirs ont été réunis. [...] Les *Hybrid Houses*, bâtiments de plusieurs étages, permettent une utilisation flexible de l'espace, en offrant la possibilité de combiner espace de travail et domicile. [...]

L'autre cheval de bataille de l'IBA est l'écologie. Parmi les logements construits, trois concepts ont été mis en avant. Les *Smart Material Houses* sont des bâtiments faits de matériaux écologiquement "intelligents", qui permettent de recycler l'énergie des habitations et de la mettre en réseau à l'échelle du quartier. Les *Smart Price Houses* sont également dotées de technologiques et matériaux écologiques et sont censées être accessibles financièrement aux clases moyennes et aux moins fortunés. Enfin, les cinq *Water Houses*, des bâtiments construits sur l'île, également écologiques et sécurisés, rappellent l'identité portuaire du quartier. Un réseau reliant les sources de chaleur des différentes *Smart Houses* à l'ancien bunker transformé en accumulateur de chaleur a été mis en place par l'entreprise Hambourg Énergie. "Ce projet est la preuve que l'on peut repenser l'ensemble d'un quartier avec une approche écologique. En utilisant les installations existantes, dans le cas du bunker, ou en repensant l'organisation du quartier : c'est le cas de l'ancienne décharge que nous avons remplacé par une installation d'éoliennes et de panneaux solaires", souligne Carsten Roth, porte-parole de Hambourg Énergie. [...]

La question du coût de l'énergie verte a également fait débat dans le quartier, et une partie de ses habitants a même manifesté à plusieurs reprises contre le projet, par peur de la fameuse "gentrification". Alors, à nouveau quartier, nouveaux habitants ? "Non", répond Uli Hellweg, le président de l'IBA Hambourg : "Les nouveaux logements sont accessibles à des prix tout à fait abordables, notamment les *Smart Price Houses*. Par ailleurs des indicateurs de surveillance ont été mis en place pour alerter les autorités en cas de gentrification. Le but n'est pas de remplacer la population du quartier mais d'en faire un endroit agréable et multiculturel." Un risque à prendre, pour devenir la "métropole européenne du XXIe siècle" ».

Marc **Meillassoux**, *La Tribune*, 11 janvier 2013.

QUESTIONS

A. Présentez le document.

B. Dites en quoi cet espace urbain peut être qualifié d'écoquartier.

2 *Compléter un schéma*

●●○ 20 min

Londres, des politiques publiques d'urbanisation

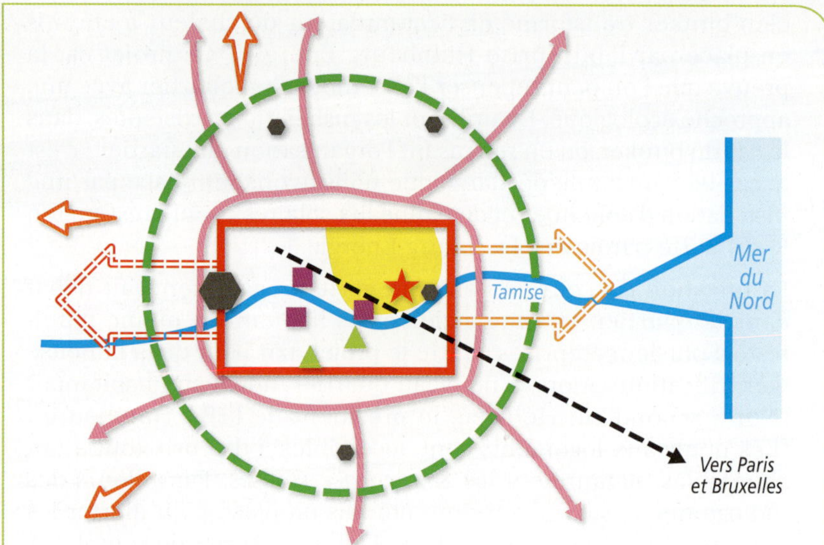

1. ....
....

.... Le Grand Londres, un tissu urbain dense

■ ....

.... Quartiers en réhabilitation

.... Congestion urbaine vers l'Ouest

....

2. ....
....

.... Aéroports internationaux

.... Eurostar

.... Réseau autoroutier national

3. Une urbanisation qui se veut plus durable

....

....

....

⇨ Mais un étalement urbain qui continue

QUESTION

Complétez la légende du schéma ci-dessus.

Corrigés de *TESTEZ VOS CONNAISSANCES*

1. c. Les mégapoles sont de vastes agglomérations qui dépassent les huit millions d'habitants. Elles sont de plus en plus nombreuses dans les pays du Sud.

2. a. La transition urbaine est le passage d'une société rurale à une société urbaine. Les pays développés l'ont achevé mais pas les continents asiatique et africain.

3. c. Les écoquartiers répondent à des normes sur les économies d'énergie et d'eau, de réduction des déchets et de limitation de la pollution liée aux voitures.

4. b et c. Les ghettos ont d'abord été des quartiers dans lesquels on voyait se regrouper des communautés ethniques ou religieuses. Ce terme désigne aussi aujourd'hui des quartiers très défavorisés.

5. a. Les villes du Nord comme du Sud sont confrontées à l'extension spatiale favorisée par l'essor de l'automobile. Cette croissance urbaine crée des problèmes d'emprise sur le territoire ainsi que d'aménagement.

6. b. Les plates-formes multimodales permettent en ville de passer d'un mode de transport à un autre : espace de stationnement pour du covoiturage ou pour prendre train, bus ou tramway, par exemple.

7. a. Ces habitats précaires sont de l'auto-construction illégale, souvent non connectés aux réseaux d'eau potable et d'assainissement, à l'écart du ramassage des déchets, etc.

Corrigés de *ENTRAÎNEZ-VOUS*

1 *Analyser un texte*

A. Cet extrait d'un article de presse récent (janvier 2013) présente les modifications effectuées sur une partie du tissu urbain de Hambourg, ville portuaire importante de la RFA (« la seconde ville d'Allemagne ») située dans l'embouchure de l'Elbe.

B. Depuis 2007, la municipalité a voulu rénover un ancien quartier dans la logique du développement durable. Cette rénovation répondait à un besoin de logements nouveaux près du centre-ville pour répondre aux attentes des populations mais permettait aussi de faire revenir les habitants près de leur lieu de travail, limitant ainsi l'étalement urbain et les flux pendulaires sources de pollution de l'air et d'embouteillages. Les nouveaux immeubles ont pour ambition de faire disparaître ces flux pendulaires en combinant « lieu de travail et domicile ». On assiste ici à l'ébauche d'une nouvelle organisation urbaine.

Les constructions ont suivi les normes écologiques tant au niveau des matériaux que des dépenses énergétiques (les minimiser au maximum voir créer des habitations autonomes en énergie) : « matériaux qui permettent de recycler l'énergie des habitations ». Des énergies renouvelables sont utilisées : « installation d'éoliennes et de panneaux solaires ». L'objectif a aussi été de recycler les installations déjà existantes évitant les coûts d'une destruction (« l'ancien bunker transformé en accumulateur de chaleur »).

Mais le but était aussi social : maintenir les classes populaires après la rénovation en évitant la gentrification, c'est-à-dire un quartier réservé aux classes aisées : « les nouveaux logements sont accessibles à des prix tout à fait abordables ».

CONSEIL

Pensez à utiliser les mots-clés de la leçon (étalement urbain, etc.) et à les expliciter quand c'est nécessaire.

② Compléter un schéma

1. Une structure urbaine de mégapole

- Le Grand Londres, un tissu urbain dense
- Quartiers d'affaires qui verticalisent le tissu urbain
- Quartiers en réhabilitation
- Congestion urbaine vers l'Ouest
- Vaste périphérie avec sa ceinture verte

2. Des réseaux de transport qui la relient au monde et au territoire national

- Aéroports internationaux
- Eurostar
- Réseau autoroutier national

3. Une urbanisation qui se veut plus durable

- Écoquartiers
- Stratford, espace olympique durable
- Des projets pour rééquilibrer l'étalement urbain
- Mais un étalement urbain qui continue

Les mondes arctiques, une « nouvelle frontière » sur la planète

POUR DÉMARRER

- Les mondes arctiques sont longtemps restés des **espaces en marge** liés à de fortes **contraintes climatiques** et marqués par une **faible occupation humaine**.
- La hausse des besoins énergétiques mondiaux et les conséquences du réchauffement climatique font des mondes arctiques un **nouvel enjeu mondial**.

1 L'arctique nord-américain

A. Une population occidentalisée

• L'Arctique nord-américain s'étend de l'Alaska à la mer du Labrador au Canada. Ce milieu polaire faiblement peuplé (649 000 habitants en Alaska et 130 000 au Canada) a d'abord été occupé par les populations autochtones (Inuits surtout en Alaska et d'autres minorités indiennes). Elles sont aujourd'hui globalement dépassées en nombre par des populations venues s'installer dans l'Arctique nord-américain pour participer à son exploitation ou à sa gestion. Ainsi, dans le Yukon, les autochtones représentent 25 % de la population mais ils sont 80 % dans le Nunavut, dans le Nord du Canada.

DÉFINITION

Inuits : population autochtone présente de l'Alaska au Groenland. À l'origine, les Inuits étaient un peuple de chasseurs nomades.

• Ces populations ont vu leurs modes de vie profondément transformés. L'État canadien et l'attrait pour le monde développé les ont poussés à abandonner leur habitat traditionnel, leur donnant un **style de vie sédentaire et occidental**.

B. Un territoire riche en ressources naturelles

• Exploité d'abord pour ses peaux de bêtes, ce territoire a vécu au XIXe siècle une première ruée vers l'or. Aujourd'hui, des gisements de **pétrole** sont exploités en Alaska, devenu depuis 1968 un État des États-Unis (Prudoe Bay). Le Canada est quant à lui le troisième producteur mondial de **diamants** (site de Diavik dans le territoire du Nord-Ouest). Pour faire face à la crise de 2008, il a même relancé l'exploitation des territoires du Nord : développement de l'hydroélectricité, exploitation forestière.

• Ceci nécessite des **aménagements** pour exporter ces ressources et l'utilisation de techniques particulières face aux contraintes climatiques. Ainsi, l'oléoduc qui amène le pétrole du Nord de l'Alaska jusqu'au terminal pétrolier de Valdez n'est pas enterré et le pétrole est chauffé pour éviter de geler dans le tube. L'hiver, certains transports (matériaux lourds et volumineux) dans le Grand Nord canadien se font sur des lacs pris par les glaces. L'avion est un mode de transport indispensable étant donné les longues distances à parcourir.

C. Respecter les droits des autochtones et s'assurer d'un développement durable

• Les populations locales se sont lancées, à partir des années 1960, dans des actions politiques pour revendiquer des **droits sur leurs terres ancestrales**. Cela a abouti au Canada, en 1975, à un accord sur des premiers transferts de terre en pleine propriété puis, en 1999, à la création du **Nunavut**. Ce vaste territoire permet aux Inuits de bénéficier de droits de chasse, de pêche, de trappe et de droit minier. Les entreprises s'efforcent d'embaucher des populations locales.

• Cette exploitation est source de bouleversement des écosystèmes et crée un **risque de pollution**. Ainsi, en 1989, un pétrolier s'est échoué sur les côtes de l'Alaska, déclenchant une importante marée noire. Les communautés autochtones sont ainsi partagées entre l'attrait du développement économique et les risques de pollution. Depuis 2009, le gouvernement canadien impose des normes vertes aux exploitations minières, comme la remise en état du site après l'exploitation.

2 Les mondes arctiques, une nouvelle frontière

A. Un milieu contraignant

• Le territoire arctique pose d'abord le problème de ses **limites**. Les mondes arctiques dépassent le cercle polaire : ils englobent aussi bien des terres recouvertes par l'inlandsis que la toundra (forme de végétation basse souvent constituée de mousse ou de lichens) ou encore la forêt boréale (taïga). Ses limites se définissent aussi par la présence des populations autochtones Inuits, Samis en Scandinavie ou encore Nenets dans l'Arctique russe.

NE PAS CONFONDRE

L'inlandsis est une couche de glace importante sur terre pouvant parfois dépasser 2 000 mètres d'épaisseur, alors que la banquise est une couche d'eau de mer gelée dont l'épaisseur varie entre 2 et 4 mètres.

• L'Arctique est caractérisé par le **froid** et une luminosité particulière (**obscurité** continue une partie de l'année). Une partie du sol est gelée en permanence (**permafrost** ou pergélisol) ; certains sols dégèlent superficiellement en été (**mollisol**). Le dégel brutal déclenche une boue qui bloque les communications (**raspoutitsa**).

• Le **peuplement** est **faible** (4 millions d'habitants) et discontinu, concentré dans des **villes** (80 %) créées pour les autochtones ou pour l'exploitation des territoires. Les plus grandes concentrations de population urbaine sont dans l'Arctique russe : Mourmansk, Norilsk, Arkhangelsk et Novy-Ourengoï, la ville la plus au Nord. La démographie de ces villes montre une population jeune (âge médian 32 ans en Sibérie arctique) en augmentation (flux migratoires et solde naturel positif). Une partie des **populations autochtones**, minoritaires, mène encore une vie nomade.

• Les populations autochtones bénéficient aujourd'hui d'une visibilité politique dans l'Arctique canadien mais aussi ailleurs. Les Samis (Lapons) siègent dans des **parlements** en Suède, Norvège et Finlande. Le Groënland bénéficie d'une autonomie accrue depuis le référendum de 2008. Ces peuples siègent au Conseil de l'Arctique comme membres permanents mais non votants.

DÉFINITION

Conseil de l'Arctique : créé en 1996, il a pour but de renforcer la coopération entre ses États membres et la population autochtone en matière de développement durable.

B. Des ressources convoitées

• La hausse des besoins en **énergie** et en **matières premières** a poussé les États à se lancer dans l'exploration et l'exploitation de ces richesses en Arctique en en faisant une « nouvelle frontière ». L'URSS exploite ses ressources pétrolières et gazières depuis les années 1960 (plaine de l'Ob, mer de Barents). Des mines de diamants sont aussi exploitées. La Norvège est un producteur d'hydrocarbures notamment en mer de Barents pour laquelle elle est entrée en conflit avec la Russie.

DÉFINITION

Nouvelle frontière : territoire que l'on commence à exploiter et à intégrer dans les activités humaines.

• Le réchauffement climatique laisse entrevoir la possibilité d'exploitation de nouveaux gisements encore plus au Nord. Les **acteurs** de cette exploitation sont les **États** mais aussi les **grandes entreprises** du secteur de l'énergie : Gazprom en Russie, ou encore Total.

• Depuis quelques années, une nouvelle activité se développe, en parallèle de l'exploitation des réserves halieutiques, dans les mondes arctiques : le **tourisme**, notamment au Groenland, sous la forme de croisières ou de séjours thématiques (rencontres avec les ours polaires comme à Churchill au Canada, découverte des cultures traditionnelles, etc.).

C. Un enjeu pour les équilibres mondiaux ?

• À cause du **réchauffement climatique**, l'Arctique voit sa température s'élever. Conséquence, la banquise d'été a une étendue et une épaisseur moins importantes qu'au début des années 1980. Les États frontaliers de l'Arctique voient alors l'hypothèse de **nouvelles routes maritimes** s'offrir à eux, comme les routes du Nord-Ouest (le long du Canada) et du Nord-Est (le long de la Russie).

• Aujourd'hui, la Russie, les États-Unis, le Canada, le Danemark, la Norvège se partagent une partie des eaux de l'océan glacial arctique. Mais des tensions se font jours dans la région. Des **litiges frontaliers** existent comme entre le Danemark et le Canada. Les États-Unis voudraient voir le tracé de la future route du Nord-Ouest transformé en détroit international alors que le Canada veut en garder le contrôle.

• L'attrait de nouvelles ressources naturelles à exploiter pousse certains États à des **revendications territoriales** en dehors de leur ZEE (zone économique exclusive). 40 % de l'océan glacial arctique est aujourd'hui une zone internationale. Les règles de partage des océans ont été fixées lors de la convention des Nations unies de **Montego Bay** en 1982. Or, ce partage est remis en cause en Arctique : les États dont le plateau continental s'étend au-delà de leur ZEE estiment être en droit de repousser leur limite à 350 milles marins. Si cela était appliqué les eaux internationales chuteraient à 10 %. Ainsi la Russie revendique une partie des eaux internationales et une expédition a planté le drapeau national sur le pôle nord en 2007. Le Canada a décidé d'accroître ses forces navales.

NE PAS CONFONDRE

La ZEE est une zone de 200 milles marins près des côtes dont un État a l'exploitation exclusive (ressources halieutiques, énergétiques) alors que les eaux internationales peuvent être exploitées par n'importe quel État.

D. Vers une gestion durable de l'Arctique ?

• L'Arctique est un espace fragile menacé par **diverses pollutions**. L'extraction pétrolière a déjà déclenché des **marées noires**. Le territoire russe a été confronté à des ruptures d'oléoducs. Le risque de pollution existe par des plates-formes offshore. Des villes de l'Arctique russe figurent parmi les plus polluées de la planète. Ainsi le groupe Norislk Nickel, premier producteur de nickel et de palladium, rejette des **émanations** majeures de dioxyde de soufre dans la ville de Norilsk. Avec la fin de la Guerre froide, des sous-marins nucléaires soviétiques ont été abandonnés. Des déchets nucléaires ont été jetés au large de Mourmansk. Une **pollution radioactive** est donc à craindre.

• Les **ONG** et la **communauté scientifique** s'inquiètent de la **préservation** de ces mondes arctiques : campagnes de sensibilisation pour la préservation de l'ours blanc, suivi de l'épaisseur des glaces, analyse du phytoplancton indispensable à la chaîne alimentaire et donc crucial pour les réserves de pêche. Certains États ont aussi lancé des initiatives. La Norvège a créé une réserve naturelle au Svalbard, des **espaces protégés** existent aussi au Groenland et dans le Grand Nord américain. Mais la priorité reste encore l'extraction des ressources naturelles.

DÉFINITION

Phytoplancton : plantes microscopiques qui constituent le premier maillon de la chaîne alimentaire marine.

Construire un croquis

CONSEILS

- Soignez le dessin : coloriage des aplats de couleurs, netteté des traits, etc.
- Faites attention à l'**exactitude des localisations**. Des erreurs trop grossières vous pénaliseront. N'oubliez pas non plus de mettre un titre.

Les mondes arctiques, nouvel enjeu mondial

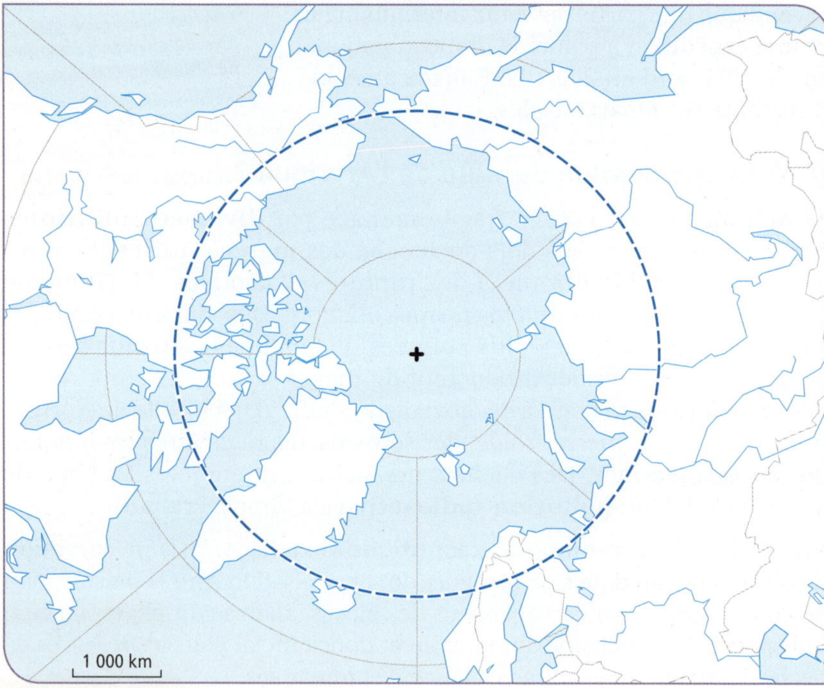

Question

À partir du fond de carte ci-dessus, réalisez un croquis montrant en quoi les mondes arctiques sont une nouvelle frontière.

POINT MÉTHODE

✓ *Sélectionnez les idées que vous voulez traiter et choisissez vos figurés (voir p. 173).*

✓ *Réalisez une légende organisée avec des titres explicatifs, les parties doivent s'équilibrer.*

✓ *Ensuite, réalisez votre dessin en commençant par les figurés linéaires (à dessiner plutôt au feutre fin), puis continuez par les aplats de couleur (au crayon de couleur, évitez les feutres fluo).*

✓ *Indiquez la nomenclature (ensemble des noms à mettre sur le fond de carte), respectez les codes couleurs (bleu pour ce qui se rapporte à l'eau) et hiérarchisez si besoin.*

✓ *Recopiez la légende de votre croquis en dessous ou en face, jamais derrière la feuille !*

Proposition de corrigé

Les mondes arctiques, nouvel enjeu mondial

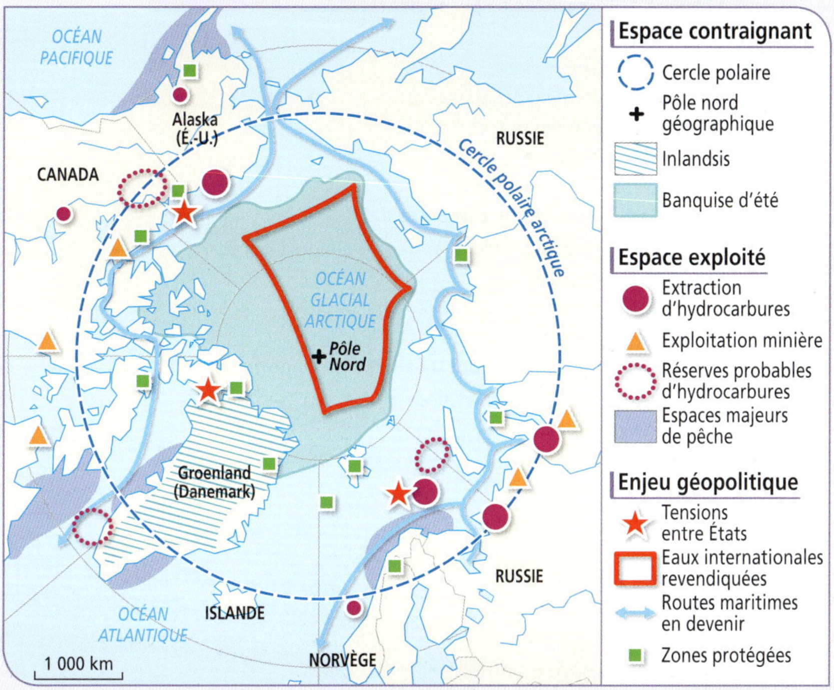

TESTEZ VOS CONNAISSANCES

CORRIGÉ p. 218

1. Qu'est-ce qu'un inlandsis ?

- ☐ **a.** Un autre nom pour les icebergs.
- ☐ **b.** Une grande superficie de glace sur une terre.
- ☐ **c.** Un autre nom pour la banquise.

2. Qu'est-ce que la toundra ?

- ☐ **a.** Une végétation de milieu polaire.
- ☐ **b.** Le nom donné à la forêt boréale.
- ☐ **c.** Le nom donné à l'élevage des rennes.

3. Qu'est-ce que le permafrost ?

- ☐ **a.** Le nom donné au climat polaire.
- ☐ **b.** La boue occasionnée par le dégel en été.
- ☐ **c.** La couche de terre gelée en permanence.

4. Qu'est-ce que la ZEE ?

- ☐ **a.** Une zone d'exploration économique.
- ☐ **b.** Une zone d'équipements économiques.
- ☐ **c.** Une zone économique exclusive.

5. Qu'entend-on par « population autochtone » ?

- ☐ **a.** Des populations venues s'installer dans une nouvelle région.
- ☐ **b.** Des populations locales.
- ☐ **c.** Des populations qui quittent leur région d'origine.

6. Quelles activités économiques sont très présentes dans les mondes arctiques ?

- ☐ **a.** L'extraction de matières énergétiques.
- ☐ **b.** Les activités de pêche.
- ☐ **c.** Les activités agricoles.

7. Le Nunavut est :

- ☐ **a.** Un État indépendant.
- ☐ **b.** Un État des États-Unis.
- ☐ **c.** Un territoire autonome canadien.

ENTRAÎNEZ-VOUS

CORRIGÉ p. 218

1 Analyser une photographie

30 min

Le terminal de gaz naturel liquéfié de Melkøya en Norvège

QUESTION

Mettez en évidence les aménagements nécessaires à l'exploitation du gisement de gaz de Snovhit en Norvège.

2 *Analyser un texte*

●○○ 30 min

Populations autochtones et compagnies d'hydrocarbures

« Face aux défis industriels et écologiques qui pèsent sur la région arctique, les populations autochtones, qui représentent environ 10 % des quatre millions d'habitants de la zone polaire, souhaitent peser de plus en plus dans les décisions à venir. Elles ont ainsi réussi à obtenir des sièges au sein de plusieurs assemblées institutionnelles, notamment au Conseil de l'Arctique.

Quant à leurs relations avec les compagnies pétrolières intéressées par les ressources naturelles de la région, elles restent ambivalentes, même si certains autochtones semblent s'en féliciter. Lors de la conférence Arctic Frontiers à Tromsø (Norvège) fin janvier, Sergei Kharyuchi, président de Raipon, l'association russe des populations indigènes du Nord, mettant en avant "une bonne coopération avec les compagnies pétrolières et gazières".

Même son de cloche, au Groenland, territoire aujourd'hui danois où les Inuits, qui aspirent à l'indépendance, espèrent beaucoup de la découverte future de pétrole [...]. Robert Blaauw, conseiller de Shell, est donc venu dire combien la coopération avec les populations indigènes était fructueuse. "Nous employons des conseillers autochtones pour nous représenter et nous assurer que nos projets tiennent compte des exigences locales", a-t-il expliqué.

"Les industriels ont de plus en plus confiance dans leur approche", remarque Neil Hamilton, un consultant australien responsable du programme arctique de l'association écologiste WWF. "Il y a quelques années, seule la compagnie norvégienne Statoil se serait permise de tenir ce genre de discours. Ce qui est nouveau, c'est que les autres compagnies aussi adoptent ce langage."

Or la situation est loin d'être aussi idyllique. David Gordon, directeur de Pacific Environnement, une ONG américaine active en Alaska, qui a réussi au cours d'une action en justice menée conjointement avec des populations autochtones à bloquer depuis trois ans des opérations pétrolières exploratoires en mer de Beaufort, a une vision très critique du travail des compagnies pétrolières. “Exxon a exclu les principaux leaders autochtones et passé un accord avec d'autres. Ils divisent pour mieux régner. Pour les compagnies pétrolières, ces communautés indigènes sont plus un obstacle à franchir qu'un problème à résoudre.” »

Olivier Truc, « Sur place, les compagnies pétrolières tentent de pactiser avec les autochtones », *Le Monde*, 1er février 2010.

QUESTIONS

A. Présentez le document.

B. Quels acteurs sont présents en Arctique ?

C. Peut-on parler de conflits entre compagnies pétrolières et populations autochtones ?

Corrigés de *TESTEZ VOS CONNAISSANCES*

1. b. On trouve de très grands inlandsis au Groenland et en Antarctique. L'accumulation, depuis des millénaires, de précipitations sous forme de glace, en fait des réservoirs d'informations sur les changements climatiques.

2. a. La toundra se caractérise par une végétation basse de mousses et de lichens dont se nourrissent les rennes et la faune polaire. On y trouve peu d'arbustes.

3. c. Le sol gelé en permanence s'appelle aussi pergélisol. Il rend très difficile la construction d'aménagements pour l'installation humaine et l'exploitation des ressources énergétiques.

4. c. L'exploitation des ZEE est réservée aux États côtiers sur 200 milles marins.

5. b. Les populations autochtones sont aujourd'hui minoritaires en Arctique sauf au Groenland par exemple, où les Inuits représentent 80 % de la population.

6. a et b. L'intérêt des États gros consommateurs ou producteurs d'énergie explique aujourd'hui la place des mondes arctiques dans les enjeux mondiaux. Les eaux froides, sources de phytoplancton, sont très poissonneuses.

7. c. Dans le cadre de la reconnaissance des peuples autochtones, le gouvernement canadien a accordé une autonomie à ces populations.

Corrigés de *ENTRAÎNEZ-VOUS*

1 *Analyser une photographie*

> **REMARQUE**
> *Ne pas confondre ici le nom du gisement sous-marin, Snohvit, avec celui du terminal norvégien, qui est Melkøya.*

Cette île est située en mer de Barents en Norvège, elle abrite un terminal de gaz contruit par la compagnie nationale norvégienne d'hydrocarbures Statoil. Celle-ci exploite un gisement de gaz sous-marin (Snohvit) à proximité et a eu besoin de mettre en place ces installations pour l'exploitation du gaz naturel.

L'île a subi de nombreux aménagements : une partie a été creusée pour aplanir le terrain ; une extension a été construite (digue renforcée contre les vagues). Statoil a élaboré le projet d'extraction dans une logique de développement durable : absence de plate-forme offshore et récupération du CO_2 présent dans le gaz naturel puis réinjecté en souterrain. L'île comporte des installations pour liquéfier le gaz (l'usine de liquéfaction s'étale sur la partie artificielle de l'île), un terminal pour les méthaniers (bateaux spécialisés dans le transport de gaz liquéfié) qui viennent charger le produit énergétique. Des gazoducs amènent le gaz naturel sur l'île qui comprend aussi des cuves de stockage et une base de vie pour le personnel. Ce GNL (gaz naturel liquéfié) est important pour l'alimentation de plusieurs pays européens dont la France, la Norvège exportant 99 % de sa production.

2 *Analyser un texte*

A. Cet extrait d'un article du *Monde* de janvier 2010 traite des relations entre les grandes compagnies d'hydrocarbures, qui exploitent des gisements dans les mondes arctiques, et les populations autochtones qui y vivent.

B. À cause des richesses potentielles en ressources énergétiques de ces territoires, les compagnies d'hydrocarbures sont des acteurs très présents en Arctique : « Shell », « Exxon », « Statoil ». Mais les populations autochtones sont aussi visibles à travers des associations (« l'association russe des indigènes du Nord ») et des institutions. Les ONG protectrices de l'environnement ont aussi pris place en Arctique (« WWF »). Enfin, les États jouent un rôle central, seuls ou à travers le Conseil de l'Arctique, qui a pour but de concilier développement durable, essor économique et protection des populations autochtones.

C. Les populations autochtones sont partagées quant à l'attitude à avoir vis-à-vis des exploitants de gisements d'hydrocarbures. Certaines collaborent et accordent des autorisations sur leurs territoires autonomes en vue d'un bénéfice économique et de la création d'emplois. D'autres sont plus inquiètes en ce qui concerne les risques de pollution de l'environnement (marées noires, fuite possible d'oléoducs) et bloquent parfois des projets (« action en justice... en mer de Beaufort »).

Les littoraux

POUR DÉMARRER

- Espaces de **contact** entre les continents et les océans, les littoraux sont des lieux de **plus en plus attractifs**.
- Mais aujourd'hui, ils sont soumis à de **fortes pressions** et se pose le problème de leur préservation face à leur **occupation intensive** par différentes activités et face au **réchauffement climatique**.

1 Le littoral languedocien entre Perpignan et Montpellier

A. Un espace longtemps peu occupé par l'homme

- Son long **cordon littoral sablonneux** est ponctué d'étangs et de lagunes avec leur lido et leur passe (les graus). On y trouve des **zones humides** souvent **saumâtres** qui abritent de nombreuses espèces. Ce sont des milieux très fragiles. Ce littoral connaît de premiers aménagements à l'époque gallo-romaine (port de Narbonne, voies romaines).

DÉFINITION

Lido : cordon dunaire qui isole la lagune de la mer.

- Depuis le Moyen Âge, des activités d'extraction du sel existaient au niveau des étangs. Des aménagements hydrauliques ont aussi été réalisés au XIXe siècle pour gagner des terres agricoles (vignobles). Les activités de pêche et de conchyliculture sont aussi présentes. Mais jusqu'au XXe siècle, cette zone humide n'a connu qu'une faible occupation humaine. Marqué par une stagnation des eaux (disparition de certains graus au Moyen Âge), c'était un **espace répulsif** souvent marqué par la maladie (fièvres) et laissé aux oiseaux et aux insectes. Les villes s'étaient développées en retrait du littoral.

DÉFINITION

Conchyliculture : élevage d'huître et de moules.

B. Des aménagements touristiques voulus par l'État

- Au milieu du XXe siècle, à l'inverse de la côte d'Azur, les activités balnéaires étaient peu développées sur cette partie de la Méditerranée.

Dans le contexte de la **démocratisation des loisirs**, la France du général De Gaulle décide, dans les années 1960, de vastes politiques d'aménagement des littoraux. La « mission Racine » y fait alors aménager des **stations balnéaires** pour dynamiser l'économie régionale et attirer les touristes français et d'Europe du Nord. Plusieurs stations balnéaires voient le jour comme Port-Leucate, Gruissan, le Cap d'Agde, la Grande Motte. Elles sont caractérisées par divers aménagements : résidences, campings, villages-vacances, port de plaisance, espace promenades, plages, nouveau chenal, etc.

• Ces aménagements touristiques ont contribué à renforcer la présence humaine. Ainsi, à l'échelle nationale, les communes littorales connaissent une moyenne de 315 hab./km^2 contre une moyenne de 108 hab./km^2 ailleurs. La **pression urbaine** s'est faite plus forte (demande de résidences secondaires) de même que les aménagements pour les infrastructures de transport, augmentant d'autant l'anthropisation du milieu. On estime que cet espace accueille aujourd'hui 10 millions de touristes par an. Pour autant, l'**urbanisation** de ce littoral languedocien est **discontinue**.

DÉFINITION

Anthropisation : aménagement du milieu naturel par l'homme.

C. L'État français aussi protecteur de l'environnement

• La France s'est lancée dans la protection de ses littoraux à partir des années 1970. Le **Conservatoire du littoral** est créé en 1975 et rachète des portions du littoral pour les protéger et les entretenir (12 % en 2012). Ainsi, dans le Languedoc, le site des Orpellières près de Valras a vu la réhabilitation de son cordon dunaire. Le Conservatoire a aussi pour but de faire vivre ces espaces : réintroduction des vignobles, opérations touristiques.

• Face à la pression humaine toujours plus forte sur les littoraux, l'État a créé en 1986 la **loi « littoral »** qui interdit les constructions sur 100 mètres depuis l'estran, garantit un libre accès au rivage et fixe des règles pour que coexistent activités économiques et protection de l'environnement.

DÉFINITION

Estran : espace découvert entre la marée basse et la marée haute.

DÉFINITION

Parc naturel régional : créés en 1967, les parcs naturels régionaux sont des regroupements de communes en vue de protéger un patrimoine naturel, architectural, historique tout en conciliant les activités économiques. Ils sont au nombre de 47 aujourd'hui.

• Une partie de la région est aussi sous la protection du parc naturel régional de Narbonnaise dont les étangs sont classés au patrimoine mondial de l'humanité depuis 2006. Le but du parc n'est pas la seule protection de l'environnement ; il soutient ainsi la pêche traditionnelle et joue un rôle dans l'offre touristique. Quatre **réserves naturelles nationales**, refuges migratoires, sont aussi présentes sur ce littoral.

D. Concilier des activités concurrentes : l'exemple de l'étang de Thau

• Thau est le plus vaste des étangs du littoral du Languedoc mais aussi une lagune fragile et soumise à la **pression de plusieurs activités**. La partie de l'étang proche de Sète a connu les effets de l'industrialisation. Dans les années 1950, on a assisté à un développement des activités conchylicoles. Puis, dans les années 1960-1970, des activités touristiques sont initiées par l'État au détriment de la pêche. Enfin, depuis les années 1990, une partie de son rivage est sous l'influence de l'étalement urbain de Montpellier. Cette pression a eu des répercussions sur la qualité des eaux de la lagune et sur son écosystème. Les pêcheurs occasionnels ont été ainsi plus nombreux, faisant baisser les réserves de moules sauvages ou de palourdes.

DÉFINITION

Écosystème : ensemble d'organismes vivants dépendants les uns des autres.

• En 1995, à l'initiative de l'État, un **schéma de mise en valeur de la mer** a alors été créé pour protéger les activités de conchyliculture et faciliter le règlement des conflits. Ainsi, des espaces dédiés aux diverses activités ont été définis (espaces agricoles, zones urbanisables, espaces touristiques, etc.).

2 Les littoraux, des espaces mondiaux majeurs

A. Des concentrations d'hommes et d'activités

• Aujourd'hui, **50 % de la population vit à moins de 50 km** des côtes, contre 28 % en 1950. Des différences apparaissent selon les continents ; 80 % de la population de l'Asie du Sud-Est vit sur les littoraux contre 28 % pour l'Afrique. Ces populations littorales sont majoritairement **concentrées en milieu urbain** : c'est le cas de 12 mégapoles de plus de 10 millions d'habitants.

- On a vu ainsi se former de **grandes façades maritimes** (Northern Range en Europe) de rang mondial qui, pour certaines, intègrent des mégalopoles : mégalopolis dans la façade atlantique des États-Unis et mégalopole japonaise au sein de la façade de l'Asie orientale. L'exode rural présent dans les pays en développement et leur croissance économique renforcent l'attraction de villes littorales comme Mumbai, Shenzhen ou Saïgon.

- La mondialisation des échanges et de l'économie, l'essor des transports, la démocratisation des loisirs expliquent cette littoralisation **des hommes et des activités** qui s'est accélérée depuis le XXe siècle.

> **DÉFINITION**
> *Littoralisation : attraction des hommes et des activités vers les littoraux.*

- Pour autant, certains littoraux sont faiblement peuplés pour des raisons climatiques : déserts africains, climat polaire. La faible densité peut aussi être liée à des conditions de navigation difficiles, à l'absence de bons ports ou à une végétation dense (mangrove).

> **DÉFINITION**
> *Mangrove : forêt tropicale inondée à marée haute.*

B. Une concurrence d'occupation du sol

- La concentration d'activité crée des concurrences pour l'occupation du sol. Les premiers aménagements se sont faits à travers la construction de ports pour les échanges commerciaux et les activités de pêche et ont fait la richesse de villes dès l'époque romaine ou moyenâgeuse comme à Bruges. Les activités agricoles ont elle aussi joué un rôle avec la conquête de nouvelles terres (construction de digues, assèchement de marais en bordure de littoraux) comme dans les Flandres.

- La mondialisation, au XXe siècle, a entraîné un **essor des ports et des zones industrialo-portuaires (ZIP)**. Les grands ports mondiaux se sont aménagés de vastes aires de stockage des conteneurs, des terminaux spécialisés pour le déchargement de marchandises ou de matières premières. La croissance économique a parfois nécessité la construction

DÉFINITION

Terre-pleins : constructions de nouvelles surfaces pour agrandir l'espace littoral.

de terre-pleins dans les estuaires (port de Rotterdam) ou dans des baies (Tokyo) voir d'**îles artificielles** (aéroport de Nagoya, nouveau terminal à conteneurs de Yangshan pour suppléer celui de Shanghai) pour leur extension. La croissance des ports entre ainsi en conflit avec la croissance urbaine (installation d'espaces de loisirs, zones commerciales), et avec des activités traditionnelles : agriculture, pêche.

• Les littoraux sont également des **espaces touristiques majeurs**. D'abord réservée à une élite, la mode des bains de mer (à usage médical !) débute au XIXe siècle. Il faut attendre le milieu du XXe siècle pour voir une démocratisation des loisirs et un héliotropisme se développer, rendant attractif le littoral méditerranéen (200 millions de touristes) pour les Européens et l'espace Caraïbes pour l'Amérique du Nord. Certains pays du Sud se sont eux aussi lancés dans des investissements touristiques en en faisant un pilier de leur développement économique (Tunisie).

DÉFINITION

Héliotropisme : attractivité pour un espace ensoleillé.

• Les **aménagements** nécessaires à l'accueil et aux activités touristiques sont importants : immeubles (Espagne), ports de plaisance, marinas, stations intégrées comme dans le Sud de la France, plages ou îles artificielles (Dubaï), vastes complexes hôteliers (Turquie). Le développement d'infrastructures de transport pour acheminer les touristes est aussi indispensable. La densification du bâti est si forte sur certains littoraux qu'on parle de **marbellisation**, à l'instar de ce qui s'est fait à Marbella en Espagne (très forte urbanisation verticale).

• Ces aménagements suscitent par endroits une **forte pression foncière**. Ainsi, en Andalousie, la concurrence est forte entre les résidences de vacances proposant piscines et parcours de golf avec les espaces d'agriculture intensive sous serre dans un environnement montagneux avec peu de plaines côtières. Même si les aménagements touristiques ne concernent qu'**1 %** des littoraux, ils bouleversent profondément le paysage.

C. Des milieux fragiles vraiment protégés ?

• La concentration des hommes et des activités a un impact sur les écosystèmes. Ainsi, les sources de **pollution** sont nombreuses. La concentration humaine suscite de nombreuses émissions d'eaux usées, de rejets industriels. Les transports et l'extraction du pétrole déclenchent parfois de fortes pollutions des mers et des rivages avec des **marées noires** (explosion d'une plate-forme pétrolière dans le golfe du Mexique en 2010).

• L'agriculture peut aussi participer à la pollution des rivages en chargeant en **nitrates** les eaux de ruissellement, déclenchant alors des phénomènes d'**algues vertes** incompatibles avec le tourisme et l'aquaculture. La forte concentration humaine en période estivale pose parfois le problème de l'**accès à l'eau**, comme en Espagne.

• Effet du **réchauffement climatique**, certains littoraux de faible altitude sont quant à eux confrontés à la **montée des eaux**. C'est le cas d'îles du Pacifique qui commencent à souffrir d'érosion du littoral, de salinisation **des terres**, de baisse des ressources halieutiques. Ces États ont peu de moyens financiers pour mettre en place des instruments de lutte.

DÉFINITIONS

Salinisation : remontée d'eau de mer qui entraîne une concentration de sel dans les terres.

• À l'échelle mondiale, certains espaces littoraux sont inscrits au **patrimoine mondial de l'humanité**, comme la grande barrière de corail. Depuis le sommet de la Terre en 1992, la promotion des **GIZC** (**gestion intégrée des zones côtières**) consiste à créer des structures pour gérer les littoraux entre les différents acteurs concernés, et à concilier environnement et activités économiques. Dans les pays du Nord, ce système commence à être implanté mais il est très peu présent dans les pays du Sud où ce sont surtout des **ONG** écologistes (Greenpeace) qui mènent des actions de protection des littoraux et des écosystèmes.

• À l'échelle de l'Union européenne, la protection des littoraux et leur gestion plus durable se font aussi dans le cadre de l'Agenda 21. À l'échelle des États du Nord, des législations particulières se mettent aussi en place.

Exploiter une carte topographique

CONSEILS

- Faites attention à l'**échelle** de la carte.
- Identifiez convenablement les différents signes utilisés.

Cartes topographiques (1/50 000) du Cap d'Agde en 1950 et 1987

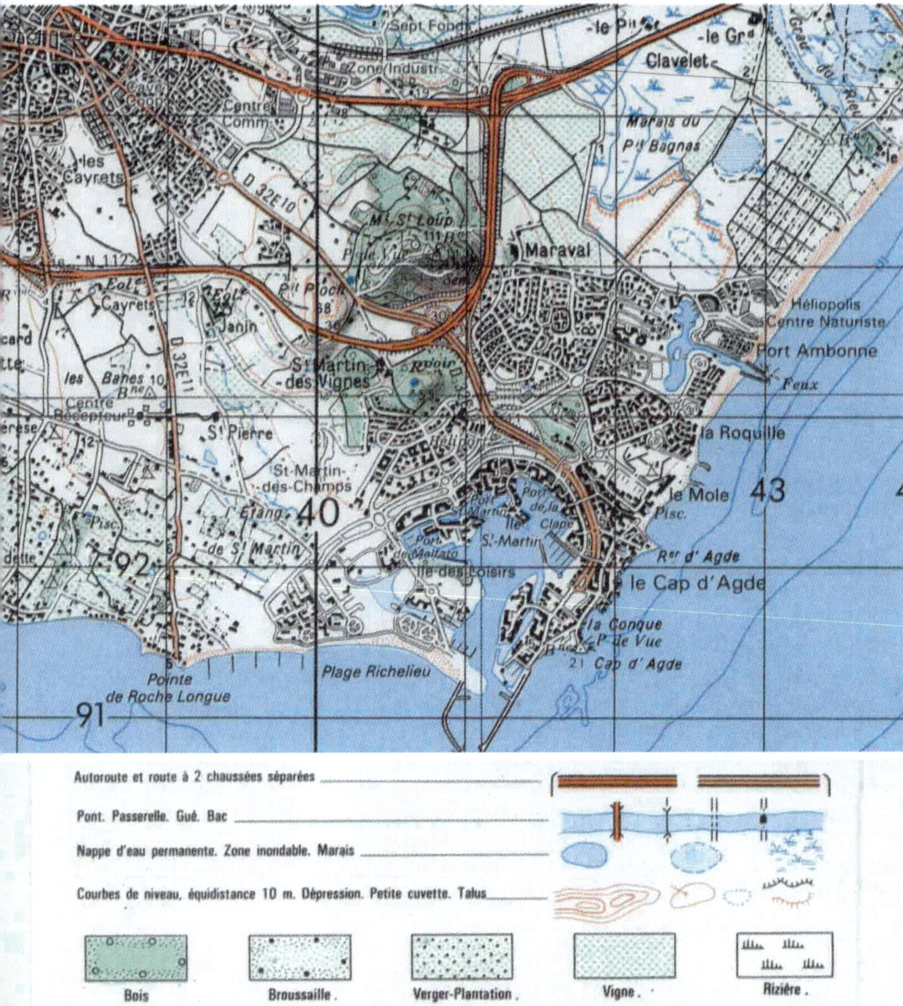
Sept Fonds
Zone Industr.
Centre Comm.
les Cayrets
D 32E10
Mt St Loup
111
N 112
Cayrets
Janin
St Martin-des-Vignes
les Banes
Centre Récepteur
St Pierre
St-Martin-des-Champs
l'Étang de St Martin
D 32E11
Pointe de Roche Longue
Plage Richelieu
Port Martin
Île St-Martin
Port de Maldato
Île des Loisirs
Port de la Clape
le Cap d'Agde
la Conque
Pt de Vue
Cap d'Agde
Rer d'Agde
le Mole
Pisc.
la Roquille
Port Ambonne
Feux
Héliopolis
Centre Naturiste
Maraval
Marais du Pt Bagnas
Clavelet
-le Grd
-le Pit
Grau du Rieu
40
43
92
91
Autoroute et route à 2 chaussées séparées
Pont. Passerelle. Gué. Bac
Nappe d'eau permanente. Zone inondable. Marais
Courbes de niveau, équidistance 10 m. Dépression. Petite cuvette. Talus
Bois
Broussaille.
Verger-Plantation.
Vigne.
Rizière.

Question

Montrez l'évolution visible de l'anthropisation entre les deux cartes proposées ici.

POINT MÉTHODE

- *Repérez la densité du bâti, les traces d'activités agricoles, et l'importance des infrastructures de transport.*
- *Faites attention à la façon dont l'habitat est disposé : tissu urbain dense, disposition alignée pour un quartier pavillonnaire, formes particulières pour des immeubles.*
- *Regardez la forme des rues dans les centres-villes : courbes ou rectilignes, elles indiquent des périodes qui peuvent être différentes.*
- *Faites attention aux noms des lieux-dits, ils peuvent indiquer d'anciennes activités.*
- *Les lignes courbes marron sont des courbes de niveau : elles indiquent le relief du terrain.*

Proposition de corrigé

Dans les années 1950, le Cap d'Agde est un espace littoral avec des activités traditionnelles : marais salants (étang de Luno), vignes (points verts). La présence humaine est marquée par des villages et des hameaux et les infrastructures de transport se résument à une route départementale. L'estran n'est pas aménagé, à part le môle Richelieu. Le milieu naturel est encore présent avec des marais derrière le cordon littoral.

Après les aménagements de la « mission Racine » des années 1960, le paysage a profondément changé. Une station balnéaire pour tourisme de masse a été installée. Des ports de plaisance ont été construits à la place des étangs avec des digues et des chenaux. Une plage artificielle a été aménagée à la place des marais. De nombreux hébergements sont sortis de terre : immeubles aux formes géométriques mais aussi espaces pavillonnaires et campings. Des infrastructures routières rapides (autoroute à deux chaussées séparées, représentée par un double trait rouge) amènent les touristes jusqu'au littoral. Les espaces naturels ont reculé (marais) et les terres agricoles et le marais salant également.

TESTEZ VOS CONNAISSANCES

CORRIGÉ p. 232

1. Qu'est-ce que la littoralisation ?

- ☐ **a.** Un espace situé entre l'intérieur des terres et la mer.
- ☐ **b.** La création d'un littoral.
- ☐ **c.** La concentration d'activités et des hommes sur les littoraux.

2. Combien de population vit à moins de 50 km des côtes ?

- ☐ **a.** 50 %
- ☐ **b.** 70 %
- ☐ **c.** 80 %

3. Qu'est-ce que l'aquaculture ?

- ☐ **a.** Le nettoyage de l'eau de mer.
- ☐ **b.** Une activité d'élevage des espèces marines.
- ☐ **c.** La transformation de l'eau de mer en eau salée.

4. Qu'est-ce que l'héliotropisme ?

- ☐ **a.** L'attractivité exercée par les littoraux.
- ☐ **b.** L'attractivité exercée par les espaces montagneux.
- ☐ **c.** L'attractivité exercée par les régions ensoleillées.

5. Qu'est-ce que la marbellisation ?

- ☐ **a.** Une politique de protection des espaces naturels littoraux.
- ☐ **b.** L'urbanisation importante d'un littoral.
- ☐ **c.** La concentration d'activités industrielles sur un littoral.

6. Qu'est-ce qu'un terminal à conteneurs ?

- ☐ **a.** Un port comportant aires de déchargement et de stockage des conteneurs.
- ☐ **b.** Un bateau permettant de transporter des conteneurs.
- ☐ **c.** Un train transportant des conteneurs.

7. Qu'est-ce qu'un estran ?

- ☐ **a.** Un aménagement portuaire.
- ☐ **b.** Un aménagement touristique.
- ☐ **c.** L'espace entre la marée haute et la marée basse.

ENTRAÎNEZ-VOUS

CORRIGÉ p. 232

1 Analyser une carte topographique

50 min

Carte topographique 1/25 000 de la Grande Motte (2008)

CONSEILS

Aidez-vous de l'étude de cas de la leçon.

QUESTION

Mettez en évidence, d'après cette carte, l'anthropisation du milieu.

2 Compléter un schéma

●●○ 30 min

Le littoral languedocien

1. ....
....

....
....
....
....

2. ....
....

....
....
....
....
....
....
....
....

3. ....
....

....
....
....
....

QUESTION

Réalisez la légende organisée de ce schéma.

CONSEIL

Aidez-vous de l'étude de cas de la leçon.

Corrigés de *TESTEZ VOS CONNAISSANCES*

1. c. Le phénomène de littoralisation se traduit par une concentration des hommes et des activités sur les littoraux, phénomène qui s'est accentué avec la mondialisation de l'économie et l'essor des façades maritimes.

2. a. Conséquence de la littoralisation, 50 % de la population mondiale vit à moins de 50 km d'un littoral.

3. b. L'élevage de poissons comme le saumon dans des fermes marines aquacoles se développe depuis plusieurs années face à la raréfaction de certaines espèces sauvages et à la hausse démographique. Elle concerne aussi les crustacés et les coquillages.

4. c. Le phénomène de l'héliotropisme s'est développé avec l'essor du tourisme de masse : recherche d'activités touristiques dans des régions à fort ensoleillement.

5. b. Le développement du tourisme de masse s'est accompagné d'une forte urbanisation verticale de certains littoraux notamment à Marbella en Espagne, d'où le nom de marbellisation. On parle aussi de bétonnage du territoire.

6. a. Les terminaux à conteneurs se développent depuis les années 1980. Certains sont très importants comme à Singapour ou à Rotterdam. La conteneurisation a permis aux navires de gagner un temps considérable dans le chargement et déchargement des marchandises.

7. c. L'estran est un espace naturel sablonneux, rocheux ou encore vasier. Son étendue dépend de l'amplitude de la marée et du relief du littoral.

Corrigés de *ENTRAÎNEZ-VOUS*

1 *Analyser une carte topographique*

REMARQUE

Certaines informations, comme des dates ou le nombre de touristes en été, ne figurent pas sur la carte. Utilisez donc vos connaissances personnelles pour étayer vos descriptions.

La carte topographique au 1/25 000 montre une occupation humaine dense de cette portion du littoral languedocien. En effet, dans le cadre de la « mission Racine » au début des années 1960, l'État a promu un vaste aménagement touristique de la zone. Une station balnéaire a été construite à partir de 1965 : port de plaisance, nombreux immeubles à l'architecture moderne, campings, quartier de résidences secondaires pour accueillir les touristes. Mais également, comme on le voit sur la carte topographique, de nouvelles activités se sont installées : centre équestre, tennis, casino, école de voile, golf, parc aquatique sont destinés à répondre à la demande d'un tourisme estival de masse.

Les activités agricoles sont, quant à elles, absentes. Les infrastructures de transport ont été dimensionnées pour faire face à l'afflux de touristes : une voie rapide deux fois deux voies dessert le littoral tandis que des échangeurs et des boulevards facilitent l'entrée dans la station. La rive de l'étang a été façonnée par l'homme : disparition des espaces marécageux et côte géométrique. À l'Est de la carte, un canal a été creusé pour relier l'étang voisin à la mer. Il a fallu aussi assurer la gestion des déchets et des besoins en eau pour éviter les problèmes de pollution (déchetterie et station d'épuration). L'extension se veut aussi maîtrisée : on remarque un espace naturel protégé au Nord-Ouest de la carte.

La Grande Motte accueille aujourd'hui 2 millions de touristes par an essentiellement en période estivale. Cet aménagement a répondu à la demande d'un tourisme balnéaire (héliotropisme) qui s'est démocratisé dans les années 1960 avec la hausse du niveau de vie des Européens et la progression du temps de congés payés.

2 *Compléter un schéma*

1. Un littoral avec des espaces naturels

- Cordon littoral sableux
- Marais, étangs, lagunes

2. Un littoral aménagé

- Autoroute reliant la France à l'Europe
- Desserte routière
- Stations balnéaires
- Pôles urbains

3. Mais un littoral également protégé

- Réserves naturelles
- Parc naturel régional

Les espaces exposés aux risques majeurs

POUR DÉMARRER

- La planète est soumise à des **risques naturels ou technologiques** plus ou moins élevés selon les espaces terrestres.
- On voit ainsi éclater des **catastrophes** naturelles et technologiques qui font parfois la une de l'actualité.
- Les sociétés humaines sont plus ou moins **vulnérables** face aux risques et n'y apportent pas les mêmes réponses.

1 Le Japon face aux risques

A. Le Japon, un territoire soumis à de nombreux risques

DÉFINITIONS

Aléa : facteur physique ou technologique potentiellement dangereux.

Risque : danger possible suscité par la présence de population à proximité d'aléas physiques ou technologiques.

• De par sa situation géographique et le fort développement de son économie, le territoire japonais présente des aléas **naturels et technologiques** qui entraînent des risques potentiellement élevés. En effet, le pays est situé le long de la ceinture de feu du Pacifique, au contact de quatre plaques tectoniques (Pacifique, Nord-américaine, Philippines et Eurasiatique) : les **volcans** s'étirent du Nord au Sud et les **séismes** sont fréquents, déclenchant parfois des **tsunamis**. Le Sud du pays est sur la route des **typhons** : vents violents et pluies torrentielles entraînant des **coulées de boue**. Les aléas naturels sont donc forts.

• La **forte concentration humaine** sur une partie des littoraux rend le risque potentiellement élevé. Ainsi, la ville de Tokyo a été touchée par un fort séisme en 1923 qui a déclenché une catastrophe humaine : 200 000 victimes en partie causées par les incendies qui se sont déclenchés. Les gouvernements successifs ont développé, à partir des années 1960, des politiques de prévention : constructions de bâtiments aux normes antisismiques, éducation des populations aux risques, plans d'évacuation.

• Après la Seconde Guerre mondiale, le Japon s'est reconstruit et a connu un fort développement économique favorisant les aléas technologiques. La littoralisation des activités et la forte urbanisation suscitent en effet des risques de **pollution de l'air et de la mer**. Par exemple, les rejets de métaux lourds sur une longue période d'une usine de **Minamata** (Sud-Est du Japon) ont entraîné une pollution du littoral au mercure et touché les populations locales de pêcheurs. La forte densité urbaine de Tokyo favorise une pollution de l'air et de sa baie, etc.

B. Un fort tsunami qui déclenche une catastrophe nucléaire

• En mars 2011, un **tremblement de terre** d'une puissance exceptionnelle (magnitude 9 sur l'échelle de Richter) s'est déclenché au large du Japon dans le Pacifique. Celui-ci a entraîné un fort tsunami sur la côte Nord-Est de l'île de Honshu : plus de 18 000 morts à cause de la vague géante (15 mètres) qui s'est propagée sur les plaines littorales sur près de 10 km de profondeur, et de très grandes destructions matérielles (plus de 200 milliards de dollars).

DÉFINITIONS

Magnitude : énergie libérée lors du tremblement de terre. Sur l'échelle de Richter, chaque graduation est 10 fois plus forte que sa précédente.

Tsunami : vague marine créée par un séisme, une éruption ou un glissement de terrain sous-marins.

• Pourtant, le Japon bénéficiait d'un système d'alerte aux tsunamis et avait protégé une partie de son littoral de constructions anti-tsunamis : portes à l'entrée de certains ports, ouvrages en béton pour casser les vagues, etc. Mais la force et la hauteur de la vague ont aussi fortement endommagé une centrale nucléaire située sur le littoral près de **Fukushima** entraînant des émissions radioactives sur terre et sur mer. L'**impact sur les sociétés humaines** est encore aujourd'hui très fort : évacuation de tous les habitants dans un rayon de 20 km, nature polluée à long terme, risques sanitaires pour les populations locales avoisinantes, eau de mer contaminée par la radioactivité.

• Fukushima est une catastrophe **humaine, écologique et nucléaire**. Malgré les politiques de prévention, elle en montre les **limites** et l'aggravation des risques technologiques pris par les hommes. En effet, malgré le système d'alerte tsunami, la vague est arrivée 10 minutes après le séisme ne laissant pas le temps aux populations d'évacuer, et sa hauteur a submergé les digues, comme celle de la centrale nucléaire. Les émissions radioactives ont continué après la catastrophe et 34 centrales nucléaires sur 53 ont été arrêtées au Japon.

DÉFINITION

Catastrophe : réalisation du risque qui se traduit par de fortes pertes humaines et/ou de fortes pertes matérielles.

2 Les sociétés humaines face aux risques

A. Des risques naturels et technologiques

• Les aléas naturels sont assez divers à la surface du globe et n'ont pas la même densité, déclenchant à leur suite des expositions aux risques différentes selon les concentrations humaines.

• La localisation des forts aléas liés au volcanisme et aux séismes est bien connue : ils sont surtout concentrés le long des limites des plaques tectoniques et des lignes de faille.

DÉFINITION

Plaque tectonique : la croûte terrestre est divisée en plusieurs plaques qui bougent les unes par rapport aux autres et sont ainsi à l'origine de séismes et de phénomènes volcaniques.

• De même les **trajectoires des cyclones** sont identifiées : des Antilles au golfe du Mexique (Jeanne en 2004), des îles Pacifique vers la côte orientale de l'Asie ou encore vers les côtes indiennes. Le littoral européen est soumis l'hiver à des tempêtes (Xynthia) et de nombreux espaces dans le monde sont frappés par des inondations.

• Parfois ces risques naturels sont aggravés par l'homme : **déforestation** qui accentue les coulées de boue et les inondations (Haïti), aménagements dans des **zones inondables** (littoral vendéen), etc.

• Malgré les risques, les hommes se sont installés dans des espaces reconnus comme dangereux : proximité de volcans (l'Etna), grandes agglomérations sur des zones sismiques majeures comme en

Californie, au Japon ou encore à Istanbul où les habitants vivent dans l'expectative d'un « big one » (séisme supérieur à 7 sur l'échelle de Richter).

• Les espaces liés aux risques technologiques sont plus nombreux dans les pays du Nord étant donné leur niveau de développement. Même s'ils sont concentrés dans des zones industrielles ou portuaires, les **industries et complexes pétrochimiques** à risque sont souvent situés à proximité voir à l'intérieur des espaces urbains, l'étalement des banlieues ayant parfois englobé les usines. L'extraction et le transport des **hydrocarbures** sont un autre risque important pour l'homme et l'environnement de même que le **nucléaire** (accident de Tchernobyl en 1986 et de Fukushima en 2011).

B. Des sociétés plus ou moins vulnérables

• Les pays du Nord et du Sud ne sont pas exposés aux risques de la même manière. Les moyens financiers des **pays du Nord** leur ont permis de développer une **large politique de prévention** passant par les méthodes de construction des bâtiments selon des normes antisismiques (fondations permettant aux gratte-ciel de pouvoir osciller, choix de matériaux) ou l'éducation des populations aux risques (exercices d'évacuation réalisés au Japon). Les volcans actifs des pays du Nord sont sous la surveillance constante de vulcanologues Les prévisions météo permettent de préparer l'évacuation (planification de plans et des interventions) des zones habitées avant l'arrivée d'un cyclone de forte intensité ou de fortes pluies annonciatrices d'inondation. Ceci a permis, depuis une cinquantaine d'années, de **limiter considérablement le nombre de victimes**.

• Par contre, le niveau de développement de ces pays rend toute catastrophe encore plus coûteuse suite aux dégâts matériels. Depuis les années 1990, on constate une augmentation des catastrophes naturelles (surtout ouragans et tempêtes) qui se traduit par une augmentation des coûts. Est alors entre autre mis en cause le réchauffement climatique, mais ce sujet fait débat dans la communauté internationale.

DÉFINITION

Réchauffement climatique : modifications climatiques à l'échelle mondiale liées à la hausse des gaz à effet de serre dans l'atmosphère.

• Les **pays du Sud** sont plus **vulnérables** aux risques à cause de leur manque d'investissement dans les politiques de prévention, d'éducation des populations, du bâti non adapté, parfois de la faiblesse de l'État. Les foyers de population sont aussi souvent très denses dans les villes des pays du Sud augmentant le risque et le niveau de catastrophe. Ainsi, le séisme qui a touché Haïti en 2010 a fait plus de 200 000 morts. Ces pays ont du mal à faire face aux catastrophes et sont alors aidés par la communauté internationale et les ONG.

• Pourtant des progrès existent ; ainsi le Bangladesh, pays en partie en dessous du niveau de la mer et soumis régulièrement aux inondations de la mousson, a construit des abris en hauteur dans les villages dans lesquels les populations peuvent se réfugier.

• Les catastrophes amènent les pouvoirs publics, à différentes échelles, à prendre de nouvelles mesures de protection. En Indonésie, la répétition de séismes et de tsunamis qui en découlent ont poussé les instances internationales à créer un système d'alerte tsunami pour l'océan indien du même genre que celui existant pour le Pacifique.

• En Europe, les **risques technologiques** ont connu une réelle prise en compte avec la fuite de dioxine d'une usine à **Seveso** en Italie en 1976. Depuis 1982, les États membres de l'UE ont dès lors obligation de repérer et d'identifier les industries à risque et celles-ci doivent suivre des procédures de sécurité strictes. Des procédures d'alerte vers les populations ont ainsi été élaborées de même qu'à proximité des centrales nucléaires. En France, certaines régions ont une concentration importante d'entreprises classées « Seveso » : étang de Berre, couloir de la chimie au Sud de Lyon, la Seine entre Rouen et Le Havre.

• L'essor économique des pays émergents se traduit aussi par une augmentation des risques technologiques. La Chine est confrontée à des problèmes de pollution de ses rivières et de ses nappes phréatiques par des rejets illicites de produits chimiques.

• Pour autant, des catastrophes comme Fukushima en 2011, le cyclone Katrina à la Nouvelle-Orléans en 2005 ou l'explosion de l'usine AZF à Toulouse en 2001 mettent en évidence les **limites** des politiques de prévention. Les scientifiques sont, pour l'instant, incapables de prévenir un séisme à court terme, à l'inverse des éruptions volcaniques. Le séisme de Kobé en 1995 a montré que des normes antisismiques n'avaient pas été partout respectées.

• Les populations des pays du Nord sont alors de plus en plus demandeuses d'un risque zéro vis-à-vis des pouvoirs publics qui augmentent ainsi les **législations** pour plus de protection.

PIÈGES À ÉVITER

- Un séisme sous-marin ne déclenche pas obligatoirement un tsunami.
- Cyclone, ouragan et typhon désignent le même phénomène naturel : vents supérieurs à 116 km/h accompagnés de fortes précipitations. Ils sont classés en 5 catégories ou niveaux de puissance.

Analyser une photographie

CONSEILS

- Ne pas confondre **analyse** et **description** d'une photographie.
La description se limite à donner différents éléments présents dans le document alors que l'analyse met en évidence les éléments principaux, montrant leur rôle, en utilisant le vocabulaire de la leçon.
- Rattachez la photo au thème étudié, cela vous aidera à trouver l'**idée principale** de votre document.

Quartiers inondés à la Nouvelle-Orléans après le passage de Katrina en 2005

Question

À quel aléa fut confrontée la Nouvelle-Orléans et quels en furent les effets ?

POINT MÉTHODE

✓ *Repérez où a été prise la photo et quand.*

✓ *Dégagez son angle de vue : au sol, aérienne oblique ou aérienne verticale.*

✓ *Repérez les éléments les plus importants en cherchant les premier, deuxième et troisième plans.*

✓ *Pour vous aider, vous pouvez réaliser un schéma d'observation rapide comme pour l'analyse de l'image satellite (voir p. 161).*

✓ *Adaptez votre questionnement au type de paysage en question. Pour un paysage rural : quelles traces l'homme a-t-il laissé dans le paysage ? Quels aménagements sont visibles ? Quelle végétation ? Quel type de climat ? Quel relief ? Etc. Pour un espace urbain : quel type de bâti ? Quel tissu urbain ? Quel genre de quartier ? Des moyens de transport sont-ils visibles ? Ville du Sud ou ville du Nord ? Etc.*

✓ *Pour la rédaction de votre réponse, structurez-la en vous appuyant sur les idées générales que vous avez dégagées : une idée générale correspond à un paragraphe illustré par vos connaissances et les détails de la photo.*

Proposition de corrigé

Cette photographie aérienne oblique montre les effets de l'ouragan Katrina (catégorie 5) sur la Nouvelle-Orléans, ville du Sud des États-Unis, en 2005. Les fortes pluies générées par le cyclone ont entraîné une élévation du niveau des eaux du lac Ponchartrain, du Mississippi et sur les côtes. Les digues, mal entretenues, qui protègent la ville ont cédé, entraînant d'importantes inondations.

La photographie montre des quartiers résidentiels inondés, et une partie des autoroutes urbaines est aussi sous l'eau, rendant difficile l'évacuation des habitants et l'arrivée des secours. En arrière-plan, le CBD (*central business district*) paraît peu touché par les vents violents qui ont soufflé pourtant jusqu'à 280 km/h.

La situation géographique de la Nouvelle-Orléans, située en dessous du niveau de la mer, a aussi aggravé l'inondation et s'est en effet posé le problème de l'évacuation de l'eau accumulée dans les rues. Ville du Nord disposant de nombreux équipements, les dégâts matériels à la Nouvelle-Orléans sont considérables : les habitations mais aussi les réseaux de distribution d'eau, d'électricité sont endommagés, rendant encore plus difficile la gestion de l'après-cyclone.

TESTEZ VOS CONNAISSANCES

CORRIGÉ p. 246

1. **Qu'est-ce qu'un aléa ?**

- ☐ **a.** Une catastrophe naturelle.
- ☐ **b.** Une catastrophe technologique.
- ☐ **c.** Un phénomène susceptible d'être dangereux.

2. **Que s'est-il passé à Seveso ?**

- ☐ **a.** Une catastrophe nucléaire.
- ☐ **b.** Une catastrophe industrielle.
- ☐ **c.** Une catastrophe naturelle.

3. **Qu'est-ce qu'un tsunami ?**

- ☐ **a.** Le contact entre deux plaques tectoniques.
- ☐ **b.** Une vague créée par un séisme.
- ☐ **c.** Une vague créée par une éruption sous-marine.

4. **Qu'est-ce qu'un cyclone ?**

- ☐ **a.** Une très forte tempête.
- ☐ **b.** Un tourbillon de poussières.
- ☐ **c.** Une tornade.

5. **Qu'est-ce que la vulnérabilité aux risques ?**

- ☐ **a.** Le niveau élevé de résistance des sociétés.
- ☐ **b.** La disparition du risque.
- ☐ **c.** Le niveau de fragilité des sociétés face au risque.

6. **Quels peuvent être les facteurs aggravants d'une inondation ?**

- ☐ **a.** La forte urbanisation d'un espace.
- ☐ **b.** La déforestation.
- ☐ **c.** La création de digues.

7. **En quoi consistent les normes antisismiques ?**

- ☐ **a.** Elles permettent d'éviter la chute des immeubles.
- ☐ **b.** Elles empêchent l'inondation des immeubles.
- ☐ **c.** Elles limitent les risques d'incendie.

TESTEZ VOS CONNAISSANCES

CORRIGÉ p. 246

1 *Analyser une photographie*

●○○ 30 min

Une salle de classe à Kagoshima au Japon au pied du volcan Sakurajima

QUESTION

Analyser la politique de prévention présente sur la photographie.

2 *Analyser un article*

●○○ 30 min

Passage de l'ouragan Sandy sur New York

« La vie reprend ce jeudi très progressivement dans les régions touchées par Sandy, notamment à New York, mais des millions de personnes restaient jeudi privées d'électricité ou coupées du reste du monde, bloquées par les inondations ou la neige. Les dégâts n'empêcheront finalement pas le marathon, qui aura bien lieu dimanche comme prévu.

Le dernier bilan humain s'est alourdi : au moins 72 personnes ont perdu la vie sur la côte Est des États-Unis, portant à 144 le total provisoire de celles tuées par l'ouragan en Amérique du Nord et dans les Caraïbes, selon les chiffres diffusés par les médias américains.

Plus d'un million de litres de carburant diesel d'une raffinerie du groupe Shell se sont déversés au large de New York après le passage de l'ouragan Sandy et une rupture dans un réservoir. Les efforts pour nettoyer les eaux se poursuivent jeudi, rapporte la chaîne de télévision CNN.

À New York, la ville devrait afficher un visage un peu plus "normal" ce jeudi. La Bourse a rouvert, le Conseil de sécurité des Nations unies aussi, et les aéroports John F. Kennedy et Newark Liberty ont repris leur activité. Le troisième, celui de LaGuardia, devait faire de même, de façon "limitée", jeudi matin. [...]

Le réseau de bus de la ville fonctionne de nouveau. Le gouverneur Andrew Cuomo a annoncé qu'un service de métro limité reprendrait jeudi, avec la gratuité jusqu'à vendredi. Faute de métro, qui transporte chaque jour quelque 5,5 millions de passagers, New York s'était réveillée mercredi dans des embouteillages monstres.

Pour limiter ces bouchons, le maire de la plus grande ville américaine, Michael Bloomberg, a instauré un covoiturage obligatoire, interdisant aux voitures de se rendre à Manhattan si elles n'avaient pas à bord au moins trois personnes.

Mais plus de 500 000 foyers restaient sans électricité dans la ville. Les écoles étaient toujours fermées mercredi ainsi que la quasi-totalité des tunnels. Trois hôpitaux ont été évacués. [...]

Barack Obama doit reprendre jeudi sa campagne, suspendue pour se concentrer sur la gestion des ravages. Il a rencontré mercredi, avec le gouverneur du New Jersey Chris Christie, des personnes déplacées par Sandy à Brigantine, une ville côtière, et a survolé en hélicoptère la côte atlantique.

En chef de la nation, il a salué la "force et la capacité de récupération" de ses compatriotes. "C'est l'essence des États-Unis. Nous traversons des temps difficiles mais nous revenons plus forts qu'avant", en écho à ses discours de campagne. "Nous sommes là pour vous. Et nous n'oublierons pas", a-t-il encore affirmé.

Plus de six millions de foyers et d'entreprises, pour la plupart dans les États de New York et du New Jersey, restaient privés d'électricité, des coupures qui pourraient durer encore plusieurs jours. Les réseaux téléphonique et ferroviaire continuaient d'être perturbés et des milliers de vols étaient encore annulés.

Au total, quelque 10 000 soldats de la Garde nationale sont mobilisés à travers les États affectés par le terrible ouragan, dont les assureurs estiment, selon une évaluation préliminaire, qu'il leur coûtera de sept à 15 milliards de dollars. »

« Ouragan Sandy : le bilan s'alourdit à 72 morts »,
L'Express.fr avec AFP, 1er novembre 2012.

QUESTIONS

A. Présentez le document

B. Quels éléments montrent que New York est une ville mondiale ?

C. En quoi l'article illustre-t-il la vulnérabilité d'une mégapole d'un pays du Nord face à un risque naturel ?

Corrigés de *TESTEZ VOS CONNAISSANCES*

1. c. Les aléas peuvent être naturels ou technologiques ; ce sont des phénomènes potentiellement dangereux comme une tempête ou une explosion d'usine chimique.

2. b. En 1976, une fuite de dioxine a eu lieu dans une usine près de Seveso, en Italie, qui a fortement contaminé l'environnement. C'est cette catastrophe qui donna lieu ensuite aux directives « Seveso » permettant la gestion des risques industriels en Europe.

3. b et c. Les tsunamis sont déclenchés par des séismes ou des éruptions sous-marines. L'onde de choc crée une ondulation de l'océan qui se transforme en vagues parfois géantes au contact du littoral. La majorité des tsunamis a lieu dans le Pacifique. Les plus grosses vagues ont pu atteindre jusqu'à 25 mètres de haut.

4. a. Les cyclones sont des phénomènes plus forts que les tempêtes qui se créent dans les mers chaudes et s'accompagnent de vents violents soufflant jusqu'à plus de 250 km/h et de fortes précipitations.

5. c. Les sociétés sont plus ou moins vulnérables face aux risques. Cela dépend de leur proximité avec des aléas et de leur capacité à mettre en place des politiques de prévention.

6. a et b. L'intensité des inondations a tendance à être plus fréquente, surtout en littoral, à cause de la pression urbaine. Dans les pays du Sud, c'est plutôt la déforestation qui joue ce rôle : l'eau n'est plus retenue par la végétation.

7. a et c. Les immeubles doivent respecter des cahiers des charges particuliers pour pouvoir résister à des secousses importantes. On prévoit aussi des distances de sécurité entre les immeubles pour éviter la propagation d'incendies éventuels causés par des ruptures de conduites de gaz.

Corrigés de *ENTRAÎNEZ-VOUS*

1 *Analyser une photographie*

Cette photographie montre un aspect des politiques de prévention mises en place dans les pays du Nord, en l'occurrence ici le Japon.

La photo montre l'intérieur d'une classe à Kagoshima sur l'île de Kyushu. La ville est située dans une baie à proximité d'un des volcans les plus actifs du Japon, à caractère explosif, le Sakurajima. La population civile est soumise à des exercices fréquents d'alerte et d'évacuation pour être capable de réagir à tout danger lié à une explosion.

Comme on le voit sur la photo, les élèves ont obligation de porter des casques pour se protéger de retombées éventuelles de cendres brûlantes et de pierres rejetées par le volcan. Les cendres en volume important peuvent faire s'écrouler les toits. Des abris en béton ont aussi été prévus. La surveillance du volcan est effectuée par des vulcanologues qui peuvent ainsi déclencher des procédures d'évacuation.

Dans les pays du Nord, les États ont les moyens financiers de développer ce type de politique de prévention des risques ; les populations sont aussi suffisamment éduquées pour en saisir le sens et l'utilité.

> **CONSEIL**
>
> *Pour pouvoir répondre entièrement à la question, faites une recherche internet sur Kagoshima et son emplacement.*

❷ *Analyser un texte*

A. Cet extrait d'un article du site Internet du magazine *L'Express* fait le bilan au 1er novembre 2012 de l'ouragan Sandy qui venait de frapper la côte Est des États-Unis et particulièrement New York.

B. New York abrite le siège de l'ONU ; elle est une place boursière majeure, reliée au monde par trois aéroports. Le haut niveau de développement de la ville et de sa région fait que le coût des dégâts sera élevé (« évaluation préliminaire de sept à 15 milliards de dollars).

> **REMARQUE**
>
> *Des questions transversales à plusieurs cours peuvent vous être posées. Pensez à mobiliser également vos connaissances personnelles quand cela peut être utile.*

C. Les précipitations causées par l'ouragan Sandy ont été importantes, sous forme de pluie et de neige. Les vents ont aussi causé des dégâts. Ainsi, la mégapole a vu ses infrastructures de transport paralysées : métro, réseau de bus causant des « embouteillages monstres ». En effet, la forte concentration humaine suppose des transports en commun performants. Une mégapole a aussi besoin d'électricité pour ses activités économiques et la vie quotidienne dans un tissu urbain vertical. Or « des millions de personnes restaient privées d'électricité ». Les communications téléphoniques aussi indispensables n'étaient pas toutes rétablies. L'accès à l'énergie pétrolière posait aussi problème : une raffinerie du Groupe Shell avait été touchée.

Biographies

→ Chapitre 3

Assise, François d' (v. 1181-1226)

Fils d'un riche marchand italien et fondateur d'un nouvel ordre monastique approuvé par le pape en 1210. Il prône la pauvreté, le contact avec les populations. Il est fait saint dès 1228.

→ Chapitre 2

Auguste (63 av. J.-C-14 ap. J.-C.)

De son nom Octave, petit-neveu et fils adoptif de Jules César. Il sort vainqueur de la guerre civile et impose en 27 av. J.-C. un nouveau régime politique, le Principat, qui met fin à la République. Il devient ainsi le premier empereur romain, portant le titre d'*Augustus* et de *princeps*.

→ Chapitre 10

Bonaparte, Louis-Napoléon (1808-1873)

Neveu de Napoléon Ier, premier président de la IIe République élu au suffrage universel en décembre 1848. Par un coup d'État, en décembre 1851, il met fin à la IIe République puis rétablit l'Empire en se faisant appeler Napoléon III. Le second Empire prend fin avec la guerre contre la Prusse en 1870.

→ Chapitres 9 et 10

Bonaparte, Napoléon (1769-1821)

D'origine corse ; militaire sous la Révolution, il aide le Directoire à lutter contre les complots royalistes. Il fait un coup d'État en 1799 et fonde alors le Consulat. Il devient empereur des Français en 1804. Ses défaites militaires face à une coalition européenne l'obligent à abdiquer en 1814 puis en 1815.

→ Chapitre 2

Caracalla (188-217)

Empereur romain de la dynastie des Sévères, au pouvoir avec son frère à partir de 211, il le tue pour régner seul. Il publie un édit en 212 dans lequel tous les pérégrins de l'empire deviennent citoyens. Il meurt assassiné après avoir mené plusieurs expéditions militaires.

→ Chapitre 3

Clairvaux, Bernard de (1090-1153)

Issu de la noblesse, adepte d'un monachisme épuré et ascétique face à Cluny, il entre dans l'ordre de Cîteaux. En 1115, il fonde une filiale de Cîteaux, Clairvaux. Célèbre, il fut conseiller des membres du clergé à commencer par certains papes, ainsi que de grands laïcs.

→ Chapitre 2

Claude (10 av. J.-C.-54 ap. J.-C.)

Empereur romain de 41 à 54 ap. J.-C., il agrandit l'empire, reforma le système judiciaire et le Sénat, notamment en élargissant le droit de cité dans l'empire et l'accès au Sénat. Il meurt probablement assassiné par son épouse en 54.

→ Chapitre 6

Colomb, Christophe (v. 1450-1506)

Navigateur génois qui proposa au Portugal puis à l'Espagne de monter une expédition pour atteindre les Indes par une route plein Ouest. Parti en 1492, il découvrit les Antilles mais resta persuadé, malgré ses expéditions suivantes, d'avoir mis le pied en Asie.

→ Chapitres 7 et 8

Copernic, Nicolas (1473-1543)

Médecin, chanoine et astronome polonais qui fit une partie de ses études en Italie. Dans un essai, il émet l'hypothèse que la terre tourne sur elle-même et autour du soleil, s'éloignant du géocentrisme de Ptolémée. Ce livre n'est imprimé qu'après sa mort en 1543.

→ Chapitre 6

Cortés, Hernán (1485-1547)

Petit noble espagnol, il part faire fortune à Hispaniola. Il dirige une expédition en 1518 pour explorer l'Amérique centrale et réussit à s'emparer de l'empire aztèque dès 1521. Nommé par Charles Quint gouverneur de la Nouvelle Espagne, il finit par perdre de son influence à la cour.

→ Chapitres 7 et 8

Galilée (1564-1642)

Italien, mathématicien, physicien et astronome. Ses travaux reprennent la thèse de Copernic ce qui, malgré la protection du pape, entraîne sa condamnation par l'Inquisition et son abjuration de l'idée de l'héliocentrisme.

→ Chapitre 6

Gama, Vasco de (v. 1460-1524)

Navigateur portugais, il part en 1497 au nom du roi du Portugal réaliser le premier voyage aux Indes en contournant l'Afrique. Il atteint Calicut et revient en 1499. Nommé amiral des Indes, il effectue un second voyage en 1502-1503. Il a contribué à l'essor de l'empire portugais.

→ Chapitre 3

Grégoire VII (v. 1020-1085)

D'origine toscane, il devient moine dans l'ordre de Cluny et conseiller de plusieurs papes. Élu à la papauté en 1073, il lance une Réforme de l'Église qui porte son nom (célibat du clergé, refus de l'achat des charges) et s'oppose à l'empereur germanique Henry IV au sujet de l'investiture des évêques.

→ Chapitre 7

Gutenberg, Johannes (v. 1400-1468)

Imprimeur allemand qui exerça à Strasbourg et à Mayence. Il mit au point des caractères d'imprimerie métalliques mobiles qui permirent la diffusion des idées de la Renaissance et des livres à grande échelle. Son premier livre imprimé fut la Bible.

→ Chapitre 9

Louis XVI (1754-1793)

Petit-fils de Louis XV, il devient roi de France en 1774. Face à l'échec des tentatives de réformes et au déficit du budget, il convoque les États généraux en 1789. Contraint d'accepter une monarchie constitutionnelle, sa tentative de fuite suscite l'éloignement des Français. Il est déchu en août 1792 et condamné à la guillotine par la Convention.

→ Chapitre 10

Louis XVIII (1755-1824)

Frère de Louis XVI, il émigre pendant la Révolution. La famille des Bourbons revient au pouvoir avec la chute de Napoléon Ier et il rétablit une monarchie mais constitutionnelle (avec rédaction d'une charte). Il est roi de France de 1814 jusqu'à sa mort (épisode des Cent jours excepté).

→ Chapitre 10

Louis-Philippe (1773-1850)

Petit cousin de Louis XVI, il devient « roi des Français » à la suite de la révolution de juillet 1830 qui met fin au règne de Charles X. De plus en plus impopulaire, il est renversé par la révolution de 1848 qui voit un régime républicain émerger.

→ Chapitre 7

Luther, Martin (1483-1546)

Moine allemand qui dénonce en 1517, dans ses « 95 thèses », le fonctionnement de l'Église catholique et certains aspects du dogme. Excommunié en 1520, il est le fondateur du protestantisme qui se diffuse en Europe et déclenche des guerres religieuses en France comme dans le Saint Empire.

→ Chapitre 6

Magellan, Fernand de (v. 1480-1521)

Noble portugais qui participa à plusieurs expéditions vers les Indes. Mis à l'écart, il propose à l'Espagne son projet d'atteindre les îles à épices des Moluques par l'Ouest. Son expédition part en 1519 et revient du premier tour du monde en 1522. Il meurt aux Philippines.

→ Chapitre 10

Mazzini, Giuseppe (1805-1872)

Membre des Carbonari, patriote et révolutionnaire italien, il cherche à réaliser l'unité de la péninsule et à y construire une République. Pour cela, il crée en 1831, en exil, le mouvement « Jeune Italie ». Sa République, fondée en 1848, fut éphémère.

→ Chapitres 5 et 7

Médicis, Laurent de (1449-1492)

Issu de la famille Médicis qui dirigea Florence et connut de nombreux mécènes en faisant de la ville un des principaux foyers de la Renaissance. Laurent de Médicis se constitua une cour d'artistes et d'humanistes (le philosophe et poète Marsile Ficin, les peintres Botticelli, Lippi).

→ Chapitre 7

Michel-Ange (1475-1564)

Artiste italien de la Renaissance, peintre et sculpteur. Formé à Florence, il a pour mécènes la famille Médicis. Il est resté célèbre pour la réalisation de nombreuses œuvres : David, tombeau du pape Jules II (sculptures), les fresques de la chapelle sixtine (création du monde et jugement dernier).

→ Chapitre 8

Newton, Isaac (1642-1727)

Ce scientifique anglais s'intéressa à la physique (loi sur la gravitation et l'attraction universelle, travail sur la lumière), aux mathématiques (calcul différentiel et intégral) et à l'astronomie (télescope à miroir sphérique). Il utilisa mathématiques et expérimentations pour expliquer des phénomènes naturels.

→ Chapitre 1

Pasteur, Louis (1822-1895)

Scientifique français qui travailla sur la fermentation, la pasteurisation. Il promeut l'asepsie auprès des médecins et fait progresser la vaccination (lutte contre la maladie du charbon sur les animaux et le vaccin contre la rage sur l'homme).

→ Chapitre 2

Périclès (v. 495-429 av. J.-C.)

Homme politique athénien, considéré comme le défenseur de la démocratie athénienne au Ve siècle (inventeur du *misthos*). Il est aussi connu pour ses travaux d'embellissement de l'Acropole, la politique impérialiste qu'il mena envers les cités voisines de la mer Égée et la guerre contre Sparte.

→ Chapitres 4 et 5

Philippe Auguste (1165-1223)

Roi capétien de 1180 à 1223, il étend le royaume aux dépens des Plantagenêts et des comtes de Champagne. Il modernise Paris, fait construire le Louvre et une enceinte et protège les débuts de l'université de Paris.

→ Chapitre 2

Philippe de Macédoine (382-336 av. J.-C.)

Devenu roi de Macédoine en 359 av. J.-C., il étend son royaume aux dépens des cités grecques. L'Athénien Démosthène pousse la cité à engager des expéditions contre lui mais la défaite de Chéronée en 338 la met sous sa tutelle. Son fils, Alexandre le Grand, met fin au régime démocratique en 322.

→ Chapitre 9

Robespierre, Maximilien de (1758-1794)

Avocat, député du tiers état en 1789. Il défend le suffrage universel en 1791. Opposé aux Girondins, il réclame la mort du roi et, à la tête des Montagnards, établit la Terreur sous la République et continue les réformes. Il est renversé en 1974 et meurt guillotiné.

→ Chapitre 6

Soliman le Magnifique (1494-1566)

Dixième sultan de l'Empire ottoman de 1520 à 1566, il étend ses frontières en Europe orientale, en luttant contre les Habsbourg, et en Méditerranée (prise de Rhodes). Sous son règne, les Ottomans connurent des réformes administratives et leur apogée culturelle.

→ Chapitres 7 et 8

Vésale, André (1514-1564)

Issu d'une famille de médecins évoluant à la cour des Habsbourg, il s'intéresse aux dissections et publie des ouvrages d'anatomie qui font progresser la connaissance du corps humain. Bien que célèbre et médecin de Charles Quint puis de Philippe II, il est condamné par l'Inquisition pour ses travaux.

→ Chapitres 7 et 8

Vinci, Léonard de (1452-1519)

Artiste italien formé dans un atelier florentin, célèbre pour ses multiples talents (peintre, ingénieur, architecte) comme pour sa curiosité intellectuelle (dissections). Il fut au service du duc de Milan et de François Ier, travailla aussi à Rome. Il meurt à Amboise.

→ Chapitre 8

Watt, James (1736-1819)

Ingénieur britannique, il présente en 1764 sa machine à vapeur en s'aidant de travaux précédents et en dépose le brevet en 1769. Il s'associe à des industriels pour diffuser son invention et continue à innover. En 1814, son nom est donné à l'unité de mesure d'une puissance.

Lexique

Histoire
Géographie

A

Académie : réunion de savants et de lettrés pour échanger leurs découvertes et leurs réflexions.

Agrocarburant : production agricole (par exemple la canne à sucre) transformée en carburant.

Aléa : facteur physique ou technologique potentiellement dangereux.

Amour courtois : présent dans la littérature du Moyen Âge, l'amant, souvent un simple chevalier, doit mériter l'amour de sa dame après une série d'épreuves.

Anthropisation : aménagement du milieu naturel par l'homme.

Associations abolitionnistes : associations qui militent pour l'abolition de la traite négrière et de l'esclavage.

Assolement triennal : le terroir est partagé en trois espaces sur lesquels la communauté organise la rotation des cultures en vue d'en obtenir un meilleur rendement : une sole pour les céréales d'hiver, une sole pour les céréales de printemps et enfin une sole en jachère.

Attique : c'est le territoire des Athéniens, situé au bord de la mer Égée et vaste de 2 200 km^2 ; il participe à la richesse d'Athènes avec les ports du Pirée et les mines d'argent du Laurion.

B

Ban : droit de commander, de punir et de lever des impôts, exercé par un seigneur.

Banquise : couche d'eau de mer gelée dont l'épaisseur varie entre 2 et 4 mètres.

Beffroi : nom donné à des tours construites dans les villes d'Europe du Nord pour montrer leur puissance. On en trouve aussi dans les villes italiennes du Nord.

Bouquet énergétique : composition des différentes énergies consommées par un État.

Bourgeois : terme qui désigne selon les époques les habitants d'un bourg et les élites urbaines qui, associées en communes, ont réussi à obtenir la gestion de la ville ou, plus généralement, les habitants bénéficiant de libertés.

Brevet : document légal qui accorde la propriété intellectuelle de la découverte à son dépositaire et son droit exclusif d'exploitation pour une période donnée.

C

Caravelle : considérée comme le bateau des Grandes Découvertes, elle possède des voiles latines et des voiles carrées pour s'adapter aux vents, et des hauts bords pour affronter la haute mer.

Catastrophe : réalisation du risque qui se traduit par de fortes pertes humaines et/ou de fortes pertes matérielles.

Change : il existe de nombreuses monnaies métalliques en Europe dont la valeur est différente (Florence émet une monnaie en or, le florin). Les marchands et les particuliers ont besoin de changer leur monnaie.

Charte de franchise : texte juridique qui limite les droits seigneuriaux (diminution des taxes par exemple) et les fixe par écrit. Elle définit aussi souvent une auto-administration du village et de la communauté.

Clergé régulier : le clergé régulier cherche à vivre conformément à une règle précise et à l'écart des hommes.

Clergé séculier : le clergé séculier vit au contact de la population et joue un rôle important d'encadrement au sein des paroisses.

Code civil : recueil de lois qui régissent la vie des Français (au niveau familial par exemple) et qui existe encore aujourd'hui.

Collectivité territoriale : structure administrative distincte de l'État, à qui furent déléguées certaines compétences sur un territoire donné (ex : la commune en France).

Colonie (romaine) : fondation d'une cité de droit romain souvent réalisée pour installer des vétérans de l'armée, comme ce fut le cas à Orange en Gaule Narbonnaise.

Conchyliculture : élevage d'huître et de moules.

Conquistador : aventuriers européens (essentiellement espagnols) qui partent vers le Nouveau Monde à la recherche de richesses et de la gloire.

Conseil de l'Arctique : créé en 1996, il a pour but de renforcer la coopération entre ses États membres et la population autochtone en matière de développement durable.

Crise démographique : période marquée par une baisse de la population suite à une épidémie, une famine, des conflits, etc.

Crises pétrolières : hausse brutale du prix du pétrole brut en 1973 puis en 1979.

E

Écoquartier : quartier d'une ville aménagé selon les objectifs du développement durable.

Écosystème : ensemble d'organismes vivants dépendants les uns des autres.

Efficacité énergétique : meilleure production et/ou consommation de l'énergie par un État.

Élevage hors-sol : les animaux sont élevés dans des bâtiments.

Émigration : départ d'une population de son pays d'origine pour aller s'installer et travailler dans un autre pays.

Énergie verte : autre nom donné aux énergies renouvelables.

Estran : espace découvert entre la marée basse et la marée haute.

États généraux : assemblée de représentants des trois ordres du royaume, chargée de conseiller le roi dans les périodes de crise et pouvant voter l'adoption de nouveaux impôts.

Éthanol : biocarburant fabriqué à partir de végétaux comme la canne à sucre, le colza, etc.

Évangélisation : action de convertir des populations au christianisme.

Exode rural : départ des populations à la recherche de travail des campagnes vers les centres urbains.

Expérimentation : réalisation d'une expérience pour expliquer un phénomène.

Extrême pauvreté : seuil de 1,25 dollar par jour pour vivre.

F

Féodalité : liens d'homme à homme (entre un supérieur et son vassal) officialisés lors de cérémonies et dont le caractère contraignant varie entre le XIe et le XIIe siècle.

Flux pendulaires : déplacements réguliers domicile-lieu de travail.

Front pionnier : espace défriché en vue d'une exploitation agricole, forestière ou minière, et relié au reste du territoire par des axes de transport.

G

Gentrification : rénovation des quartiers des centres-villes, qui voient revenir les classes moyennes supérieures.

Géocentrisme : vision de l'univers élaborée par le grec Ptolémée au IIe siècle qui place la terre au centre de l'univers.

Ghetto : quartier composé d'une même minorité ethnique ou religieuse. Plus récemment, ce terme est utilisé pour nommer un quartier pauvre.

Grande hydraulique : grands équipements construits dans le but de distribuer l'eau sur de vastes territoires.

H

Héliocentrisme : théorie selon laquelle le soleil est au cœur d'un système complet avec la terre tournant autour de lui.

Héliotropisme : attractivité pour un espace ensoleillé.

Hérétique : qui professe des idées contraires à celles de l'Église officielle.

Houille blanche : nom donné à la production hydroélectrique.

Humaniste : homme de lettres de la Renaissance qui s'intéresse aux auteurs antiques, à l'éducation, à la religion et qui fait passer ses idées par ses écrits ou par son enseignement.

I

Immigration : arrivée d'une population dans un nouveau pays.

Indépendance énergétique : capacité pour un État à produire l'énergie nécessaire sur son territoire. Plus il doit importer de l'énergie, plus son indépendance énergétique est faible.

Index : liste, publiée par la papauté, de livres interdits pour des raisons de foi ou de morale.

Indice de développement humain (IDH) : l'indice de développement humain intègre sur une échelle de 0 à 1, le RNB/hab., l'espérance de vie à la naissance et la durée moyenne de scolarisation. Il est un indicateur couramment utilisé pour mesurer le degré de développement d'un pays.

Inlandsis : couche de glace importante sur terre pouvant parfois dépasser 2 000 mètres d'épaisseur.

Inuits : population autochtone présente de l'Alaska au Groenland. À l'origine, les Inuits étaient un peuple de chasseurs nomades.

L

Libéralisme économique : volonté de développer l'économie par la libre entreprise, la liberté de circulation et la non-intervention dans les rapports sociaux.

Lido : cordon dunaire qui isole la lagune de la mer.

Littoralisation : attraction des hommes et des activités vers les littoraux.

M

Magnitude : énergie libérée lors du tremblement de terre. Sur l'échelle de Richter, chaque graduation est 10 fois plus forte que sa précédente.

Mangrove : forêt tropicale inondée à marée haute.

Mécène : personne finançant un artiste et lui permettant ainsi de développer sa création artistique.

Mégapole : très grande agglomération qui dépasse les 8 millions d'habitants.

Monarchie : gouvernement exercé par un souverain dont le pouvoir se transmet de manière héréditaire.

Municipe : cité dont l'accès aux magistratures permet d'accéder à la citoyenneté romaine.

N

Nouvelle frontière : territoire que l'on commence à exploiter et à intégrer dans les activités humaines.

O

Oligarchie : gouvernement collectif des familles les plus riches de la cité.

Organisation non gouvernementale (ONG) : association à but humanitaire qui ne dépend d'aucun d'État.

Ottomans : dynastie turque fondée par Osman Ier, créée en Anatolie sur des territoires conquis aux dépens des Byzantins.

P

Palais communaux : bâtiments construits par les villes pour abriter leurs institutions politiques.

Parc naturel régional : créés en 1967, les parcs naturels régionaux sont des regroupements de communes en vue de protéger un patrimoine naturel, architectural, historique tout en conciliant les activités économiques. Ils sont au nombre de 47 aujourd'hui.

Phytoplancton : plantes microscopiques qui constituent le premier maillon de la chaîne alimentaire marine.

Plaque tectonique : la croûte terrestre est divisée en plusieurs plaques qui bougent les unes par rapport aux autres et sont ainsi à l'origine de séismes et de phénomènes volcaniques.

Plate-forme multimodale : espace où se concentrent plusieurs modes de transport et où l'on peut en changer aisément (rail/route/terre/mer).

Pouvoir spirituel : pouvoir exercé sur les âmes en vue d'obtenir leur salut.

Pouvoir temporel : pouvoir civil et d'administration exercé sur les corps et les biens.

Première révolution industrielle : elle débute à la fin du XVIIIe siècle en Grande-Bretagne avec des innovations technologiques comme la machine à vapeur et les métiers à filer et à tisser mécaniques. Les secteurs artisanaux du textile, de la sidérurgie passent alors à un stade de production industriel.

Produit intérieur brut (PIB) : indicateur économique utilisé pour mesurer la valeur totale de la production d'un pays.

Projet GAP : projet d'Anatolie du Sud mené par le gouvernement turc afin d'irriguer 1,7 million d'hectares de terres arides à partir de 22 barrages construits sur le Tigre et l'Euphrate.

R

Réaction : volonté d'un retour à l'ordre ancien.

Réchauffement climatique : modifications climatiques à l'échelle mondiale liées à la hausse des gaz à effet de serre dans l'atmosphère.

Reliques : restes d'un saint ou des objets lui ayant appartenu.

Renouvellement des générations : il est assuré lorsque l'indice de fécondité, c'est-à-dire le nombre d'enfants par femme en âge de procréer, atteint 2,1 enfants par femme, soit le nombre suffisant pour que la génération suivante soit aussi nombreuse que la précédente.

Révolution verte : modernisation des pratiques agricoles lancée en Asie à partir des années 1960 pour faire face à la hausse démographique.

Risque : danger possible suscité par la présence de population à proximité d'aléas physiques ou technologiques.

Romantisme : mouvement artistique et littéraire de la première moitié du XIXe siècle centré sur les sentiments de l'individu et ses réactions face à la nature.

S

Salinisation : remontée d'eau de mer qui entraîne une concentration de sel dans les terres.

Salon : réunion de personnes cultivées, d'artistes, d'intellectuels chez une femme de la noblesse ou de la haute bourgeoisie.

Sans-culottes : nom donné aux révolutionnaires parisiens issus des catégories populaires. Ils portent le pantalon et non la culotte comme les nobles, d'où leur nom.

Schisme : division religieuse qui crée une séparation entre les chrétiens comme entre orthodoxes et catholiques en 1054.

Sécurité alimentaire : possibilités physiques et économiques pour les populations de se procurer une alimentation suffisante et saine.
Sécurité énergétique : politiques menées par un État pour éviter une rupture de ses approvisionnements en énergie.
Sénat : ancienne institution de la République romaine qui dirigeait Rome avec les Consuls mais dont Auguste a diminué fortement les pouvoirs.
Sfumato : technique consistant à créer des contours vaporeux à certains endroits du tableau.
Smog : nuage de pollution urbaine.
Socialisme : courant d'idées qui prône l'amélioration du sort des ouvriers par l'extension du droit de vote ou la révolution et moins d'inégalités entre les classes sociales voir la suppression de la propriété privée.
Suffrage censitaire : signifie qu'il faut s'acquitter d'un cens, ou impôt, d'un minimum de 2 livres pour être électeur. Ne peuvent également se présenter que ceux qui paient un impôt supérieur à 7 livres.
Sunbelt : ceinture du Sud en français, désigne les États du Sud et de l'Ouest des États-Unis connaissant un fort dynamisme économique et un cadre de vie agréable.
Suzerain : désigne l'homme qui compte des vassaux dans son entourage ; plus il réussit à se créer des fidélités, plus il est puissant.

T

Terre-pleins : constructions de nouvelles surfaces pour agrandir l'espace littoral.
Tiers état : ensemble de la population française qui n'est ni noble, ni religieuse, soit 97 % des Français à la veille de la Révolution !
Tonne équivalent pétrole (Tep) : unité de mesure qui permet de comparer les énergies entre elles (1 tep équivaut à 1 000 m^3 de gaz).
Traite : les esclaves africains étaient achetés à des tribus et faisaient la traversée de l'Atlantique. Avec l'essor de la colonisation, se développe un commerce triangulaire puisque les bateaux quittent l'Amérique à destination de l'Europe, chargés de produits coloniaux.
Transition urbaine : passage d'une société rurale à une société urbaine.
Tsunami : vague marine créée par un séisme, une éruption ou un glissement de terrain sous-marins.
Tyrannie : gouvernement d'un seul homme imposé par la force.

U

Université : les étudiants du Moyen Âge y étudient les matières du quadrivium (géométrie, musique, astronomie, arithmétique) et du trivium (grammaire, dialectique, rhétorique) pour passer le baccalauréat et ensuite se spécialiser en droit, médecine ou théologie.
Usine de dessalement : usine fabriquant de l'eau douce par processus de distillation mais très gourmande en énergie.

V

Vassal : homme libre qui jure aide (justice, guerre, finance dans des cas précis) à son seigneur en échange d'un fief.
Ville durable : ville qui assure des conditions de vie favorables en terme environnemental, social, etc.

Direction de projet : Gaëlle Mauduit Éditions
Édition : Nicolas Waszak
Schémas et mise en page : Nord Compo
Cartographie : Carl Voyer
Maquette : Graphème

IMPRIM'VERT®

Imprimé en France par Clerc à Saint-Amand-Montrond
N° d'imprimeur : 14183 – Dépôt légal : juin 2015
N° d'édition : 70119462-01